2013年度教育部人文社会科学研究青年基金项目
项目批准号：13YJC890046

我国学校体育发展方式转变研究

WO GUO XUE XIAO TI YU FA ZHAN FANG SHI ZHUAN BIAN YAN JIU

● 张金桥 / 著

天津社会科学院出版社

图书在版编目（CIP）数据

我国学校体育发展方式转变研究 / 张金桥著. -- 天津 : 天津社会科学院出版社, 2017.10

ISBN 978-7-5563-0405-9

Ⅰ. ①我… Ⅱ. ①张… Ⅲ. ①学校体育－研究－中国 Ⅳ. ①G807

中国版本图书馆 CIP 数据核字(2017)第 262641 号

出版发行：天津社会科学院出版社

出 版 人：张博

地　　址：天津市南开区迎水道 7 号

邮　　编：300191

电话/传真：（022）23360165（总编室）

（022）23075303（发行科）

网　　址：www.tass-tj.org.cn

印　　刷：天津市宏瑞印刷有限公司

开　　本：787×1092 毫米　1/16

印　　张：24.25

字　　数：259 千字

版　　次：2017 年 10 月第 1 版　2018 年 11 月第 2 次印刷

定　　价：78.00 元

目　录

绪　论

一、学校体育发展方式的概念界定

（一）发展方式概念的提出

从哲学意义上讲，发展就是事物向前的、上升的、进步的运动[①]，是事物在规模、结构、程度、性质等方面发生由低级到高级，由旧质到新质的变化过程[②]，发展不是维持现状，更不是倒退。方式主要是指言行所采用的方法和形式[③]，在发展系统中，方式可以引申为实现发展目标的手段、途径和机制等。发展作为一种人类独有的实践活动，贯穿于人类的整个历史，相应地，发展方式必然是

① 郭强.新发展方式研究[M].北京：中国时代经济出版社，2010：007.
② 哲学大辞典编辑委员会.哲学大辞典[M].上海：上海辞书出版社，1992:457.
③ 现代汉语大词典[M].上海：上海世纪出版股份有限公司、上海辞书出版社，2009:2450.

客观存在的。在各种方式的推动下，共同构筑了人类社会发展演变的历程。但明确提出“发展方式”，却是在 20 世纪的经济领域。特别是到了 20 世纪 80 年代以后，单纯追求经济增长在带来社会经济高速发展的同时，也带来生态破坏、环境污染、资源浪费、贫富分化、社会问题日益突出等各种各样的严重后果，这使得人们开始去反思经济增长理论存在的问题，用经济发展理论代替经济增长理论来指导经济发展逐渐成为不少国家政府的共识，经济学界和社会工作研究者开始明确提出发展方式的概念，并以此为基础，展开了大量的探索发展道路的研究。

1982 年，《国际贸易》杂志发表了一篇《经济发展方式与贸易型式》的文章，该文由林超摘编自滕维藻所著《中国社会主义现代化与外贸型式》[①]，这是我国较早提到“发展方式”的公开发表文章。但 20 世纪 80 年代，正处改革开放初期，经济增长成为中国社会所追求的头号目标，在“赶超式”发展的热潮中，缺乏对发展方式问题的反思。到了 20 世纪 80 年代末和 90 年代初，中国社会经济在经过了改革开放最初十几年的发展后，取得了丰富的经验，也暴露了很多问题，中国社会发展的内、外部环境都发生了重大变化，社会经济发展面临着转轨的压力，建构新发展方式的讨论开始引起关注并逐渐成为全社会的热门话题。1989 年，《未来与发展》分两期发表了邓英淘的长篇论文《新发展方式与中国的未来》，提出了经典发展方式和长期发展方式（新发展方式）的概念，认为对于大多数发展中国家来说，只能走遵循长期发展方式的道路，文章从对

① 林超（摘编滕维藻著作）.经济发展方式与贸易型式[J].国际贸易，1982，(2)：21.

待新兴高技术的态度和对策、改造现有存量技术、精神财富和非人造财富代替人造物质财富、通过经济的法律的和行政的手段影响和改变需求和供给的形成过程、长期超前发展教育等方面对中国长期发展方式进行了系统分析。①②党的十四大提出建立中国特色的社会主义市场经济体制后，国内关于发展方式问题的探讨越来越多，但由于无论是20世纪80年代的发展是“硬道理”，还是90年代以后提出的发展是“第一要务”，都是以经济为主导的发展观。因而，在一个较长时期内，对发展方式的探讨主要集中在经济领域。当然，在对经济发展方式讨论的影响下，其他社会发展领域也开始涉足发展方式的讨论，特别是随着高校并轨、扩招和社会对教育的需求多样化，中国教育面临着巨大的变革，对教育领域发展方式的研究也逐渐活跃起来。

而在官方语境中，“发展方式转变”这一概念直至 2007 年才正式出现。1995年，党的十四届五中全会正式提出了“积极推进经济增长方式转变，把提高经济效益作为经济工作的中心。”③之后，在一个较长的时期内，官方正式文件中，均采用的是“经济增长方式转变”这一表述方式。2007年6月25日，时任中共中央总书记胡锦涛同志在中央党校省部级干部进修班的讲话中提出“实现国民经济又好又快发展，关键要在转变经济发展方式、完善社会主义市场经济体制方面取得重大新进展”④。此后，党和国家的正式文件中，基本都采

① 邓英淘.新发展方式与中国的未来[J].未来与发展，1989，(5)：1-21.
② 邓英淘.新发展方式与中国的未来[J].未来与发展，1989，(6)：3-19.
③ 中共中央关于制定国民经济和社会发展“九五”计划和 2010 年远景目标的建议[EB/OL]. http://www.china.com.cn/ch-80years/lici/14/14-5/1.htm.
④ 胡锦涛在中央党校发表重要讲话[EB/OL]. http://news.xinhuanet.com/politics/2007-06/25/content_6290208.htm.

用了“转变经济发展方式”的提法。在长期的社会主义建设实践中，国家和社会各界对发展问题的认识不断趋于科学，党的十七大正式将“科学发展观”写入党章[①]，十八大修改的党章中又将科学发展观同马克思列宁主义、毛泽东思想、邓小平理论、“三个代表”重要思想一道确立为党的行动指南[②]。科学发展观强调“必须更加自觉地把全面协调可持续作为深入贯彻落实科学发展观的基本要求，全面落实经济建设、政治建设、文化建设、社会建设、生态文明建设五位一体总体布局，促进现代化建设各方面相协调……”[③]。在全面深化改革、学习实践科学发展观的过程中，各个领域针对科学发展问题进行了广泛而深入的讨论，如何在新的形式下，转变发展方式的思考与研究，逐渐从经济领域，拓展到社会、文化、教育等多个领域。

（二）学校体育发展方式的定义

目前，学界对经济增长方式的界定相对明确，一般指通过生产要素变化包括数量增加、结构变化、质量改善等，实现经济增长的方法和模式[④]。但由于经济发展方式包含的内容比较复杂，到目前为止，学术界还没有一个统一的定义。归纳起来，包括两种观点：一是认为经济发展方式，是实现经济发展的方法、手段和模式。它不仅包括单纯的经济增长，结构优化，经济运行质量和效益的

① 中国共产党章程（中国共产党第十七次全国代表大会部分修改，2007 年 10 月 21 日通过）[EB/OL]. http://news.xinhuanet.com/newscenter/2007-10/25/content_6944081.htm.
② 中国共产党章程（中国共产党第十八次全国代表大会部分修改，2012 年 11 月 14 日通过）[EB/OL]. http://news.xinhuanet.com/ 18cpcnc/2012-11/18/c_113714762.htm
③ 胡锦涛在中国共产党第十八次全国代表大会上的报告[EB/OL]. http://news.xinhuanet.com/18cpcnc/2012-11/17/c_113711665.htm.
④ 李海舰，原磊，王燕梅.发展方式转变的体制与政策[M].北京：社会科学文献出版社，2012：6，7.

提高，还包括降低消耗、改善资源和生态环境的状况以及经济社会自然发展的协调与和谐等各个方面[①]；二是从马克思的生产、分配、交换、消费等角度，将经济发展方式界定为包括生产、分配、交换、消费等环节的一个大系统，而经济增长只是其中的一个子系统。

教育界有学者对教育发展方式进行了界定，譬如，褚宏启认为教育发展方式是指“推动教育发展的各种要素投入及其组合的方式，其实质是依赖什么要素，借助什么手段，通过什么途径，怎样实现教育发展”[②]。体育界的学者也针对体育发展方式进行了界定，譬如杨桦、任海认为：体育发展方式是指“体育发展的主体根据具体的社会条件，确定体育的发展目标，通过一定的机制配置资源，形成有效的体育手段，可控而规范地实现体育发展目标”[③]。

综合考虑经济发展方式、教育发展方式、体育发展方式等各种不同的界定，结合学校体育的特点，作者提出以下关于学校体育发展方式界定的分析。

在整个学校体育发展系统中，发展目标起着统领作用；发展结果是经由一定的执行过程之后的学校体育发展状态，在系统中，这种状态往往用来和目标比对，以衡量目标的达成度，这种比对的过程实质上是发展评定；执行过程实质上就是发展方式的体现，在学校体育发展系统中，发展方式是连接发展目标和发展结果的桥梁，是实现学校体育发展目标的关键所在。整个系统的方向和发展方式的完善则由基于发展评定而建立的反馈机制提供保证。

---

① 吴树青.转变经济发展方式是实现国民经济又好又快发展的关键[J].前线，2008，(1)：17-31.

② 褚宏启.论教育发展方式的转变 [J].教育研究，2011，(10)：3-10，15.

③ 杨桦，任海.转变体育发展方式由“赶超型”走向“可持续发展型”[J].北京体育大学学报，2013，(1)：1-9.

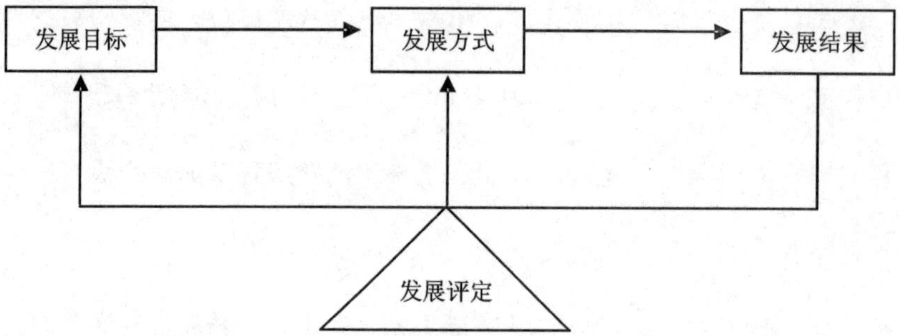

图 1　学校体育发展系统

据此，学校体育发展方式是确保学校体育发展目标得以实现的方法和机制。可以将其定义为：学校体育发展方式是指推动学校体育发展的各种要素的投入及其组合的方式。其实质是依赖哪些要素、借助哪些手段、通过哪些途径以达成学校体育的发展目标。

二、选题依据及研究意义

（一）选题依据

增强学生体质、促进学生健康成长，是关系到国家和民族未来的大事。党和政府历来重视学校体育工作，把“加强体育，牢固树立健康第一的思想，切实保证体育课和体育锻炼时间，加强心理健康教育，促进学生身心健康、体魄强健、意志坚强”作为培养“德智体美全面发展的社会主义建设者和接班人”[①]的重要举措，学校体育工作取得了显著成绩。但从总体上看，学校体育仍是整个教育工作的薄弱环节，还存在体育课程开课不足、体育教师短缺、经费投入

① 国家中长期教育改革和发展规划纲要(2010—2020 年) [N].人民日报，2010 -7-30:013 版.

不足、体育场地设施缺乏、体育教学质量不高、评价机制不完善等问题。这种状况，严重制约着我国学生体质健康的促进。近年来，学生体质状况下降的趋势一直未能得到有效扭转，已经引起社会的高度关注。转变学校体育发展方式，解决当前学校体育工作中存在的突出问题，以有效促进学生体质健康水平的逐步提升，成为了当前学校体育发展所面临的一个重大现实问题。但遗憾的是，我国学术界对“学校体育发展方式”及其转变的研究还极其薄弱，起步晚，成果少，方法简单，不仅落后于经济发展方式及其转变的研究，也落后于与学校体育密切相关的教育发展方式及其转变、体育发展方式及其转变的研究，与我国学校体育发展实践的丰富性和存在问题的复杂性形成了强烈反差。因此，为学校体育发展方式及其转变提出逻辑严密、富有解释力的理论框架，探讨学校体育发展方式转变的内在机理和主要内容、手段、途径，具有重要的理论和实践价值。

（二）研究意义

1.理论意义

虽然国内关于经济发展方式已经有了比较成熟的研究范式，关于教育发展方式、体育发展方式的研究范式也在逐步建立，但关于学校体育发展方式的研究还处于起步阶段，还没有非常成功的研究范式可供借鉴；另一方面，相对于经济、教育与体育等宏观领域发展方式的研究而言，作为教育重要组成部分的学校体育发展方式的研究属于比较中观的研究，因此，在经济、教育、体育等发展方式研究中形成的研究范式，并不完全适合于学校体育发展方式的研究。

因此，在借鉴经济、教育、体育等发展方式研究范式的基础上，通过系统的研究，建构一个逻辑严密、方法可行、富有解释力的适合学校体育发展方式及相关问题研究的理论框架和研究范式，具有重要的理论意义。本研究的理论目标主要有：1）通过对我国学校体育发展现状进行考察，从中揭示我国学校体育发展方式社会、经济、文化和教育背景，把握我国学校体育发展方式形成的基本逻辑；2）通过对学校体育发展要素的分析，探讨学校体育发展方式转变的内在机理；3）构建学校体育发展方式研究的理论框架，丰富和完善学校体育，乃至体育学和教育学研究的理论体系。

2.实践意义

多年来，基于社会需求、教育改革的部署，以及学校体育发展中存在的实际问题，学校体育的改革与发展成为了我国一个历久弥新的课题。为了更好地实现学校体育发展的目标，达致一个理想的发展结果，我国学校体育界一直在寻求发展方式的转变，虽然取得了一定的成效，但总体来讲并不如人意，学校体育发展目标的实现效果还不是很理想，发展方式本身还存在着诸多不合理和亟待完善之处。从近年来的实践经验看，学校体育发展方式中存在的问题与我国的特殊国情、教育生态、体育体制、学校体育内部长期以来形成的一些问题等有着密切的联系。这些问题涉及到复杂的利益关系、不同的社会认知以及价值判断，因而解决起来绝非易事。这就迫切需要从更长期和相对全面的要求出发，对我国现行学校体育发展方式进行研究，深入分析存在的问题及原因，探究学校体育发展方式转变的必然及要求、内容，总结国内转变学校体育发展方式尝试个案的经验，借鉴国外成功做法，探讨我国学校体育发展方式转变的可行路径和具体方法，加快构建一个新的符合我国学校体育事业自身发展规律的发展方式，为涉及学校体育发展的相关部门贯彻科学发展观，全面深化改革，促进发展方式转变提供必要的智力支持和理论指导。本研究的实践价值即在于此。

三、国内外研究述评

（一）国内研究综述

通过对国内相关文献搜集、整理和分析后发现，虽然在20世纪80年代已经提出了“发展方式”概念，20世纪90年代开始，针对发展方式转变的研究也日益受到实务界和理论界的重视，有大量的成果发表。但基于我国仍然处于社会主义初级阶段，经济还不发达的现实，我国在谈及发展问题时，更多地强调以经济建设为中心的发展，中央首次明确提及“发展方式”概念也是在讲“转变经济发展方式”。因此，探讨经济发展方式转变的文献在涉及“发展方式”的文献中占了绝大多数。随着科学发展观的提出，在学习实践科学发展观的过程中，人们越来越关注经济、政治、社会、文化、生态等方面的统筹协调发展，对发展方式转变的讨论开始越来越多地延伸到经济以外的其他领域。与学校体育发展比较密切的教育领域、体育领域对发展方式转变问题研究日益增多，近几年来，发表了一批代表性的成果。但具体到学校体育发展方式转变问题上来，目前系统研究还非常薄弱，仅有少量成果发表。所以，本研究如果仅对学校体育发展方式转变问题进行文献梳理，所获信息量将会非常有限，对研究的借鉴与指导意义也不大。因此，本研究在梳理学校体育发展方式转变研究现状的同时，还将从经济发展方式转变、教育发展方式转变、体育发展方式转变等方面进行梳理，尤其是教育发展方式转变和体育发展方式转变相关问题的研究对本研究具有直接的借鉴价值，将进行重点整理。同时，由于学校体育改革问题和学校体育发展方式转变问题有着千丝万缕的联系和辩证关系，本研究也将对学校体育改革方面与发展方式转变有密切关系的研究进行文献梳理。

1.经济发展方式转变的相关研究

通过文献检索发现，整个 20 世纪 80 年代，仅有少量涉及发展方式的文献公开发表[①②③]。真正对经济发展方式及其转变相关问题进行大规模研究，始于 20 世纪 90 年代探索并正式提出建立社会主义市场经济体制后。在 2007 年党的十七大将“科学发展观”写入党章后，该领域的研究呈井喷之势。

李宗凌，苏小冬，潘津良，梁力（1990）通过对十年改革运动发展过程进行分析，在形成的总体认识的基础上，系统地研究了改革指导主体的认识与实践活动，找出了我国改革发生发展的社会历史特征，分析了决定改革发展状态的主要因素，探讨了指导主体对于改革的目标、任务、动力、环境的约束等基本问题，指出：改革是自觉与自发，宏观导向、调控与微观选择相互作用的过程，是一个长期、渐进的变化过程[④]。

---

① 林超（摘编滕维藻著作）.经济发展方式与贸易型式[J].国际贸易，1982，(2)：21.
② 邓英淘.新发展方式与中国的未来[J].未来与发展，1989，（5）：1-21.
③ 邓英淘.新发展方式与中国的未来[J].未来与发展，1989，（6）：3-19
④ 李宗凌，苏小冬，潘津良，梁力.10 年改革的发展方式与启示[J].经济理论与经济管理，1990，（6）：1-8.

张塞（1991）对计划与市场结合的发展方式和目标模式进行了研究，认为计划与市场机制的结合至少要经历板块结合、渗透式结合或融合式结合、兼有计划机制和市场机制长处的新型机制三个阶段[①]。

20 世纪 90 年代初，苏联解体和东欧巨变对世界格局产生了重要影响，总结苏联解体的教训，对于我国社会主义建设具有重要意义。在此背景下，张森（1992）对原苏联经济发展方式和发展重点问题进行了分析，认为其经济发展方式和重点在理论上严重背离了马克思主义的扩大再生产原理，割裂和破坏了国民经济本身的内在辩证关系，实践中造成了重大比例失调，导致了异常严重的后果[②]。

中共十四大召开后，我国社会面临着“怎样以经济建设为中心”“怎样建立社会主义市场经济体制”“怎样实施对外开放”等重大问题。孟宪忠（1993）对中国社会发展方式进行思考，提出了“以经济建设为中心不是以国民生产总值为中心”“经济建设中心论不是经济建设唯一论”“必须建设健康、文明现代的市场经济”“需要树立大开放观念”等命题[③]。

在此前后，也展开了对区域发展方式相关问题研究。例如，顾涧清（1993）对珠江三角洲的发展方式与其地方政府的作用进行了研究[④]；张云钢（1993）对云南经济发展方式进行分析，认为非均衡经济发展方式是云南最现实的选择[⑤]；

---

① 张塞.计划与市场结合的发展方式、目标模式研究[J].财贸经济，1991，(6)：13-16.
② 张森.评原苏联经济发展方式和发展重点问题[J].世界经济与政治，1992，(7)：7-13.
③ 孟宪忠.关于中国社会发展方式的几点思考[J].吉林大学社会科学学报，1993，(4)：1-6.
④ 顾涧清.珠江三角洲的发展方式与其地方政府的作用[J].中国软科学，1993，(1)：15-17.
⑤ 张云钢.云南最现实的选择——非均衡发展方式[J].创造，1993，(6)：9-10.

周亚（1994）则探讨了国际国内环境对上海发展的影响和在此影响下的发展方式选择[①]。

社会主义初级阶段的根本任务是发展社会生产力，樊国仁（1999）对生产力的发展方式进行了研究，将生产力的发展方式定义为：生产力系统有序演进过程中其时序状态从低级向高级发展，空间分布从小到大的系统运动形式。认为生产力的发展方式有两种：从时序状态来看的纵向传递式发展方式，和从空间运动来看的横向扩散式发展方式[②]。

刘敬鲁（2002）从经济全球化的终极意义角度，提出其蕴含着人类经济发展方式的三大变革：从区域经济时空到全球经济时空，从非自由发展方式到自由发展方式，从民族经济主体到人类经济主体。认为经济发展方式的变革必将给人类所有社会生活发展的时空方式、本质运动方式、主体存在方式带来相应的变革[③]。

由于单纯追求经济增长，我国经济在快速发展的同时，也面临着环境、生态破坏、能源浪费等诸多问题的压力。进入新世纪，这些问题越来越受到各方高度关注。张坤，夏光（2000）针对新发展方式与中国环境政策创新进行研究，指出中国环境政策的基本特征是强调政府管制，改革的基本方向是强化对经济决策过程的参与和发展社会制衡机制[④]。贺来（2002）对导致“生态困限”的原

① 周亚.国际国内环境对上海发展的影响及发展方式选择[J].上海综合经济，1994，(4)：12-13.
② 樊国仁.论生产力发展方式[J].学术论坛，1999，(5)：88-91.
③ 刘敬鲁.人类发展方式的三大变革——经济全球化的终极意义[J].教学与研究，2002，(4)：35-39.
④ 张坤，夏光.新发展方式与中国环境政策创新[J].环境科学动态，2000，(1)：1-5.

因进行分析，认为导致“生态困限”中，比观念问题更重要的社会发展方式以及与此相关的人的生存方式[①]。2004 年，原国家环保局首任局长曲格平在中国环境管理干部学院颁发“曲格平奖学金”大会上的演讲中提出要转变发展方式，走循环经济发展之路[②]。

2007 年中央正式提出“转变经济发展方式”，科学发展观也写入了党章，对经济发展方式转变的讨论进入了一个广泛而深入的阶段。短短几年间，在正式媒体公开发表和出版的研究成果数以万计，学术含量较低的事务性、建议性文献更是不计其数，研究总体上呈方兴未艾之势。归纳起来，这些研究主要涉及以下几个方面：“转变经济发展方式”提法的重大意义、内涵及实现机制；在科学发展观指导下的经济发展方式转变；经济与政治、社会、文化、生态协调发展问题；经济发展方式转变的突破点、重点和路径（途径）、方法、手段；对经济发展方式转变进程的测评；经济发展方式转变思想形成与发展的总结与反思；经济发展方式转变和改革的关系；国外经济发展方式转变的介绍与借鉴；国内不同区域经济发展方式转变的差异化问题和案例分析；经济发展方式转变的体制与政策、基础理论研究与推介等。

由于本阶段文献成果众多，进行全面梳理工作量庞大，也与本研究的主题有偏差。因此，仅选取部分有重要影响或对本研究具有重要借鉴价值的文献进行评述。

---

① 贺来.“生态困限”与现代社会的发展方式[J].江海学刊，2002，（1）：30-34.
② 曲格平.转变发展方式，走循环经济发展之路[J].中国环境管理干部学院学报，2004，（4）：10-14

2009 年 12 月 5 日，胡锦涛在中央经济工作会议上讲话中就加快经济发展方式转变问题进行了论述，指出要把加快经济发展方式转变作为深入贯彻落实科学发展观的重要目标和战略举措。第一，从制度安排入手，完善加快经济发展方式转变的体制机制和政策导向；第二，以优化经济结构、提高自主创新能力为重点，实现经济发展方式转变新突破；第三，以完善政绩考核评价机制为抓手，增强加快经济发展方式转变的自觉性和主动性①。

黄泰岩（2007）的研究提出，转变经济发展方式的内涵，不仅包括从粗放增长向集约增长、从外延增长向内涵增长的转变，还包括：向发展目标多元化，向经济增长质量与效益并举，向以人为本这一发展核心，向经济结构全面优化等方面转变②。

郭强，等（2010）从新发展方式探索（新发展方式的建构逻辑及建构历程、传统发展方式重构、建设性发展方式）、两型社会建设（效果评价、新消费方式构建、生态文明与循环经济）、低碳发展（评价体系、低碳经济、低碳消费）、发展道路（新城镇化、超越资本、网络民主）等方面对新发展方式进行了系统的研究。特别是在新发展方式的建构逻辑部分，对新发展方式的内涵、特点和结构，以及对新发展方式理解存在的误区、新发展方式的逻辑与实践历程、新发展方式的构建等进行了深入的探讨，具有较强地理论价值③。

国务院发展研究中心课题组（2010）对转变经济发展方式的战略重点进行

① 胡锦涛.关于加快经济发展方式转变[J]. 党的文献，2011，(4)：3-4.
② 黄泰岩.转变经济发展方式的内涵与实现机制[J]求是杂志，2007，(18)：6-8.
③ 郭强.新发展方式研究[M].北京：中国时代经济出版社，2010.

研究，分析了我国经济发展方式存在的突出问题（内外部经济不协调；消费与储蓄关系失调；传统竞争优势减弱的同时，技术进步推力不足；资源环境压力持续增大；经济发展与社会发展不协调）及制约发展方式转变的体制性因素，明确了发展方式转变的总目标和阶段性任务，提出了推动发展方式转变应实施的战略和政策措施[①]。

沈坤荣，等（2011）对经济发展方式转变的机理与路径进行了系统研究。研究主要从四个方面展开：首先，分析揭示了中国经济增长的动力结构与微观机理；其次，从技术创新和对外开放两个角度对经济发展方式进行探析；再次，研究了在资源环境约束的大环境下如何实现经济增长质量的提升，最后从就业结构、金融支持、文化产业、公共支出，收入分配等方面对经济发展方式转变进行了分析[②]。

李海舰，原磊，王燕梅（2012）探讨发展方式转变的体制与政策。研究主要从五个方面展开：理论研究（发展方式的概念界定、发展方式转变的背景分析）；产业研究（劳动财富型产业的再造，自然财富型、人文财富型产业的构建）；区域研究（发展方式转变的区域功能定位、市场交换机制、财富平衡机制）；体制研究（国民核算框架、政绩考核体制、区域分配安排）；政策研究（三大财富求解的政策目标和措施）[③]。其中理论研究部分对本研究的基础理论研究有重要的借鉴价值。

① 国务院发展研究中心课题组.转变经济发展方式的战略重点[M].北京：中国发展出版社，2010.
② 沈坤荣，等.经济发展方式转变的机理与路径[M].北京：人民出版社，2011.
③ 李海舰，原磊，王燕梅.发展方式转变的体制与政策[M].北京：社会科学文献出版社，2012.

何菊莲，张轲，唐未兵（2012）在对经济发展方式转变内涵的进行分析的基础上，构建了经济发展方式转变进程测评的指标体系和指数权重体系，并对我国 2000-2009 年经济发展方式转变进程进行测度和评价，认为：我国经济发展方式转变进程需要加快，建议通过大力培养人力资本智能推动科技进步；进行制度创新和政策调整促进产业结构优化；提升人力资本的自主创新能力等措施加快经济发展方式转变[①]。

汪同三，齐建国，等（2013）对加快经济发展方式转变问题，从以下几个方面进行讨论：加快经济发展方式转变的理论、背景和路径，转变的意义与关键；经济增长动力结构的转变；产业发展格局的转变；经济增长源泉的转变；宏观调控与管理体制的转变；经济增长模式的转变；经济与社会发展态势的转变。该研究的基本脉络：以什么样的理论指导经济发展发展方式转变→在什么样的背景下实现经济发展方式转变→怎样实现经济发展发展方式转变[②]。

总的来讲，经过 30 余年的发展，经济发展方式转变研究已经形成比较成熟的研究范式，现代经济研究方法在研究中得到了充分的运用。大多能够准确把握我国的国情和政策导向，因而研究较符合中国语境，一些有分量的研究成果为政府决策提供了有益的智力支持。研究存在的问题：一是定性研究过多，定量研究偏少；二是多为宏观研究，中观、微观研究较少；三是研究同质化，重复研究比较严重。

---

① 何菊莲，张轲，唐未兵.我国经济发展方式转变进程测评[J].经济学动态，2012，（10）：17-26.
② 汪同三，齐建国，等.加快经济发展方式转变论[M].北京：社会科学文献出版社，2013.

2.教育发展方式转变的相关研究

根据文献检索，国内明确提出教育发展方式及其转变概念并进行研究，始于20世纪90年代中期。随着对经济增方式、经济发展发展方式转变研究的深入，开始把视野从经济领域拓展到教育等其他领域。同时，随着高校招生制度调整和扩招，及其带来的一系列连锁反应，加之社会发展对教育事业发展的需求日益多元，对教育事业发展在经济社会发展中的贡献率提出了更高的要求，社会上对教育发展方式的反思日渐增多，讨论教育发展方式转变的文献开始见诸报端和公开出版物。

1995年9月，党的十四届五中全会提出，实现“九五”计划和2010年远景目标的关键是实行两个具有全局意义的根本性转变，一是经济体制从传统的计划经济体制向社会主义市场经济体制转变；二是经济增长方式从粗放型向集约型转变[①]。在学习党的十四届五中全会精神的过程中，实务界和学界对在实现“两个转变”的过程中，教育应该怎么办进行了探讨。

陈培瑞（1996）在学习党的十四届五中全会精神后，体会到教育也应转变发展方式，他认为经济增长方式转变要求教育的增长方式必须与之相适应，教育必须由过去偏重数量和速度转为以提高质量和效益为中心，这是教育发展模式的根本转变。途径有三：把握好教育发展的度；优化教育结构；提高教育投资效果和资源利用率[②]。同年，他还在《求是杂志》上撰文指出：我国教育发展

① 中国共产党十四届五中全会简介[EB/OL].http://cpc.people.com.cn/GB/64162/64168/64567/65397/4441764.html.

② 陈培瑞.教育也应转变发展方式——学习十四届五中全会精神的体会[J].山东教育科研，1996，(1)：10-13.

中长期存在偏重规模速度、忽视质量效益的倾向。该文还分析了造成我国教育外延式发展的原因，认为必须通过综合配套改革，加大教育内涵发展的驱动力[①]。

周贝隆（1996）也在此背景下对转变我国教育发展方式转变进行了思考，认为当时教育发展方面存在以下问题：投入短缺；目标落空和反复波动；忽视办学条件及规律，不受法规制约。他认为转变教育发展方式，要质量第一、注重实效[②]。

陈光明（1996）直接指向高校，对其发展方式转变和改革进行研究。探讨主要围绕高校规模和质量效益的关系、高等教育发展规律和市场规律的关系展开，认为，观念变革是根本转变高校发展方式的先导；而建立新的运行机制是关键[③]。

随后几年，关于高校教育发展方式转变的研究大都从规模扩张和质量效益之间的关系展开，在结论方面几乎形成了共识：高等教育应该由外延式发展向内涵式发展转变。例如，万小震（1999）分析了我国高等教育外延式发展的原因，提出了转变其发展方式、实现内涵式发展的若干对策建议[④]。

这一时期，也有学者开始关注民族教育发展方式转变问题，如公甫（1999）对我国民族教育发展方式进行思考，分析了存在的问题，提出应该把握形势，转变观念，从实际出发，大胆推进教育资源配置方式的改革，大力推动民族地

① 陈培瑞.我国教育发展方式亟待转变[J].求是杂志，1996，（7）：33-36.
② 周贝隆.关于转变我国教育发展方式的思考[J].上海高教研究，1996，（3）：25-32.
③ 陈光明.建立新的运行机制是根本转变高校发展方式的关键[J].湘潭大学学报(哲学社会科学版)，1996，（1）：106-108，122..
④ 万小震.我国高等教育发展方式的转变[J].湖北广播电视大学学报，1999，（2）：28-29.

区基础教育、普通高等教育发展方式的转变①。

通过文献检索发现，整个 20 世纪 90 年代后期，虽然社会上对教育发展，特别是高等教育发展问题讨论日益增多，但正式公开发表的明确以教育发展方式转变为研究对象的学术性文献并不是很多。这种状况一直延续到本世纪的最初十年，虽然社会上对教育发展问题已经开始进行了广泛讨论，但明确以“教育发展方式”为题的研究还少见报道。据不完全检索，这一阶段在学术期刊和重要报纸上发表的篇名含“教育发展方式”的文章仅有 10 篇左右，具有代表性的有：

曲天立（2006）对均衡发展与教育发展方式的转变问题进行研究，认为，要促进和实现义务教育均衡发展，必须首先实现教育发展方式的根本转变，即由普及义务教育的数量满足型向实施素质教育的质量满足型转变，由部分学校优先发展向办好每一所学校的方向转变，由不让一个孩子失学向关注每一个孩子健康成长转变，从保障儿童少年接受义务教育的权益向追求教育的公正与公平转变②。

陈培瑞（2006）结合党的十六届五中全会精神，提出调整教育发展的基本格局，实行教育发展方式的彻底转型，认为：必须加快教育结构调整；必须尽快提高教育质量；必须尽快解决教育公平问题。要树立科学的教育发展视，制定约束教育外延式发展和促使教育内涵发展的具体措施③。

---

① 公甫.关于转变我国民族教育发展方式几个问题的思考[J].中国民族教育，1999，（1）：14-16.

② 曲天立.均衡发展与教育发展方式的转变[N]. 光明日报，2006 -3 -1，007 版.

③ 陈培瑞.调整教育发展的基本格局 实行教育发展方式的彻底转型[J].当代教育科学，2006，（1）：3-5.

陈上仁，何小微（2007）研究认为，我国高等教育发展方式主要受社会发展过程中公平与效率关系制约，二者是应该是相互促进与协调的发展关系，高等教育应均衡化发展[①]。

出现上述公开发表学术性文献较少的局面，应该与中央到2007年才正式提出“转变发展方式转变”的概念有关，并且教育发展方式转变的研究要滞后于经济发展方式的研究，因此，在经济发展方式相关研究呈井喷之势三年后，以国务院印发《国家中长期教育改革和发展规划纲要（2010-2020年）》为重要时间节点，明确以“教育发展方式”为研究对象的研究才有了较大的增长。

李欣欣（2010）在《纲要》颁布后撰文指出，经济发展方式转变不仅为教育发展拓展了空间，更对教育发展模式必须与经济发展方式转变协调同步提出了更高的标准。为适应发展方式转变对人才的要求，应加快转变教育发展模式，一是加快提升教育现代化水平；二是进一步优化教育结构；三是大力促进城乡教育均衡发展，四是全面实施素质教育[②]。

陈振华（2010）认为扩展优质教育资源以满足社会需求，已经成为基础教育改革和发展的当务之急。政府、高等院校、城乡中小学多种资源建设主体充分挖掘和发挥自己潜能，多元联动，共同促进优质教育资源长期稳定的发展，是优质教育资源发展的方式创新[③]。

孙刚（2010）认为加快教育发展方式转变是当前我国教育改革和发展之关

① 陈上仁，何小微.中国高等教育发展方式转换：均等化、区域化、均衡化 [J].现代教育科学，2007，(6)：5-9.
② 李欣欣.加快促进教育发展模式 与经济发展方式转变相适应[J]. 中国党政干部论坛，2010，(8)：4-5，8.
③ 陈振华.关于优质教育资源发展方式的思考[J].教育研究与实验，2010，(5)：44-48.

键，应在教育理念、办学体制、教学方式、教育评价体系等方面进行积极探索改革，推进各类教育共同发展[①]。

进入2011年，《教育研究》杂志发表了两篇较有影响的文章，一篇是褚宏启（2011）的《论教育发展发展方式的转变》，文章认为，教育发展方式是实现教育发展的方法、手段和模式，中国教育发展的现实结果与教育发展目标有显著差距，教育服务于社会发展与人的发展的能力尚有明显不足，教育发展方式亟待转变，转变包括五个方面的内容：调整教育结构、转变学生培养模式、加强教育培训、加强教育研究和转变教育管理方式。教育发展方式转变的深层机理是教育发展所依靠的要素结构的变化：单一要素的优化以及要素组合方式的变化[②]。这篇文章是迄今为止关于教育发展方式研究文献中引用率最高的，其研究范式对于学校体育发展方式转变具有重要的借鉴价值。

另一篇是李秉中的《关于转变基础教育发展方式的若干思考》，该文认为，教育发展依靠改革，科学的改革手段则需要设计具体的操作模式。作者结合他担任贵阳市教育局局长的体会，提出发展基础教育应着力转变教育拨款方式、教师选用方式和教育管理方式等[③]。

褚宏启（2011）还发表了另一篇探讨教育发展方式转变与校长培训改革的文章，认为，当前我国教育发展已经进入内涵发展的新阶段，教育发展方式须相应改变，校长培训也须随之变革。校长培训改革有三条路径，即结构路径、

---

① 孙刚.关于加快我国教育发展方式转变的思考[J].国家行政学院学报，2010，（4）：94-97.

② 褚宏启.论教育发展方式的转变[J].教育研究，2011，（10）：3-10,，15.

③ 李秉中.关于转变基础教育发展方式的若干思考[J].教育研究，2011，（4）：60-63.

技术路径和制度路径[①]。

高等教育发展方式转变与经济发展之间的关系问题，也是2011年度教育发展方式研究的一个重要领域，比较有代表性有：钟新文（2011）对高等教育推动经济发展方式转变进行了思考，认为充分认识高等教育对转变经济发展方式的作用，提出相应对策，是高等学校必须面对和深入研究的课题。[②]许淑慧，覃伟年（2011）提出应加快西部高等教育结构调整，以适应经济发展方式的转变。他们认为学科专业结构是基础，人才培养模式是核心，师资队伍结构是关键，开放办学是实现结构调整的根本途径[③]。

2012年以来，与教育发展方式相关的研究呈现出三个特点：一是研究领域日益广泛；二是研究触角更多伸向教育发展各要素的优化研究；三是部分学术刊物策划组织了教育发展方式转变研究专题，就相关问题进行系统的、深入的研究。

《教育发展研究》杂志分别于2012年和2013年组织两个专题来讨论与学校体育发展相关的问题。该刊在2012年第5期，刊发了国家社会科学基金“十二五”规划教育学重点课题“以科学发展为主题转变教育发展方式研究”的五篇阶段性成果，分别从教育结构、教育管理、人才队伍建设、教育研究、学生培养模式等角度对教育发展方式转变进行研究。高莉，杨家福（2012）的研究建议提高职业型、应用型、非正规教育在教育体系中的结构比例，注重不同层

① 褚宏启.教育发展方式转变与校长培训改革[J].中小学管理，2011，(11)：17-19.
② 钟新文.对高等教育推动经济发展方式转变的思考[J].高教研究，2011，(3)：170-172.
③ 许淑慧，覃伟年.加快西部高等教育结构调整 适应经济发展方式转变[J].民族教育研究，2011，(5)：13-16.

级教育在专业设置上的衔接性，将英才教育纳入教育体系，发挥政府的统筹作用，加强对教育结构调整的预测性研究[①]。王晓玲，范魁元（2012）的研究认为，学生培养模式转变是教育发展方式转变的核心内容，其转变必须从教师、学校和政府三个层面着手进行[②]。贾继娥，卢伟（2012）的研究认为，应通过完善教师职前培养和教育培训体系，提高职前培养水平和教育培训质量，加强教育人才队伍的标准建设和制度建设等举措，来加强教育人才队伍建设，为教育发展方式转变提供人力资源基础[③]。孙金鑫（2012）的研究认为，应从教育研究的价值取向、组织管理、技术方法等多方面入手，全系统、多角度地进行教育研究改进，以提高教育发展的理性化水平，为教育发展方式转变提供理论保障[④]。崔斌，何岩（2012）的研究认为，转变教育管理方式是转变教育发展方式的制度路径，应通过建立健全激励与约束机制，为调整教育结构、提高教育质量提供制度保障[⑤]。

此前，该刊于 2012 年第 3 期刊发的《教育发展方式转变的三条路径》被新华文摘转载，该文认为，教育发展方式的转变有三条路径即结构路径、技术路径和制度路径，分别关注教育结构的调整、教学模式的改革、教育管理方式的转变，其中优先事项是教育类别结构和专业结构的优化、教师教学技能的改进、

① 高莉，杨家福.从规模扩张到结构优化：教育结构的战略性调整[J].教育发展研究，2012，(5)：1-5.
② 王晓玲，范魁元.学生培养模式转变：教育发展方式转变的核心内容[J].教育发展研究，2012，(5)：6-10.
③ 贾继娥，卢伟.教育人才队伍建设：教育发展方式转变的人力资源基础[J].教育发展研究，2012，(5)：11-15.
④ 孙金鑫.教育研究改进：教育发展方式转变的理论保障[J].教育发展研究，2012，(5)：16-21.
⑤ 崔斌，何岩.教育管理方式转变：教育发展方式转变的制度路径[J].教育发展研究，2012，(5)：22-26.

以及教育评价制度与问责制度的完善[①]。

在2012年专题策划取得成功后，《教育发展研究》又于2013年第7期再次刊发相关专题，从教育发展方式转变的结构路径、技术路径和制度路径切入，就学前教育、义务教育、高中教育、职业教育、高等教育、终身教育等各级各类教育发展方式的转变进行探讨。康永祥，李相禹（2013）研究认为，就学前教育发展方式转变而言，结构层面要平衡公、民办幼儿园比例；在技术层面要关注教师队伍建设；在制度层面要明晰各级政府的管理职责，强化质量管理[②]。姚松，翟晓磊（2013）研究认为，就义务教育发展方式转变而言，涉及的主要任务包括：调节优质资源、促进均衡发展；提高教师教学技能，推动素质教育，促进学生全面发展；提高义务教育管理重心，推动城乡、区域学校协同发展，完善流动人口子女教育管理体系[③]。陈丹，徐冬鸣（2013）建议：合理调整普高和中职比例，建立适应社会发展的普通高中教育结构；转变应试教育观念，促进普通高中培养模式多样化发展；完善普通高中教育评价制度，促进普通高中教育健康持续发展[④]。贾宁，吴雨倩（2013）提出职业教育发展方式的转变应关注职业教育结构的调整、职教教学模式的改革、职业教育管理方式的转变[⑤]。余蓝，刘丽（2013）认为，服高等教育同质化倾向要遵循“分类指导、特色发展”的思路引领高等教育结构优化，提升高等教育人才培养质量要围绕“培养创新

① 贾继娥，褚宏启.教育发展方式转变的三条路径[J].教育发展研究，2012，（5）：1-6.
② 康永祥，李相禹.我国学前教育发展方式转变的合理路径[J].教育发展研究，2013，（7）：1-5.
③ 姚松，翟晓磊.新时期加快我国义务教育发展方式转变的路径选择[J].教育发展研究，2013，（7）：6-10.
④ 陈丹，徐冬鸣.论普通高中教育发展方式的转变[J].教育发展研究，2013，（7）：11-15.
⑤ 贾宁，吴雨倩.论职业教育发展方式的转变[J].教育发展研究，2013，（7）：16-20.

人才”的目标实现高等教育培养方式转变，消除高等教育行政化弊端要落实“现代大学制度”的理念推动高等教育管理体制创新[①]。甘琼英，何岩，褚宏启（2013）认为，我国继续教育发展方式转变需要以“服务全民终身学习为目的”，不断完善多种类型、多种层次、多种形式的体系结构；以“学习者为中心”，深刻变革教学模式；以“政府统筹、跨部门协调”为重点，逐步完善继续教育的管理体制[②]。

《教育发展研究》的专题策划，使得该刊成为教育发展方式研究的重要阵地。这一时期，其他刊物也纷纷刊发教育发展方式转变方面的论文，其中较有代表性的文章、著作有：

赵应生，钟秉林，洪煜（2012）在《教育研究》上刊文认为，当前，教育发展方式转变有五大任务：全面提高教育质量，实现内涵发展；不断优化教育结构，实现协调发展；落实以人为本，促进学生全面发展；深化体制机制改革，加强教育基本制度建设；优化教育资源配置，切实保障公平效率[③]。

庄西真（2012）提出了教育发展方式转变中的激励困境，分析了区域教育发展方式转变过程中激励问题，试图说明激励地方政府开展教育发展方式转变的机理[④]。

张学敏，冯太学（2012）运用近 20 年的相关数据进行相关分析和回归分

① 余蓝，刘丽.我国高等教育实现“内涵式发展”的三条路径[J].教育发展研究，2013，(7)：21-25.
② 甘琼英，何岩，褚宏启. 为全民终身学习服务：我国继续教育发展方式的转变[J].，教育发展研究，2013，(7)：27-31.
③ 赵应生，钟秉林，洪煜. 转变教育发展方式：教育事业科学发展的必然选择[J].教育研究，2012，(1)：32-39.
④ 庄西真.激励理论视角下的区域教育发展方式转变[J].当代教育科学，2012，(24)：3-6.

析，结果显示我国教育发展与国民收入之间呈现显著正相关关系，教育投入和教育发展规模适应并促进了国民收入的提升。为此提出：要继续增加教育投入，提升国民整体素养；扩大教育规模，使人口年龄结构优势变化为人才结构优势；转变教育思想，提高教育质量[①]。

赵炳坤（2012）在博士论文的基础上出版了专著——《基于经济学视角的高等教育发展方式研究》，该书在运用产业经济学、高等教育适度发展理论的基础上，对我国高等教育发展现状，经济增长与高等教育发展关系，高等教育的供给与需求、消费，以及资源配置，高等教育的成本、投入产出、效益，优化高等教育经济增长方式等方面进行了研究。

由于近来关于教育发展方式的文章公开发表的较多，本研究不再一一列出。近年来，相关研究正在向着更深入、更系统、更科学的方向发展。归纳起来，主要集中在以下几个方面：一是从宏观上探讨教育发展方式转变的基本理论或转变的机制、路径等；二是针对教育发展的各要素进行研究，讨论各要素的发展方式转变（优化与组合）问题；三是就各层次、各类型教育发展领域的发展方式转变问题进行研究；四是针对教育发展方式转变与经济、社会发展方式转变的关系问题进行研究，但也应看到，随着研究者越来越多，低水平重复研究的现象也愈发严重；现有研究以定性为主，缺乏定量或数据分析；现有研究欠缺国际视野，国外资料缺乏等。

《教育研究》和《教育发展研究》等高水平刊物上发表的相关论文基本上

① 张学敏，冯太学.教育发展方式与国民收入层级匹配：基于我国人口红利背景[J].宏观经济，2012，(8)：17-24.

代表了当前该领域研究的较高水平，这些文章为后续研究提供了一个很好的范式。作为一种教育活动，学校体育发展必然受教育发展方式选择的影响，彼此在发展手段、途径等方面有很多相通之处。因而，教育发展方式研究的范式对学校体育发展方式转变研究过程具有重要的借鉴价值。

3.体育发展方式转变的相关研究

客观地讲，讨论我国体育应该怎么发展，现有体育发展与管理体制的利弊及改革完善等等涉及体育发展方式转变的研究从建国以来，特别是 20 世纪 90 年代开始推进体育体制改革以后，一直为广大关注我国体育事业发展的人士所重视，研究研究层出不穷。但就像经济发展方式转变、教育发展方式转变的研究历程一样，明确的以“发展方式”概念进行研究的文献出现则较晚。由于“发展方式”概念首先提出和主要研究集中在经济领域，因此，体育领域内明确以“发展方式”为篇名关键词的研究也首先出现在体育产业发展的相关研究中。

童莹娟，从湖平（2002）将影响体育产业发展的社会经济外环境（社会结构、经济效益、人口素质、生活质量等）作为切入点，对我国东部地区体育产业发展的区位优势进行分析，并以此为基础，提出了可供东部不同区位体育产业发展选择的方式[①]。这是从中国知网上检索到的国内最早的一篇体育领域内明确讨论发展方式的学术性文献。

北京奥运会后，讨论后奥运时期体育发展问题成为热点。于清，袁吉（2009）

① 童莹娟，从湖平.我国东部地区体育产业发展的社会经济“外环境”区位比较优势及发展方式的选择[J].中国体育科技，2002，(11)：3-5，9.

的研究指出，要对后奥运时代我国体育产业发展方式进行统筹谋划，进一步推进我国体育产业结构优化升级，提升自主创新能力，优先发展优势体育产业[①]。该研究仍然是从产业发展的角度来讨论体育领域的发展方式问题。

在学习实践科学发展观的过程中，有学者敏锐发现了抓住了热点。2010 年，《体育科学》杂志发表了朱建清（2010）的文章《试论科学发展观与体育发展方式的转变》，该文指出，人的全面发展是体育发展的最终目的。该文根据体育发展发展轨迹与时代特征，分析了我国体育发展中存在的问题，认为我国要实现从体育大国走向体育强国，必须以科学发展观来统领未来体育事业发展，实现体育发展方式的转换，坚持以人为本，统筹兼顾，以实现体育的全面、协调、可持续发展[②]。

2010 年，由杨桦和季浏分别担任首席专家的国家社科基金重大招标项目《中国体育发展方式改革研究》获准立项。这标志着这体育发展方式的研究已经引起了国家层面的高度重视。以此为标志性事件，越来越多的体育界人士开始关注并参与到体育发展方式转变的研究中来。在学术交流方面，近年来，有多个与体育发展方式转变有关的研讨会举行，其中有代表性的是 2011 年在上海举行的第九届全国体育科学大会上，“我国体育发展方式转变的探索”被列为专题之一。

依托季浏主持的国家社科基金重大招标项目，2011 年以来，有系列成果在

① 于清，袁吉.论后奥运时代我国体育产业发展方式[J].体育与科学，2009，(4)：7-10.
② 朱建清.试论科学发展观与体育发展方式的转变[J].体育科学，2010，(7)：62-70，96.

高水平学术刊物上发表。马德浩，季浏（2011）讨论了新时期三大改革对中国体育发展方式改革的影响，认为：就中国体育发展发展方式改革而言，经济体制改革为其提供了物质基础，社会体制改革为其提供了外在趋动力，行政管理体制改革则为其提供了制度保障。基于此，应该把满足人们群众日益增长的体育需求作为体育发展方式的改革的根本出发点，实现由粗放型发展向集约型发展，由竞技体育优先发展向群众体育、竞技体育全面发展，由依靠国家财政拨款带动发展向通过体制创新促进发展的转变①。马德浩，季浏（2011）基于顶层设计理念，提出了中国体育发展方式改革的构想：立足改革现实，树立改革理念，明确改革方向，选择改革方式，规划改革进度，把握改革重点，保证改革“按期保质”完成②。马德浩，季浏（2012）基于科学发展观视域，认为：要把发展作为我国体育发展方式的改革的第一要义，把以人为本作为核心，把全面、协调、可持续作为基本要求，把统筹兼顾作为根本方法，深入贯彻落实科学发展观③。季浏（2013）对我国体育发展方式改革的原因进行探析，认为：传统体育发展方式中存在的某些问题是推动我国体育发展方式转变的内因，而国家宏观层面上的政治、经济、社会变化是影响体育发展方式转变的外因。在此基础上，他认为：我国体育发展方式的改革进程中，前提是厘清体育性质，关键是立足基本国情，核心是坚持全面发展，方法是借鉴国外经验，重点是改革体育

① 马德浩，季浏.新时期的三大改革对中国体育发展方式改革的影响[J].体育科学，2011，(5)：14-19，26.
② 马德浩，季浏.基于“顶层设计”的中国体育发展方式改革构想[J].成都体育学院学报，2011，(7)：7-12.
③ 马德浩，季浏.基于科学发展观的中国体育发展方式改革[J].成都体育学院学报，2012，(11)：31-35，78

体制，难点是选择改革路径[①]。另外，依托该项目，还有两篇涉及学校体育发展方式转变的文章发表，由于本研究将专门讨论学校体育发展方式转变相关研究现状问题，故此处不再列出。

依托杨桦主持的国家社科基金重大招标项目，也有公开成果发表。杨桦，任海（2013）研究认为：随着改革开放的深入发展，过去的“赶超型”体育发展方式的局限性逐渐显现。应转变为新的“可持续发展型”体育发展方式。新体育发展方式就目标而言，具有鲜明的以人为本的价值取向，将强国体育构建在惠民体育的基础上；就发展主体而言，强调多方合作，所以能动员各种发展体育的力量；就发展机制而言，多种机制耦合，所以能广泛地吸纳资源，并合理地配置资源；就发展手段而言，多种体育形态相互依存，相互促进；就发展评估而言，标本兼顾，既评价体育发展的显性指标，又关注体育发展的内在关系；就发展规范而言，法治与德治相互支撑，从而使体育发展的运作公开、公正、公平[②]。

刘玉及其团队在完成其2011年度国家社科青年基金《体育公共服务均等化研究》和国家体育总局体育哲学社会科学研究项目《体育公共服务均等化——国际经验与我国政策选择》的过程中，针对我国体育发展方式转变相关问题也进行了系列研究。王杰，刘玉（2011）针对体育发展方式转变背景下的体育利益表达机制进行研究，提出要从培育成熟的利益表达主体、矫正客体的利益追

① 季浏.中国体育发展方式改革的原因探析与政策建议[J].成都体育学院学报，2013，(1)：1-7.
② 杨桦，任海.转变体育发展方式由“赶超型”走向“可持续发展型”[J].北京体育大学学报，2013，(1)：1-9.

求、丰富表达渠道等方面去完善体育利益表达机制[①]。刘玉（2012）研究认为，中华人民共和国 60 年来，我国体育发展方式演进与转变经历了 3 个阶段：建国初期单纯依靠国家投入的赶超型体育发展方式；改革开放以后以市场化、社会化为核心的发展导向型体育发展方式；构建和谐社会背景下以可持续发展、科学发展观为核心的进步导向型体育发展方式[②]。丁亚兰（2012），研究认为，政府行为在我国体育发展方式转变中具有决定性作用，要转变体育发展方式，必须在政府行为中：改革政绩评价体系；加强管理创新，充分发挥利益协调职能；促进体育发展动力多元化；优化治理结构和体育公共服务方式[③]。刘玉，丁亚兰（2012）提出了转变我国体育发展方式的基本理论架构：理论起点是对体育发展方式基本问题的理解；理论核心是对科学发展观的深刻解读；理论基础是对转变体育发展方式内涵的理解；理论支点是对转变体育发展方式过程的理解[④]。姜同仁，侯晋龙，刘娜（2012）研究认为，我国体育产业受产业结构、空间结构、要素结构 3 大瓶颈的制约，要实现发展方式的根本性转变，应该以核心产业为重点、中间产业和外围产业为扇面，加速产业结构优化；以主体功能区资源优势为主导、城市群和城乡一体化为突破口，实现空间结构调整；以创新发展为核心、要素市场化和稳固化为切入点，推动要素结构完善[⑤]。姜同仁，宋旭，刘玉（2013）对欧美日体育产业发展方式进行研究，认为：一体化发展

---

① 王杰，刘玉.体育发展方式转变背景下的体育利益表达机制研究[J].上海体育学院学报，2011，(6)：5-9.
② 刘玉.论新中国 60 年体育发展方式的演进与转变[J].西安体育学院学报，2012，(1)：25-31.
③ 丁亚兰.体育发展方式转变中的政府行为分析[J].西安体育学院学报，2012，(3)：272-276，286.
④ 刘玉，丁亚兰.转变体育发展方式基本理论架构与分析[J].上海体育学院学报，2012，(4)：27-31，38.
⑤ 姜同仁，侯晋龙，刘娜. 中国体育产业发展方式转变的 3 大结构障碍与战略调整[J].天津体育学院学报，2012，(6)：473-478.

成为欧洲体育产业发展的广泛社会诉求；创新驱动引领美国体育产业加速发展；结构调整带动日本体育产业实现跨越式升级。我国要在较短时间以较小代价实现体育产业发展方式转变，其有效途径是：注重发挥科技创新、体制改革和传统优秀文化元素的动力作用[①]。姜同仁，刘玉（2013）对发达国家体育产业发展方式演进历程进行研究，发现其体育产业发展方式的重点是以粗放型向集约型、数量速度型向质量效益型、非持续型向可持续型转变的内涵转型发展；物质基础是以需求结构、产业结构、消费结构调整为主线的优化发展；驱动力是以产业资本、产业经营、产业环境创新为主线的创新发展[②]。从研究成果可以看出，刘玉及其团队最初涉及体育发展方式研究是基于其讨论公共体育服务均等化的需求，但在后续研究中，已经超出了研究的初衷，对体育发展方式的思考越来越深入，研究领域也越来越广，形成了国内体育发展方式研究的一支重要力量。

除了以上团队的系列研究外，还有一批实务工作者和学者或从宏观角度，或从体育事业不同组成部分的角度，或从不同地域或人群体育发展的角度，对体育发展方式转变问题进行了研究，产出了一批有影响的成果。

研究者从宏观层面讨论体育发展方式，产生了一批代表性成果。辜德宏（2017）研究认为，政府通过影响竞技体育的发展方向、服务对象、发展路径等发展方式构成要素，来影响我国竞技体育发展方式的选择空间[③]。辜德宏，吴

① 姜同仁，宋旭，刘玉.欧美日体育产业发展方式的经验与启示[J].上海体育学院学报，2013，(2)：19-24.
② 姜同仁，刘玉.发达国家体育产业发展方式演进与转变研究[J].西安体育学院学报，2013，(5)：513-519，550.
③ 辜德宏.政府对我国竞技体育发展方式的干预研究[J].北京体育大学学报，2017，(3)：5-10.

贻刚（2014）还对竞技体育发展方式的基本理论进行了探讨①。胡小明（2013）研究认为，打开转变发展方式的制度性瓶颈是中国体育改革的突破口，要用“分享运动”“还体于教”新概念取代“举国体制”“体教结合”的旧概念，推动封闭式培养少数精英的小制度向惠及民生的大制度转变，促进体外循环的行业小圈子向开放式全社会参与的机制转变②。董传升（2013）从新公共管理和新公共服务理论视角出发，对我国体育发展方式由国家体育转向公共体育这一基本问题进行了讨论，构建了公共体育发展方式下群众体育和竞技体育协调发展的关系模型，构建了基于较为成熟的组织理性暂时替代尚未成熟的公民理性的中国公共体育发展方式模型③。栾开封（2012）认为，应转变体育发展方式，树立新的体育发展观：从“管理型体育”向“服务型体育”转变；从“竞技至上体育”向“均衡发展体育”转变；从“锦标体育”向“民生体育”转变；从“传统型体育”向“现代型体育”转变。④李圣鑫（2012）研究认为，在经济发展方式转型中，我国体育事业也必须转型：以需求为导向，从政治体育向生活体育转变；转变体育供给结构，从竞技体育供给向群众体育供给转变；转变投入方式，从数量投入向质量投入转变；转变价值导向，从效率导向向公平导向转型⑤。

对竞技体育发展方式的转变问题的研究是体育发展方式研究的重点领域，产出的成果较多。例如，马玉芳（2012）认为，转变竞技体育发展方式必须实

① 辜德宏，吴贻刚．竞技体育发展方式基本理论问题探析［J］．北京体育大学学报，2014，(10) : 7-12．
② 胡小明.中国体育改革的突破口——打开转变发展方式的制度性瓶颈[J].体育与科学，2013，(1)：26-27，20.
③ 董传升.论中国体育发展方式的公共转向：从国家体育到公共体育[J].北京体育大学学报，2013，(1)：14-19，63.
④ 栾开封.转变体育发展方式，树立新的体育发展观[J].体育学刊，2012，(4)：1-6.
⑤ 李圣鑫.论经济发展方式转型中我国体育事业的转型发展[J]. 沈阳体育学院学报，2012，(1)：15-19，27.

现由要素驱动向创新驱动转变，由投入规模向质量效益转变，由金牌至上向公平公正转变，由传统训练向科学训练转变[①]。辜德宏，吴贻刚，陈军（2012）提出内生式发展方式的理论构想，指出其是与新时期我国竞技体育所处的发展环境相适应的科学发展方式，并对内其概念、分类、内涵及特征做出阐释[②]。

群众体育发展方式转变方面，刘国永（2012）在新的历史时期，我国群众体育必须实现发展方式转变：以科学发展观为统领，以落实《全民健身条例》为主线，以形成政府主导、部门协同、全社会共同参与的全民健身事业发展新格局为目标，以强化公共服务职能为核心，以体制机制创新为动力[③]。

农村体育发展方式转变方面，刘梅英（2011）研究认为，当前农村体育主要存在着“体育政策法规引导型”“内部体育需求拉动型”和“体育场地设施吸引型”三种发展方式，并且不同地区的工业化水平制约着本地农村体育发展方式的理性选择[④]。尹维增，张德利，陈有忠（2013）就体育强国建设进程中转变农村体育发展方式进行了研究，指出地方政府应提供和创造平台推动体育教师和高校体育专业学生到农村指导农民锻炼，应利用体校退役运动员，对其进行培训以获得社会体育指导员资格，为农民服务[⑤]。

少数民族传统体育发展方式转变方面，霍红，王洪珅（2012）研究认为，

---

① 马玉芳.关于我国竞技体育发展方式转变若干问题的研究[J]. 体育与科学，2012，(2)：102-105.
② 辜德宏，吴贻刚，陈军.我国竞技体育内生式发展方式的概念、分类、内涵与特征探析[J]. 天津体育学院学报，2012，(5)：382-385.
③ 刘国永.转变发展方式 实现群众体育新跨越[J]. 体育文化导刊，2012，(5)：22-26.
④ 刘梅英.农村体育三种发展方式的理性选择[J]. 南京体育学院学报，2011，(6)：72-76.
⑤ 尹维增，张德利，陈有忠.体育强国建设进程中转变农村体育发展方式研究[J]. 西安体育学院学报，2013，(5)：551-554.

少数民族传统体育转变发展方式需要协调传统与现代体育文化、开发与异化、传承与发展、秉承传统与现代转型、发展定位的内敛与外拓等方面的关系[①]。

总的来讲，在学习实践科学发展观的带动下，在社会经济发展各个领域日益重视发展方式问题的大背景下，体育发展方式转变问题受到了有关部门的高度重视和学术界的高度关注。归纳起来，关于体育发展方式转变的研究状况体现出几个特点：一是，研究成果越来越多，且质量较高，绝大多数成果都发表在 CSSCI 来源期刊或中文核心期刊上；二是，研究的平台较高，大多数成果都是依托国家级研究项目而展开研究的，尤其是国家社科基金重大项目的立项，成为了体育发展方式研究的标志性事件；三是，研究领域较广，既有宏观研究，也有从群众体育、竞技体育、学校体育、体育产业等体育事业的不同组成部分角度，以及不同地域和人群的体育发展问题角度的相关研究；在研究方法上以在文献资料调查和逻辑思辨为主。

存在的不足之处：一是，相较于经济发展方式转变和教育发展方式转变的研究，体育发展方式转变研究无论从总量上，还是在深度上都还有待加强；二是，研究方法运用方面，实地调查、访谈等能够获取第一手资料的方法采用较少；三是，存在着部分没有创新方法和创新观点的重复研究。

客观上讲，学校体育本身属于体育事业的一部分，学校体育是一种特殊的教育活动，在开展时必须充分考虑体育教学的特点和体育事业发展的要求和影响。因而，体育发展方式转变研究中的大部分理论视角、研究思路，甚至是成

① 霍红，王洪珅.我国少数民族传统体育发展方式转变研究[J].成都体育学院学报，2012，(7)：41-44.

果所反映出来的思想都会为学校体育发展方式研究提供重要的支撑。

4.学校体育发展方式转变的相关研究

（1）明确以“学校体育发展方式”及其转变为研究对象的研究

在社会各界对发展方式转变问题的关注日益加强情况下，特别是受到与学校体育发展方式研究关系比较密切的教育和体育发展方式转变研究的影响，学校体育发展方式转变问题开始受到关注。在杨桦和季浏分别主持的国家社科重大项目《中国体育发展方式改革研究》中都设计与学校体育发展方式转变相关的子课题；在王健主持的国家社科重大项目《新时期我国学校体育教育理论与实践重大问题研究》中也有与学校体育发展方式转变的相关研究。教育部项目和地方的教研项目中也开始关注学校体育发展方式转变问题，例如，张金桥申报的《我国学校体育发展方式转变研究》获准教育部人文社会科学研究一般项目立项，董翠香申报的《中国学校体育发展方式改革与创新研究》获上海市学校体育科研重点课题立项。这都使得学校体育发展方式转变的相关研究有了一个较高的平台和起点。

但也应注意到，由于起步较晚，目前，学校体育发展方式转变的相关研究还非常薄弱，截止 2016 年底，在学术期刊上公开发表的明确讨论学校体育发展方式转变问题的相关成果仅有数篇：

董翠香，茹佳，季浏（2011）研究认为，在体育强国视域下，学校体育发展方式应由“空间封闭型”向“空间开放型”转变，在促进学生全面健康发展理念下，倡导终身体育思想，追求长远效益；应强化政府管理，同时适度引入社会组织参与管理，实施“政府-社会结合型”管理模式；应构建“政府、社会、学校”三位一体的长效运行机制[①]。

董翠香，朱美珍，季浏（2012）通过对5个发达国家学校体育发展方式进行比较，认为：在指导思想上，各国都非常关注学生终身体育意识及能力培养，但因为各个国家学校体育发展所处背景不同，因而，其指导思想也各有侧重；在管理体制上，各国政府均设置相应管理机构，介入学校体育管理，但管理职责和权限差异较大；在运行机制方面，主要体现出学校体育对社会体育资源的有效利用。对我国的启示：学校体育思想有待进一步完善，管理结构应当调整、应提高管理效率，应充分发掘社会体育资源[②]。

董翠香，董翠香，党林秀，朱美珍，季浏，张秀丽（2014）认为，探讨学校体育发展方式改革，从根本上讲，取决于对学校体育发展方式基本问题的认识和回答，并由此构建学校体育发展方式改革研究的理论框架。根据这一理论框架，作者认为，研究学校体育发展方式改革应从学校体育发展理念与指导思想、管理体制及运行机制三个方面入手[③]。

张正民，陈宁（2015）认为，学校体育发展方式是学校体育发展的思维和行为方式的总和，是各种发展要素的不同组合设计和制度安排。不同的历史发展时期，对应着不同的发展方式，学校体育发展方式转变是促进学校体育良性

① 董翠香，茹佳，季浏.体育强国视阈下中国学校体育发展方式探究[J].北京体育大学学报，2011，（11）：88-92.
② 董翠香，朱美珍，季浏.发达国家学校体育发展方式及其对我国的启示[J].体育学刊，2012，（4）：72-76.
③ 董翠香，董翠香，党林秀，朱美珍，季浏，张秀丽. 新中国学校体育发展方式转变的阶段性特征及改革的基本思路[J].体育成人教育学刊，2014，（5）：75-80.

运行的最根本要求。学校体育发展方式转变的理论导向包括：转变形式上有渐进式和突变式；转变类型上需要从外延型向内涵型转变、从单一封闭型向多元开放型转变、从政策强迫型向内部自发型转变、从区域差异型向全面公平可持续型转变； 转变的内容包括思想理念目标优化、资源配置目标优化、组织结构目标优化、制度安排目标优化；总体上要加强环境与资源集聚整合效应。只有学校体育发展方式转变的顺利实现，我国学校体育才能良性发展，才能促进教育事业和体育事业的全面、协调和可持续发展[①]。

张金桥、王健、王涛（2015）从学校体育目标及价值取向、学校体育管理体制及制度保障、体育教育教学及相关活动的运行方式、学校体育发展的保障条件等方面，对美国、英国、日本、德国、俄罗斯等发达国家学校体育发展方式进行研究，提炼出如下启示：学习国外经验应该博采众长但不照搬；学校体育发展方式的确定即是各发展要素的优化组合过程；体育课程改革是学校体育发展方式转变的中心环节；减少政府介入深度的同时引入社会（市场）机制；依托社会资源开展课外体育活动；场馆设施的供给应以实用为首要原则，提倡学校与社区资源共享[②] 。

（2）学校体育发展改革的相关研究

学校体育发展方式转变是学校体育改革要牢牢抓住的主线之一，同时，学校体育发展方式的转变也需要一系列具体的改革措施来推动，二者之间具有密

① 张正民，陈宁．我国学校体育发展方式转变的现实诉求与理论导向[J].北京体育大学学报，2015，（12）：88-94.
② 张金桥，王健，王涛.部分发达国家的学校体育发展方式及启示[J].武汉体育学院学报，2015，（10）：5-20.

切的关系。因而，在明确的以学校体育发展方式转变为研究对象的成果较少发表的情况下，梳理学校体育改革的研究进展情况，对本研究来讲，具有重要的借鉴价值。

现代意义上的学校体育出现后，其发展的历程，实际上就是一部学校体育改革史。因此，伴随着学校体育发展，对学校体育改革的讨论会一直延续。虽然在改革开放以前，学校体育领域行“改革”之实的研究，并未挂“改革”之名，但相关讨论的存在是客观事实，其对学校体育发展实践的影响也是客观存在的。从20世纪80年代开始，明确讨论学校体育改革的研究历久弥新，发展成为学校体育研究的一个“永恒”热点。基于本研究的理论需求，将主要整理分析新一轮体育课程改革以来的学校体育改革研究状况。

新一轮课程改革以来的学校体育改革研究的一个重心是对体育课程改革的研究，本书将做专门综述。本部分主要分析从总体上探讨学校体育改革的相关研究。

王广虎（2001）历史地研究健康概念的演进与拓展，揭示健康三维认识的社会背景及人文内涵。在健康理念下，讨论了学校体育的全方位改革问题：学校体育的改革，应以“健康第一”的学校教育指导思想为基础，以健康为理念，用“健身”体育观更新“强身”体育观，坚持以学生为中心的教学思想，走出传统体育教学的误区①。

刘晓华，高瞻，付浩（2002）认为，学校体育改革的先导是教育思想和教

① 王广虎.健康理念内涵的把握与学校体育改革的思考[J].成都体育学院学报，2001，(4)：29-33.

育观念的转变与发展。应改革学校体育管理体制，转换运行机制，不断优化和完善软硬件环境，加强科学研究和师资队伍建设等[①]。

赖天德（2003）认为，学校体育改革应深刻领会素质教育的本质，全面兼顾素质教育的全体性、全面性、基础性、主体性四大特征[②]。

姚蕾（2003）认为，体育素质具有内潜性、基础性、稳固性、发展性特征。提高国民体育素质应更新学校体育基本理念，改革体育课程，完善体育教育评价机制，加强学校体育环境建设，加强学校、社会与家庭的一体化建设，注重体育教师素养的提高[③]。

万昌智（2004）认为，学校体育改革一定要树立科学发展观，必须坚持“健康第一”的指导思想，坚持全面协调发展，坚持可持续发展，坚持“以人为本”的原则。[④]

唐健（2005） 指出，学校体育的改革与发展应以马克思关于人的全面发展理论为指导，树立为促进人的全面发展服务的理念，建立有利于促进人的全面发展的学校体育目标[⑤]。

王庆丰（2006）分析了学校体育现状和存在的问题，提出学校体育改革的主要内容：必须坚持可持续发展；转变思想观念，提高教学质量；构建新型课

① 刘晓华，高瞻，付浩.新世纪的学校体育改革[J].体育文化导刊，2002，（6）：60-61.
② 赖天德.素质教育的基本特征及其对学校体育改革的启示[J].体育学刊，2003，（1）：10-13.
③ 姚蕾.国民体育素质培育与学校体育改革[J] 体育科学，2003，（5）：18-22，28.
④ 万昌智.学校体育改革的科学发展观[J] 体育学刊，2004，（6）：72-75.
⑤ 唐健.人的全面发展理念下的学校体育改革[J] 体育学刊，2005，（2）：82-85.

程体系；改革教育、教学方法体系；完善评价机制[①]。

卢元镇（2007）接受访谈时指出，新课程标准改革大方向是对的。但这场体育课程标准改革存在着一个虚假的立论——将体育课作为学科，改革的理论准备不足，忽视了体育课程以身体练习、运动方式组成教材基本体系这一基本特征[②]。

曲宗湖（2007）接受访谈时指出，实施新课程改革不能对传统体育教育的不足无限扩大，而是在传统体育教学的基础上不断完善。在前一轮新课程改革的实践操作中，恰恰这方面把握得不够好。总的来说，这轮体育课程改革是积极的[③]。

颜昶，徐丽平（2008）对学生体质下降、体育课程改革、学生体育行为、社会环境影响、体育促进健康的方法等问题进行思考。认为，导入健康促进理念可以补足学校体育的综合干预措施，促进学生科学体育生活方式的形成[④]。

董翠香，张玉景（2009）研究认为，新一轮体育课程改革在取得成绩的同时，也在课程名称、课程功能、运动技能教学、学生运动兴趣、学生主体地位和学习方式 6 个方面存在着认识上的误区[⑤]。

吴键（2010）深化学校体育改革的要害问题是：按照新课程标准的规定

---

① 王庆丰.新世纪我国学校体育改革的思考[J]体育文化导刊，2006，(9)：67-68.
② 段健芝，梁晔，安福秀.中国学校体育改革路向思考——卢元镇教授访谈录[J]体育学刊，2007，(8)：1-4.
③ 冯霞.改革开放以来中国学校体育改革回顾——曲宗湖教授访谈录[J]体育学刊，2007，(9)：1-5.
④ 颜昶，徐丽平.导入“健康促进”理念之学校体育改革展望[J].成都体育学院学报，2008，(7)：71-73.
⑤ 董翠香，张玉景.学校体育改革中若干问题的解读与思考[J].河南师范大学学报（自然科学版），2009，(2)：138-140.

提高体育课开课率与体育教师配置比例[①]。学校体育改革发展的关键是建立问责机制[②]。

杨成（2011）研究指出，在体育课程改革的实验过程中，西部地区出现了体育改革非均衡发展的矛盾和问题，这会在一定范围内阻碍与制约体育课程改革的实施[③]。

冉学东，王广虎（2012）研究认为，生命教育应该成为新时期我国学校体育的改革的发展取向，其内涵是热爱生命、构建充满生命活力的体育教学体系[④]。

王登峰（2013）认为，造成青少年体质健康下滑的主要原因有二：评价体系和办学条件。这两个问题的解决不是孤立的，评价体系问题理顺后，办学条件改善是自然而然的事情。下一步学校体育工作要主抓两项：一是体质健康测试，二是教育教学内容和方式的改革[⑤]。

杨文轩（2016）以社会历史发展脉络为研究主线，结合我国各阶段的历史情况，对当代学校体育改革价值取向进行了回顾与梳理。研究认为，中国当代学校体育改革价值取向的转换经历了 3 个历史演进阶段，即从摆脱“东亚病夫”阴影到“准备打仗”的增强体质阶段；“从体质中心到三基”的知识、社会本位阶段；“从三维健康到核心素养”的关注人的全面发展阶段。“核心素

① 吴键.深化学校体育改革的要害问题：“配足配齐”与“开足开齐”[J].体育教学，2010，(2)：4-7.
② 吴键.问责：学校体育改革发展的关键机制[J].体育教学，2010，(3)：11-13.
③ 杨成.西部地区学校体育改革非均衡发展的成因与对策[J].继续教育研究，2011，(3)：155-156.
④ 冉学东，王广虎.生命教育:新时期学校体育改革的取向[J].成都体育学院学报，2012，(1)：1-6.
⑤ 王登峰.学习十八大精神 推进学校体育改革[J].体育学刊，2013，(1)：1-5.

养”概念的提出为我国学校体育改革树立了风向标，“体育核心素养”的提出实现了由单方面的“社会本位”或“知识本位”价值取向向多元的“社会、知识、个人”三位一体的价值取向转换。今后我国学校体育改革价值取向应紧紧围绕体育核心素养体系的构建来贯彻落实，实现共筑我国学校体育事业的美好蓝图[①]。

总结近 10 余年学校体育改革研究，研究的立论基础主要有：“健康第一”教育指导思想及由其阐发出来的相关理念，如生命教育；科学发展观；人的全面发展理论，素质教育等。研究的核心内容是体育课程与教学改革。研究选题主要集中在两个方面：一是对学校体育改革进行回顾，总计经验，查找问题，提出对策；二是基于一定的理论或理念，对学校体育改革问题进行解读，提出建议。学校体育改革研究对于本研究来讲，具有较大的学术价值：一是，学校体育改革研究成果中所反映出的改革指导思想、重点、进程和举措等，实质上也反映出客观上的学校体育发展方式的转变某些情况，能够为本研究提供重要的理论支撑和实证材料；二是，学校体育发展各构成要素的改革实质上要素的优化问题，要素的优化组合是学校体育发展方式转变研究的重要维度之一，例如，体育课程改革就对应上学校体育发展方式转变中体育课程相关要素的优化；三是，学校体育改革研究较为成熟，对其进行综述，有利于总结出为本研究所用的研究方法、手段等范式。

（3）与发展方式转变有关的学校体育发展各要素的优化与改革研究

① 杨文轩.论中国当代学校体育改革价值取向的转换——从增强体质到全面发展[J].体育学刊，2016，(6)：1-6.

虽然，明确地以“学校体育发展方式”及其转变为研究对象的研究还很薄弱，但在学校体育发展与改革的进程中，对其发展要素构成中某些要素的优化与改革的研究却有较多的讨论。考察已有的相关研究，在构成学校体育发展诸要素中，对体育课程、校园体育活动、师资队伍（涉及劳动、体育教育技能等要素）、制度保障与评价机制这几个要素优化的研究相对较多，其中又以对体育课程改革的研究最多。

1）体育课程改革的相关研究

运用中国知网（CNKI）进行检索，仅以“体育课程改革”作为篇名检索词的期刊文章就有1000余篇，博硕士论文有40余篇，如果以“体育课程改革”作为摘要和关键词检索，则有多达2000余篇文献。而在其他媒体上讨论体育课程改革的文章更是不计其数。

从年限分布上来看，在2000年之前专题讨论体育课程改革的文章相对较少，当时对体育课程改革的讨论大多蕴含在对学校体育改革的总体讨论之中。2001年，《义务教育体育与健康课程标准（实验稿）》颁布，这成为新一轮体育课程改革的标志性事件之一。围绕新一轮体育课程改革，特别是新的课程标准的讨论很快成为学校体育研究的热点问题。公开发表的研究成果逐渐增多，并在一个较高的数量上保持稳定。

这些研究涉及到对体育课程改革和新课程标准的解读，体育课程改革历程的回顾，新的课程理念，体育课程的目标设定、内容与资源开发、结构与模式、教学组织实施与评价，对体育课程改革和新课程标准实施情况的调查和反思等等。其中新一轮体育课程改革方案制定的主要参者的相关论述，及其他研究者针对课程改革的反思性研究，对于在学校体育发展方式转变研究中讨论体育课程要素的优化问题具有较大的文献价值。

作为新一轮的体育课程改革方案制定的主要参与者、《课程标准》研制组组长以及修订组组长之一，季浏通过各种途径对体育课程改革和新的课程标准进行解读，对课程改革中存在的问题进行总结与反思。例如，修订后的《义务教育体育与健康课程标准》（2011版）公布后，季浏于2012年在《中国学校体育》杂志上发表了系列文章，对其进行解读。第一，对课程名称和前言部分修订进行分析说明，主要涉及为什么要统一课程名称为“体育与健康课程”、课程性质部分有哪些主要变化、课程基本理念部分的主要变化、课程设计思路的主要变化等[①]；第二，对课程目标修订进行分析说明，这部分主要针对课程目标、学习方面目标的修订过程进行了说明，并逐一对各目标进行了解读[②]；第三，对课程内容部分的修订及有关问题进行说明和分析，主要涉及课程内容的特点，课程内容部分的主要修订和变化等，并对体育教师提出了建议[③]；第四，对教学建议部分的修订和相关问题进行说明及分析，主要涉及学习目标的设置、教学内容的选择和设计等，并对选择与运用教学方法提出建议，对体育教师提出建议[④]；第五，对评价建议部分的修订和相关问题进行说明及分析，主要涉及构建有助

① 季浏.《义务教育体育与健康课程标准》修订说明与分析（一）[J].中国学校体育，2012，(3)：14-16.
② 季浏.《义务教育体育与健康课程标准》修订说明与分析（二）[J].中国学校体育，2012，(5)：14-17.
③ 季浏.《义务教育体育与健康课程标准》修订说明与分析（三）[J].中国学校体育，2012，(6)：19-23.
④ 季浏.《义务教育体育与健康课程标准》修订说明与分析（四）[J].中国学校体育，2012，(8)：16-20.

于促进学生更好体育学习及健康发展的评价体系、明确学习评价目标、合理选择学习评价内容、采用多样的学习评价方法、发挥多方面评价主体的作用、合理运用学习评价结果等[①]；第六，对课程资源开发与利用建议部分的修订和相关问题进行说明及分析，主要涉及课程资源开发与利用的意义，以及人力资源、体育设施和器材、课程内容、信息、时间等资源的开发与利用[②]。在系列文章发表之前，季浏还著文说明了体育与健康课程标准实验稿修订的基本原则：坚持改革的正确方向，坚持与时俱进的精神，坚持《课程标准》是指导性文件而不是指令性文件的思想，坚持民主与集中相结合的原则[③]。季浏（2012）在对《义务教育体育与健康课程标准》（2011 版）进行解读的过程中，对相较于（实验稿）（2001 版）的变化及原因进行了详细的说明，对于从政策制定者角度理解和把握体育课程改革的理念和思路具有重要意义。

作为《新课标》制定与修订的主要参与者，季浏还要经常面对和回应各种质疑，因此，也时有对体育课程改革进行回顾和反思的文章发表。例如，他于 2006 年著文讨论了体育课程继承与发展的关系，认为体育课程是在继承的基础上进行改革与发展[④]。针对围绕“健康第一”指导思想下运动技能教学问题的讨论或争议，他于 2006 年发文进行回应，认为《课程标准》高度重视运动技能的教学[⑤]。在新一轮基础教育体育课程改革 10 年之际，他又于 2011 年著文进行回

① 季浏.《义务教育体育与健康课程标准》修订说明与分析（五）[J].中国学校体育，2012，(9)：24-27.
② 季浏.《义务教育体育与健康课程标准》修订说明与分析（六）[J].中国学校体育，2012，(10)：19-21.
③ 季浏.体育与健康课程标准实验稿修订的基本原则[J].中国学校体育，2012，(2)：8-10.
④ 季浏.体育课程在继承的基础上改革与发展[J].体育教学，2006，(4)：12-14.
⑤ 季浏.论“健康第一”指导思想下的运动技能教学[J].体育教学，2006，(2)：4-6.

顾，认为，通过10年改革，我国体育教育思想、课程理念、教师教的行为及学生学的行为都发生了积极的变化，但也在体育教师教育观念、专业化水平、新课程指导与培训、地方重视程度等方面存在着诸多问题①。

作为《体育与健康课程标准》修订组成员，近年来，毛振明针对体育课程改革进行了认真的思考，发表了大量的学术性文章。2012年出版的《体育课程改革新论》集中了他近些年来关于体育课程改革研究的精华。在该书中，他回顾了参与“新课改”的历程，讨论了课改改什么，怎么改的问题。并对体育课程与教学中面对的“有效的体育教学”、运动技能教学有效性、教学的重点和难点、选择体育教学内容的依据、原则和方法等理论难题进行了探析。该书还对如何考量好的体育课，如何改善教学方法进行了讨论②。该书对新课改有着自己独立的思考，对于从另一个角度把握体育课程改革具有重要价值。

作为义务教育课程标准修订召集人，杨文轩于2011年接受《体育学刊》约请，撰文回顾了我国基础教育课程改革的历程，对“新课标”的实验和修订工作进行了总结，对“新课标”的理念和实施问题提出思考。认为指导我国体育教育实践的思想有：坚持“健康第一”的指导思想，确立终身体育思想，树立以学生为本的观念③。理论基础是制定课程标准的准绳，但学校体育界的研究中一直没有对此进行理论探讨，直到2012年，杨文轩，季浏才在《义务教育体育与健康课程标准（2011 年版）解读》一书中弥补了缺憾，该书认为“教育目标

① 季浏，汪晓赞，汤利军.我国新一轮基础教育体育课程改革10年回顾[J].上海体育学院学报，2011，(2)：77-81.
② 毛振明.体育课程改革新论——兼论何为好的体育课[M].北京：教育科学出版社，2012.
③ 杨文轩.关于“体育与健康课程标准”修订的思考[J].体育学刊，2011，(5)：1-3.

分类学、掌握学习理论、运动技能形成理论”是本轮体育课程改革的理论基础[①]。

在新一轮体育课程改革进程中，谭华也对体育课程改革进行了较为系统的思考。谭华，李勤（2003）著文对我国体育课程改革的基本理念与设计思路进行了介绍[②]。谭华，庄弼，何鸿涛（2003）研究认为，在体育课程改革试验中出现了几个误区：不敢在教学中提运动技术；学生自己动起来了，教师的地位和作用体现在哪里？公开课应该事先反复排练[③]。

在体育课程改革的进程中，有不少学者将目光投向了国外，对国外的体育课程改革进行了介绍。例如，张建华，高嵘，毛振明（2004）讨论了 20 世纪 80 年代以来美国体育课程改革的背景、危机意识和原因，在此基础上，对我国体育课程改革提出建议[④]。

徐勤儿，陈金（2007）对美国两套《国家体育标准》进行比较研究，找出其共性特征，探究其区别，并就发生的变化，从内容标准、水平划分、评价三方面进行分析，希望能对我国体育课程标准实验和实施提供借鉴[⑤]。

由于苏联时期的社会主义政体及学校体育课程与我国有着不解之缘，王韶峰（2010）著书审视了中俄两国普通高中体育课程的历史发展与现实改革，对两国普通高中现行体育课程标准中的体育课程性质、基本理念、目标、内容标

① 杨文轩，季浏.义务教育体育与健康课程标准(2011 年版)解读[M]. 北京：高等教育出版社，2012. 41-48.
② 谭华，李勤.我国体育课程改革的基本理念[J].体育学刊，2003，(2)：8-11.
③ 谭华，庄弼，何鸿涛.体育课程改革实验中出现的几个误区[J].体育师友，2003，(4)：25-27.
④ 张建华，高嵘，毛振明.当代美国体育课程改革及对我国的启示[J].体育科学，2004，(1)：50-52，55.
⑤ 徐勤儿，陈金.美国基于国家标准的学校体育课程改革的对比研究 [J].体育与科学，2007，(5)：15-17，39.

准进行了比较分析[1]。

张世响（2009）以日本2008年《学习指导纲要》修订为契机，以体育教育学理论为指导，对日本1945年至2008年历次《学习指导纲要》中体育教育方面的改革、变迁进行了较为系统的研究[2]。

质疑一直伴随着新一轮体育课程改革的进程。例如，赵立（2008）从继承与发展、长期动态与相对静止、唯物与唯心、主体与主导等哲学视角对体育课程改革进行了思考，认为：新的课程改革没有处理好继承与发展的问题；新课标对拓展功能关注过多，忽视了本质功能；学校体育的理念越来越唯心；学生主体被忽视，体育教师的主导也只是被动承受，专家实际成了中小学体育课程的主导[3]。公开发表的类似质疑与反思性文章不胜枚举，此处不再一一列举。这类文章使得我们可以从不同视角去认识体育课程改革。实际上，正是在不断的总结与反思中，体育课程改革方案才不断得以修正，日趋科学。

2）校园体育活动开展方式转变的相关研究

校园体育活动（课外体育活动）研究多集中在课外体育活动的地位、开展现状、参与特征，以及课外体育活动对学生身心发展的作用等方面。针对课外体育活动开展方式（模式）转变的研究相对较少。

王超英，沈建华（1999）提出了加强课外体育活动的对策：树立新的时空观（课外活动由学校拓展到社会、家庭）；加强课外活动的科学管理；课外体育

① 王韶峰.中俄学校体育课程改革新视野[M].北京：高等教育出版社，2010.
② 张世响.现代日本学校体育教育的变迁[M].北京：北京体育大学出版社，2009.
③ 赵立.我国改革开放30年来学校体育问题断想[J].体育教学，2008，（12）：20-22.

活动组织应向开放和个体化方向发展；科学制定课外体育活动大纲；成立学生体育协会①。

李惠玲，张春美（1999）提出了在课外活动中建立与体育课有密切联系的课内、课外“一体化”体育俱乐部的设想，并进行了探索②。

陈家起，罗建萍，徐武（2004）研究认为，在学生体育兴趣和体育观念普遍较低的情况下，采取俱乐部活动和学分挂钩的评定方式，可以有效激发学生参与俱乐部活动③。

张同宽，赵英俊（2005）以浙江海洋学院课外体育活动现状调查分析为例进行分析，提出构筑学分制课外体育活动俱乐部的管理模式较为适宜，并提出了课外体育活动组织管理的原则和方法④。

刘大海，庞大庆，宋晖（2005）对高校学生课外体育活动运行机制及管理模式进行了分析、讨论，提出相关对策：优化管理模式；改革竞赛方法提高竞赛效果；建立学生骨干培训制度；建立检查与评比制度；借助社会力量以多种形式开展课外体育活动⑤。

吴立柱，司鹏巧（2007）研究中提出：“课内外一体化”的课外体育活动管理模式要求从学校实际出发，根据学校师资力量和体育设施条件，制定切实可行的活动内容和管理方法，管理的重点在于督促和鼓励学生经常坚持参加体

---

① 王超英，沈建华.对我国课外体育活动发展中几个问题的思考[J].上海体育学院学报，1999，(4)：61-64.
② 李惠玲，张春美.建立高校课外体育活动的新模式——体育俱乐部初探[J].体育学刊，1999，(2)：9-10.
③ 陈家起，罗建萍，徐武.学分制课外体育俱乐部的运作模式[J].体育学刊，2004，(1)：90-92.
④ 张同宽，赵英俊.改革高校课外体育活动的管理———以浙海院课外体育活动现状调查分析为例[J].浙江海洋学院学报（人文科学版），2005，(4)：72-75.
⑤ 刘大海，庞大庆，宋晖.高校课外体育活动改革实践与思考[J].武汉体育学院学报，2005，(3)：114-116.

育锻炼。

张瑞林（2011）研究发现，制约学生体育锻炼的主要瓶颈是体育教学条件的提供，以及学生自主参与性的保障。提出了体育教学俱乐部的内涵及质特征，并在课内外一体化理念指导下，设计了普通高校课外体育教学俱乐部实施方案。

综述关于校园体育活动开展方式转变的相关研究，发现绝大部分都集中在课外体育俱乐部的建设上，而对课余体育训练和竞赛活动以及学生群众性体育活动开展模式的研究比较少。

（3）学校体育资本与物质条件优化的相关研究

截至当前，关于学校体育资本与物质条件优化的研究多存在与对学校体育发展问题的总体研究中，系统的研究还少见报道。

经文献检索，关于学校体育资本（经费）投入及优化的系统性学术研究几乎为空白。而关于学校体育物质条件（场地设施）的讨论多集中在学校体育设施的对外开放上，对如何解决学校体育场地设施供给不足问题，或如何有效利用现有场地设施，如何建立与社会的共享机制等问题系统讨论较少。

李骁天，王凯珍，毛振明（2009）研究认为，学校和社区体育这两个系统在使用体育资源方面特点不同，决定了两个系统中间可以架设一种由制度、法规等构建的模式，来解决学校与社区在体育设施资源使用中高峰段的短缺①。这是为数不多不仅谈及学校体育设施对社会开放，也谈及社区体育设施与学校共

① 李骁天，王凯珍，毛振明.城市社区与学校体育设施资源共享研究的回顾与展望——中外对比[J].天津体育学院学报，2009，(6)：504-509

享的文献之一。

4）体育师资队伍建设的相关研究

体育师资队伍建设问题一直是研究的一个热点问题。研究主要集中在三个方面，一是加强体育师资队伍建设的意义；二是全国或各地方区域体育师资队伍建设现状，问题及对策研究；三是体育教师培训（体育教师教育）问题研究。

在师资队伍建设的意义、现状调查与对策分析方面，经检索，有数百篇之多的学术成果公开发表，早在20世纪80年代，就有学者开始讨论师资队伍建设的问题。例如，杨宏松（1989）分析了高校体育师资队伍存在的主要问题，提出搞好高校体育师资培训工作的措施[①]。

董翠香（2000）对中华人民共和国成立50年来体育师资队伍培养进行回顾与展望，认为建国后的最初50年，体育师资队伍建设取得了巨大成绩，但从体育教师的培养来看，还存在着诸多不利于我国体育师资队伍整体素质提高的问题[②]。

付奕，于芳，刘莹清（2001）对我国普通高校体育师资队伍结构状况进行分析，发现在当时，高校体育师资队伍的年龄结构趋向年轻化，高职称教师的年龄有所下降。但也存在学历偏低，中青年教师中高职比例偏低，体育教师收入偏低等问题，基于以上分析，提出了相关对策建议[③]。

近几年来，引用比较多的研究有：陈德林（2006）对湖南省侗族地区中、小学校的体育师资队伍现状进行的调查。结果显示：该地区中、小学体育教师

---

① 杨宏松.要加强高校体育师资队伍的建设[J].中国高等教育，1999，(3)：39，31.
② 董翠香.新中国50年体育师资队伍培养回顾与展望[J].北京体育大学学报，2000，(3)：319-320，323.
③ 付奕，于芳，刘莹清.我国普通高校体育师资队伍结构现状与发展对策[J].中国体育科技，2001，(7)：23-25.

数量有余，但质量不足；工作量大、待遇低；教师资源配置城、乡失衡；教师的专业思想欠稳定；师资队伍管理科学化亟待加强①。

王广明（2008）研究认为，河南省普通高校体育师资队伍存在着学历偏低、科研意识不强、专业结构不尽合理等问题，基于此，提出了相关对策与措施②。

周建华（2011）对 20 所实施“三自主”选课模式的高校体育师资队伍建设情况进行调查，研究表明：职称与年龄结构逐渐趋于合理；教师继续教育机会较少、经费短缺；学历结构相对偏低；学缘结构单一。该研究还根据师资队伍现状提出相关对策③。

在师资培训和体育教师教育方面，亦有相对较多的成果发表。徐佶（2012）出版的专著在专业化的视野下，探讨了体育教师教育变革的存在，提出新型体育教师教育需要新型的体育教师教育模式、方法和策略。首先应树立终生体育教师教育思想；其次按照专业化要求实行严格的中小学体育教师准入制度；再者应从目标、政策体制、内容、师资队伍、教育管理与评级体系等多方面构建一体化的体育教师教育模式④。

体育教师培训现状与模式研究直接关乎师资建设中体育教育技能要素的优化问题，因而受到了越来越多的关注。近些年来，公开刊物上发表的引用率比较高的相关文献主要有：杜琳英（2003）提出我初中小学体育教师培训新模式

---

① 陈德林. 湖南省侗族地区中、小学体育师资队伍现状研究[J].中国体育科技，2006，（6）：132-135.

② 王广明.河南省普通高校体育师资队伍建设现状及发展对策[J].武汉体育学院学报，2008，（2）：97-100.

③ 周建华.普通高校体育师资队伍建设的研究——对 20 所实施“三自主”选课模式的高校调查[J]北京体育大学学报，2011，（1）：81-84，88.

④ 徐佶.专业化视野下体育教师教育的反思与建构[M].北京：中国编译出版社，2012.

的建构要点，即培训理念的科学指导、培训目标的明确选择，以及培训策略的多样综合等[①]。

林顺英，黄汉升（2005）对中学体育教师职后培训的目标、模式、内容等方面进行调查与分析。在教学模式方面，认为可采用问题探究、合作交流、案例教学与教学现场诊断等模式；组织模式可用研训一体、校本培训、巡回流动培训及远程培训等模式[②]。

韩春利（2006）认为在“十五”期间体育教师职后培训参与状况中学要好于小学，小学要好于高校。2006-2010 年的培训应选择校本与院校培训相结合、学历教育和素质提高并举的模式[③]。

体育教师教育的质量决定着体育师资队伍的质量，因此，对体育教师教育的研究日益受到重视。例如，王健（2000）探讨了体育教师教育课程模式研究的背景、必要性、可行性、意义及方法论，并在此基础上，论述了该研究的依据及策略，讨论了课程及课程模式的概念问题[④]。

王健，邓宗琦（2000）回顾、分析了近代中国体育教师教育课程模式的形成与发展，认为，近代体育师资培养及课程模式的演变，与学校体育、学校教育、师范教育等制度的变化有关[⑤]。

吴昊，黄爱峰，顾渊彦（2004）研究认为，新世纪体育教师教育的发展观

---

① 杜琳英.我初中小学体育教师培训模式探讨[J].体育与科学，2003，（2）：79-80.
② 林顺英，黄汉升.我初中学体育教师职后培训的调查与分析[J].中国体育科技，2005，（1）：112-114.
③ 韩春利. 2005-2010 年体育教师职后培训组织管理与模式研究[J].武汉体育学院学报，2006，（1）：7-14.
④ 王健.体育教师教育课程模式研究的依据及策略[J].上海体育学院学报，2000，（1）：17-21.
⑤ 王健，邓宗琦.中国近代体育教师教育课程模式的发展[J].华中师范大学学报（人文社会科学版），2000，（3）：29-33.

是，要在体育教师教育过程中要实现文理、一般教师教育和学科教师教育、职前和职后、学历和非学历、教研和科研、师范和非师范、学校和社会的整合与贯通①。

黄爱峰，吴昊，顾渊彦（2005）研究认为，新一轮基础教育体育课程改革的推进暴露出我国体育教师教育领域存在狭隘的专业发展基点、脱节的教师培养机制以及低效的继续教育模式等三个问题。在课改之初同步或优先改革与完善我国的体育教师教育模式是一项有效的实践策略②。

王健，黄爱峰，季浏（2007）分析了“实用性”与“唯理性”这两种实践观的局限性，指出了新体育教师教育实践观的基本内涵，提出了新实践观对体育教师教育改革的启示：以现实世界为出发点；以实践本位为方向标；以“双校”贯通为推进器③。

王健，季浏（2008）研究认为，体育教育专业课程改革专业化取向的发展策略是构建并完善体育教育学学科体系④。

龚正伟，李丽英（2009）回顾了中国体育教师教育的百年历史，审视现状和面临的挑战，并对未来发展前景进行了讨论⑤。

王崇喜，周珂，周艳丽（2012）研究认为，中华人民共和国体育教师教育表现出阶段性特征：第 1 阶段强调“培训”；第 2 阶段强调“学习”；第 3 阶

---

① 吴昊，黄爱峰，顾渊彦.整合优化——新世纪体育教师教育的发展观[J].体育学刊，2004，(6)：133-135.
② 黄爱峰，吴昊，顾渊彦.新课改下的体育教师教育问题透视[J].北京体育大学学报，2005，(2)：222-224.
③ 王健，黄爱峰，季浏.实用性与唯理性:体育教师教育实践观辨析[J].武汉体育学院学报，2007，(11)：61-64.
④ 王健，季浏.体育教师教育课程改革的专业化取向[J].上海体育学院学报，2008，(1)：70-73，94.
⑤ 龚正伟，李丽英.中国体育教师教育的历史、挑战与未来[J].北京体育大学学报，2009，(3)：77-81.

段强调“发展”。基于发展观的体育教师教育凸显了体育教师在教育实践中的主体地位。而立足于被理论浸润的日常化教育实践是体育教师教育的未来走向[①]。

中小学教师国家级培训计划（简称“国培计划”）实施后，针对国培计划中体育师资培养的现状、问题及政策解读逐渐成为一个新的研究领域。例如：谭作军（2012）从体育教师置换脱产研修、农村中小学体育教师短期集中培训、农村中小学体育教师远程培训等三个方面对“国培计划”农村体育骨干教师培训进行解读[②]。

党玮玺，罗睿（2012）以甘肃省 2010“国培计划”农村中小学体育教师短期集中培训为例，分析了“国培计划”农村中小学体育骨干教师培训中存在问题，并提出建议[③]。

付明忠（2013）分析了中小学体育教师培训现状及存在的问题，并在“国培计划”视域下提出加强我初中小学体育教师培训的策略[④]。

（5）制度保障与监测评价机制建设的相关研究

目前国内与学校体育相关的制度和政策方面的研究主要集中在以下几个方面：一是学校体育制度（政策）的历史演变与供给现状研究；二是学校体育政策执行问题；三是学校体育伤害事故的法律、政策归责与救济问题；四是对国外学校体育制度（政策）的研究。这几个方面的研究都与学校体育制度保障体

① 王崇喜，周珂，周艳丽.新中国体育教师教育的演进与未来走向[J].体育学刊，2012，(4)：60-65.
② 谭作军.“国培计划”农村体育骨干教师培训解读与策略[J].教学与管理，2012，(21)：60-61.
③ 党玮玺，罗睿.“国培计划”农村中小学体育骨干教师培训问题与建议[J].继续教育研究，2012，(1)：113-116.
④ 付明忠.国培计划”视域下的中小学体育教师培训[J].教学与管理，2013，(18)：62-64.

系的优化有一定联系。

学校体育制度（政策）的历史演变与供给现状研究，有利于厘清我国学校体育制度（政策）发展的脉络，总结规律，发现问题，为建立健全学校体育制度保障机制服务。这方面较有影响力的文献有：李洪川，许晓明，张雪霞，等（2011）按学生体质、体育课、课外体育活动、体育安全、体育教师、体育设施、运动训练和体育比赛、体育中考等 8 个方面对近 20 年出台的学校体育法规政策进行梳理，并提出应进一步完善学校体育法规政策体系，提升学校体育法规政策执行力[①]。

彭雪涵（2009）分类整理了改革开放时期学校体育的政策法规，并从学校体育功能与任务的视角进行了解读，发现学校体育教育政策法规的重心已从早期小范畴的“增强体质”向大概念的“健康第一”转变。而总体特点体现为：主动适应改革开放的发展、法制思想进一步加强、以人为本的理念得到体现[②]。

刘宁，刘静民，张威（2009）整理研究了 1979—2008 年共 30 年间中央政府层面颁布的与学校体育有关的公共政策。发现我国学校体育政策可以分为拨乱反正与调整、平稳和新世纪三个发展阶段，具有教育化、竞技化和军事化三个导向[③]。

李冬梅（2009）以新制度经济学为研究视角，探讨了中小学学校体育制度

---

① 李洪川，许晓明，张雪霞，等.对近 20 年国家出台学校体育法规政策的梳理与思考[J].成都体育学院学报，2011，(9)：1-5.

② 彭雪涵.改革开放时期学校体育政策法规的文本解读[J].北京体育大学学报，2009，(5)：76-79.

③ 刘宁，刘静民，张威.改革开放以来我国学校体育政策、法规演变脉络之研究[J].体育科学，2009，(12)：88-92.

低效的原因，提出了改革路径：学会放弃；尊重需要；提高适应效率[①]。

学校体育政策执行方面，王书彦（2010）在建立学校体育政策执行力评价指标体系基础上，以黑龙江省普通中学为例进行实证研究，对学校体育政策执行力现状进行全面分析和评估[②]。

学校体育伤害事故的法律、政策归责与救济问题的相关研究较多，代表性研究有：谭小勇，向会英，姜熙（2011）在既考虑体育的特殊性，同时又考虑法律的法定性的前提下，系统研究了学校体育伤害事故责任问题。提出建立以过错责任为主导，以甘冒风险原则为补充的归责体系；设立责任保险以减轻学校、教师的赔偿责任；明确政府是学校体育伤害事故的责任主体之一[③]。

王荷英（2012）经过研究，建议构建新形势下的学校体育保险制度，向险种多元化、政策具体化、中介专业化等方向发展[④]。

韩勇（2012）从学校体育伤害的基本理论、法律责任、比较法研究、赔偿与保险、风险管理与伤害预防等方面学校体育伤害问题进行了较为系统的研究[⑤]。

国外学校体育制度（政策）的研究方面，多见于对国外学校体育发展，特别是体育课程改革的相关论述中，限于篇幅，本书不再专门介绍。

对学校体育评价的研究多集中在体育教学评价和学习评价的目标和具体方法上，而对于学校体育发展方式转变所要重点探讨的监测评价机制的健全与完

---

① 李冬梅.关于我国学校体育制度的思考[J].成都体育学院学报，2009，（10）：75-77.
② 王书彦.学校体育政策执行力评价指标体系及其实证研究[J].北京体育大学学报，2010，（8）：104-107.
③ 谭小勇，向会英，姜熙.学校体育伤害事故责任制度研究[J].天津体育学院学报，2011，（6）：521-526.
④ 王荷英.学校体育活动中运动伤害保险制度研究[J].体育文化导刊，2012，（10）：78-81.
⑤ 韩勇.学校体育伤害的法律责任与风险预防[M].北京：人民体育出版社，2012.

善却少有系统的研究，对相关问题的论述多反映在一些讨论学校体育发展与改革的文献中。

王登峰（2013）提出，把青少年体质健康测试及公示制度作为学校体育改革的一个突破口，以此去改变对学校体育、学校教育的评价体系①。每年都要让学生的体质健康状况得到测试和公布，在公布的基础上，按照学生体质健康水平进行全国大排名，在此基础上，推动评价体系改革和体育教学项目的创新②。

（五）对国内研究现状的评述

国内关于发展方式的研究最早始于经济领域，后逐步拓展至教育、体育等其他社会经济发展领域。经济发展方式的研究较为成熟，而教育和体育发展方式的研究起步较晚，但研究势头良好，成果数量越来越高，质量越来越好，对现实的指导意义越来越强。这些领域所形成的研究范式对于学校体育发展方式转变研究具有重要的借鉴价值。

学校体育发展方式转变的相关研究由于刚刚起步，成果较少，很难从现有文献中总结出该领域研究的特点和发展趋势，对本研究来讲，其借鉴价值较为局限。而学校体育发展各主要构成要素的优化研究取得了一定的成果，特别是体育课程改革的相关研究系统、深入，这可以为本研究在讨论学校体育工作各个组成部分发展方式转变时提供理论借鉴和实证资料。

总的来讲，学校体育发展方式及其转变研究的理论框架构建还很不成熟，

① 王登峰.学习十八大精神 推进学校体育改革[J].体育学刊，2013，(1)：1-5.

② 王登峰.学校体育的困局与破局——在天津市学校体育工作会议上的报告[J].天津体育学院学报，2013，(1)：1-7.

研究非常薄弱，不仅远远落后于经济发展方式的研究，而且也远远落后于与其有着密切关系的教育发展方式和体育发展方式的研究。这更加凸显了在学生体质状况下降趋势一直没有得到有效扭转、学校体育发展中存在很多问题，亟待转变发展方式的现实需求下，本研究具有的理论价值和现实意义。

（二）国外研究综述

1. 对“发展方式”的界定的相关研究

对发展方式的研究是西方学界长期关注的重要课题。当代西方发达国家，如美国、英国、与欧盟诸国对何谓“发展方式”均做出过阐述，其中以美国学界对“发展方式”的界定比较具代表性。

Mokyr（1997）认为，二战后的美国经济明显地呈现出一种大规模的社会—技术转变（socio—technological transformation），此种变革的深刻程度可以与英国的工业革命时代相媲美。但是，鲜有学者对普遍存在于英国工业革命与二战后美国经济快速发展中的松散的、随意的机制（Mechanisms）进行系统的建构，并且较少学者将这些发生在工业革命与美国战后经济中的机制（Mechanisms）与一般性的技术变革时代进行区分，因而，他提出促成工业革命与美国战后经济快速发展的这些松散的、随意的机制（Mechanisms）共同组成了一种“发展模式”（Mode of development）①。

Castells（1996）认为，“发展方式”（Mode of development）是指可以创

① Mokyr，Joel.“Are we living in the middle of an Industrial Revolution?”[J].Economic Reviews，1997，82(2):31.

造生产资料的产生与产品的生成的一系列技术的组合与排序[①]。某一种发展方式是由已被应用的生产过程中的技术因素来界定的，生产方式的最终目标是去产生持续的、充分的生产力效果。

Goldstone（2000）认为，“发展方式”（Mode of development）是一个历史的概念。人类历史过程中存在三种主导发展方式，即农业方式、工业方式与信息方式。在农业方式中，物质资料通过一系列自然要素（如劳力、土地与施肥）的共同作用来实现；在工业方式中，物质资料产生于将新兴能源引进到生产过程的具体结果之中（如将热能转化为动能的过程），并通过机械化生产来降低对能源的一味依赖[②]。Cortada（2002）认为在信息方式中，信息的产生、加工与传播成为物质生产过程中的“重要动力之源”[③]。

Castells 认为，迄今为止，人类历史进程中存在两种发展方式转变的趋势，一种走向工业化，而另一种则走向信息化。两种发展方式的转变都发生于资本主义的发展模式中，并且二者与任何资本主义生产模式中的连贯性的生产力量在性质上都有所区分。简言之，发展方式的某种转变表现了资本自身发展过程中的不可持续性。发展方式不等同于生产方式，二者也不应该被混淆。某种生产方式是指某种阶层结构的针对性统合，以及与之相伴的生产与分配关系。而发展方式是指劳动通过一系列技术上的准备，从而产生可以生产产品的效能，

① Castells，Manuel.The Rise of the Network Society[M].MA:Blackwell Publishers，1996.
② Goldstone，Jack.“The Rise of the West or Not? A Revision to socioeconomic History”[J].Sociological Theory，2000，8(2):175-194.
③ Cortada，James.Making the Information Society:Experiences，Consequences and Possibilities[M].New York:Prentice Hall，2002.

最终决定着在资本主义体系内部盈余与过剩的水平与质量[①]。

David（1985，1990）、Ruttan（2001，2006）分别指出，如果信息方式、工业方式与农业方式的确是资本发展方式的三种主要模式，那么从技术的变革角度如何在时期上来划分三者？应该看到，各自独立的发展方式并不应该被认为是相互无关的独立变量。考虑到生产过程中各个要素的通力合作是整个生产过程得以成功的重要保障，技术变革自然必须表现出历史上的连贯性。简言之，假如技术变革的路径是独立的历史进程，那么发展方式即是这一历史进程的具体表现与载体[②③④⑤]。

Bell（1973）与 Forbes（1958）均认为人类历史上首次朝着某种新发展方式转变发生于 1780 年至 1970 年间持续的资本主义发展进程中，在这一过程中科学技术进步导致自然力转换的形式越来越多样化，自然力被转化的速率也越来越快，例如人类一旦认识到热能可以被转化为动能，蒸汽机就开始被大面积地广泛应用于生产中。可以讲，资本主义所带来的工业化发展方式中，生产力的获得主要来源于更加廉价与更加便捷的能源使用，能源种类从蒸汽、石油、天然气最终发展到电力，因此使得原本简单易操作的机器不断地需要被复杂化与精细化[⑥⑦]。

---

① Castells，Manuel.The End of Millennium[M].MA:Blackwell Publishers，1998

② David，Paul.“Cilo and the Economics of Qwerty”[J]AER，1985，76:332-337

③ David，Paul. “Computer and Dynamo:A Historical Perspective on the Modern ProductivityParadox[J]AER，1990，80:355-361

④ Rutton，Vernon.Technology，Growth，and Development:An Induced Innovation Perspective[M].New York:Oxford University Press，2001

⑤ Rutton，Vernon. Is War Necessary for Economic Growth?[M].New York:Oxford University Press，2006

⑥ Bell，Daniel.The Coming of Post-Industrial Society: A Venture in Social Forecasting[M].New York:Basic Books，1973(1999 Edition).

⑦ Forbes，R.J. “Power to 1850”In a History of Technology:The Industrial Revolution，1750-1850[M].Oxford:Oxford University Press，1958

Nelson 与 Winter 在 1982 年出版的著作《经济转变的进化论》（“A Evolutionary Theory of Economic Change”）中提出，在技术发展这一进化链条中的任何一个节点上存在着大量可以促成技术转变的潜在路径（potential directions）。Nelson 与 Winter 认为最终路径（the ultimate path）的选择事实上是一个复杂的组织选择过程的结构（类似于自然生物的进化选择）。不考虑生物进化的选择机制，Nelson 与 Winter 认为“组织在稳定的环境中完成任务的能力要比在一个不断变化的环境中强大很多，而在变化的环境中，组织完成任务的能力在某一种持续的发展趋势中要远远强过于在发展趋势多元化的状态下。”发展方式的转变与技术的革新密不可分，但是有效的技术革新又必须以一种持续一贯的发展趋势为引领才能最终产生方式性的有效转变[1]。

综上所述，以美国学界为代表的西方学界在对“发展方式”的界定中，普遍将具有改变人类生产方式的技术革命作为“发展方式”的核心要素，突出科学技术在人类社会不同的发展方式中的标识作用，将人类历史中的发展方式概括为农业发展方式、工业发展方式与信息化发展方式。认识某种发展方式的有效途径是去分析新的发展方式对于旧的发展方式进行替代时，即发展方式的转变时，技术革命对于转变的实质意义。在技术变革作用下产生的社会机制转变势必形成新型的社会组织关系，然而，西方学界强调组织制度性在某种发展方式中的松散性与不确定性。此外，在某种发展方式是否能够完全成熟的主导因

① Nelson，Richard and Sidney Winter.An Evolutionary Theory of Economic Change[M].Boston，Harvard University Press，1982.

素中，价值观起到举足轻重的作用。某发展方式从出现到成熟的整个过程是在技术变革推进下，伴随着价值观主导影响的整体结果。

2.关于“学校体育发展方式”的研究

西方学界对于“学校体育发展方式”这一概念的理解与我国存在较大的差异，鲜有与我国研究语境相同的对应研究。然而，通过对近年来有关西方学校体育的外文著作、文献的查阅，本研究认为，在英国与美国体育教育学界对学校体育未来发展趋势的研究与论述中存在部分与我国研究语境下“学校体育发展方式”内涵相同或相近的相关描述。

（1）学校体育的“竞技运动化”发展趋势

Ken Green（2008）认为学校体育的发展趋势之一是竞技运动化（sportization）。学校体育的竞技运动化是指在未来的学校体育发展过程中，伴随着竞技体育对于体育教育不仅在理论方面，而且在实践方面的主导地位越来越凸显，学校体育的主体价值被视为“不必要”。在极端形式中，学校体育将被逐渐转变为学校竞技运动，换言之，即是将以往名义上置于教育之上的事物转变为本质上基于竞技运动（娱乐或休闲形式以及高水平的竞技形式）之上的事物，在这种转变过程中，教育结果仅仅被视为是附带的[①]。

D.Kirk（1992，1998）认为学校体育的竞技运动化过程由三个阶段构成。学校体育中竞技运动化的初始阶段可以被追溯至体育竞赛在维多利亚时代英国公学中的出现与发展。第二个阶段以组织化的竞技比赛为形式，伴随着体操类

① Ken Green. Understanding Physical Education[M].SAGE Publications，2008，226.

活动，构成了20世纪前50年中学体育教育的两大标志性实践。最近的研究表明，第三阶段可能正在向我们走来，表现为政府政策中（以英格兰与威尔士为例）对于学校竞技运动强调力度的不断上升，以及在体育教育主题中校园竞技运动与传统体育教育相伴出现的普遍性越来越明显[①②]。

Fisher（2003）认为尽管体育教育在部分国家的学校课程中的位置可能是“确立”的（就其在学校课程中的地位以及被分配给体育教育的学习时间而言），但是在许多国家普遍存在将体育教育与学校竞技运动作为近似事务来对待的趋势。这种发展趋势表明了体育教育在学校竞技运动的掩饰下很可能不断地朝着学校课程的边缘地位发展（譬如作为某种课外活动或甚至是学后学科），这种发展的结果是学校体育逐渐演变成为美国模式中的学后学科、校际间竞技体育竞赛抑或是欧洲模式中的基于俱乐部的竞技体育参与，甚至还可能是两种模式的结合，产生出近年来出现在弗兰德斯（Flanders）的学校体育模式，即竞技运动的可学习化[③]。他还指出近年来事实上在一些西方国家，如瑞典、德国的部分地区，已经考虑到“将学校体育置于主要的学校课程之外，通过当地的竞技运动中心或俱乐部来提供主要的体育教育内容”，同时，在澳大利亚的部分地区，“体育教育课程已经被外包给校外的私人机构以寻求性价比上的收益，实

① Kirk，D.Defining Physical Education. The Social Construction of a School Subject in Post-War Britain[M].Landon:Falmer Press，1992.

② Kirk，D.Schooling Bodies. School Practice and Public Discourse，1880-1950[M].London: Leicester University Press，1998.

③ Fisher，R. “Physical Education in Europe: Policy into Practice”，in K. Hardman(ed.)，Physical Education: Demonstration and Reconstruction- Issues and Directions[M]. Schorndorf: Verlag Karl Hofman，2003，137-152.

现学校的减负与学校体育的高效化。”①

Ken Green（2008）认为尽管对于学校体育竞技化的呼声近年来大量出现，但是我们必须深刻地认识到体育教育与学校竞技运动之间在概念上的区别代表着某种错误的“二分法”取向。事实上，体育教育的内涵中包含着大量的学校竞技运动要素，同时学校竞技运动的教育价值也总是被它的支持者有意识或无意识地强调和宣扬。因此，竞技化的重要意义也许是一个程度问题。换言之，在多大程度上竞技化的过程会导致学校体育传统性与竞技性的两极化出现。学校体育的竞技化应该被控制在两极化的极点之内，这样做是避免学校体育异化的必要前提②。

（2）学校体育的“健康化”发展趋势

Waddington（2000）与 Telama 等（2005）指出健康化是未来西方学校体育的又一发展趋势，在体育教育与运动领域很少有理念能够像“健康”一样被广泛地与不加批判地接受，并将运动、锻炼与良好的健康联系起来。当代社会普遍认为体育教育不仅能够而且应该在增进青少年的身体健康中发挥主导作用，例如，将健康促进描述成为“许多国家中的学校体育的主要目标”③④

美国教育与公共事业部 2000 年的报告与英国健康部 2004 年的报告分别指出促进体育活动在学校中的开展应被作为对抗超重与肥胖危机的有效适当手

① Fisher，R. “Physical Education in Europe: Policy into Practice”，in K. Hardman(ed.)，Physical Education: Demonstration and Reconstruction- Issues and Directions[M]. Schorndorf: Verlag Karl Hofman，2003，141.

② Ken Green. Understanding Physical Education[M].SAGE Publications，2008，229.

③ Waddington，I. Sport，Health and Drugs: A Critical Sociological Perspective[M].London: Routledge，2000.

④ Telama，R.，Nupponen，H. and Pieron，M. “Physical activity among young people in the context of lifestyle”[J].European Physical Education Review，2005，11(2): 169-83.

段，增进健康目标应被广泛地作为各项体育教育政策的强调内容[①②]。英国国家体育教育课程2006年指出，在英格兰与威尔士体育教师有责任发展学生对于身体锻炼对健康促进产生的积极影响的知识与理解，以及掌握并认知那些能够实现健康促进的必要技巧与前提条件[③]。

Robert与Brodie（1992）在市区中的体育运动研究中指出，体育运动所能够带来的健康效益不仅仅被“普通的”参与者体验着，并且在各种人口分布中均有所体现，譬如男性与女性、青少年与老年人、在职人员与失业人员、贫困阶层与富裕阶层。体育运动的健康要素也导致了其他能相同的促进健康的积极要素，如健康的饮食习惯与健康的生活习惯的产生[④]。Boreham与Riddoch（2001）指出，体育运动所带来的健康效益对于接受学校体育指导的青少年和接受大众体育指导的老年人而言是同等有效益的[⑤]。Winsley 与 Armstrong（2005）认为体育运动降低身体中的脂肪含量，协助肥胖的控制，降低血压指数，增加骨质密度并且有利于心理健康的强化[⑥]。

受到影响，Ken Green（2008）认为我们应该特别地认识到学校体育通过部分方式的身体活动与锻炼为健康的促进提供了一种适当的环境。首先，学校体

① US Department of Health and Human Services(USDHHS) (2000) Healthy People 2010: Understanding and Improving Health. Washington，DC: U.S Government Printing Office.
② Department of Health(2004)(DoH) Choosing Health. Obesity Bulletin I. London: DoH.
③ Qualifications and Curriculum Authority (QCA) (2006) Programmes of Study: Physical Education. Draft，2006，5-26，London: QCA.
④ Robert，K. and Brodie，D. Inner-City Sport: Who Plays and What Are the Benefits?[M].Culemborg: Giordano Bruno，1992.
⑤ Boreham，C. and Riddoch，C. “The Physical Activity，Fitness and Health of Children”[J]. Journal of Sports Sciences，2001，19: 29-915.
⑥ Winsley，R. and Armstrong，N. “Physical Activity，Physical Fitness，Health and Young People”[M]. Physical Education: Essential Issues，2005，65-77.

育为学生们提供参与到学校生活中的适度的身体运动与练习的机会。然而，更重要的是学校体育通过传授旨在实现健康促进的锻炼的知识、技巧、态度以及理念从而使儿童为常态化的终身体育活动进行了准备。学校体育健康化自上世纪 80 年代早期逐渐成为了诸多英语国家中学校体育实现健康促进的主要途径，与健康相关的身体运动是这一发展趋势的主要结晶①。

McNamee（1988）认为与健康相关的身体运动倾向于被界定为"对一种积极生活方式的健康效益的理解与认识效用的尝试，它的目的在于产生一系列的理性选择，通常被个人自发地做出，表现为个人对不同形式的身体活动的参与"②。

Harris（2005）认为与健康相关的身体运动被认为是涉及了与健康促进和预防疾病相关联的身体活动。在学校体育中，与健康相关的身体活动的价值理性主要表现在对于体质或体适能的强调方面，更具体地讲，是与竞技运动表现相关联的体质或体适能，而非将锻炼作为实现健康促进的一种直接途径。因而，有批评针对基于"狭义理解上的与健康相关的锻炼"的学校体育课程，认为那些过于简单的、不准确的以及可能造成损害学校体育课程的实践围绕着体育教师们对于健康与体育教育之间关系的相对局限的知识与理解而形成。尽管在英格兰与威尔士的小学与中学中存在着与健康相关的身体锻炼"良好实践"的指导纲领，但是 Harris 在其研究中着重地突显了"强迫式"的体质主导理念所产

① Ken Green. Understanding Physical Education[M].SAGE Publications，2008，230-231.

② McNamee，M. "Health-Related Fitness and Physical Education"[J]. British Journal of Physical Education，1988，19(2):83-84.

生的缺乏活力的学校体育课堂，在这些课堂中充斥着大量的理论教条或教师讲解，使枯燥乏味的、毫无启发性的体操或与健康卫生相关的主题过度地占据着学校体育实践的核心地位。体育教师越发关注于诸如安全问题、教学前的热身与拉伸等有限的“健康”议题，以及针对于健康的练习效果[①]。

因此，西方部分学者认为对于学校体育健康化的有效范畴必须做出更为客观的具体的界限。譬如，Evans 与 Davies（2006）以及 Gard 与 Wright（2005）认为在健康（特别是超重与肥胖）和锻炼的关系中存在“科学的”要求的局限性。这种局限性表现在两个具体方面：首先是科学本身；其次是被视为与学科相关的意识形态基础。在与健康相关的身体锻炼的科学方面，针对超重或肥胖以及体质水平的测评的批评声音高涨，最被人们所认可的美国 BMI 体质测量标准在科学上尚存在不准确的弊病，主要反映在测量指标的科学性如何放映出身体锻炼对于健康的专属意义[②③]；Rich 等学者（2004）认为在与健康相关的身体锻炼中还存在个人主义的局限性。健康主义在体育教育中被认为是一种意识形态，学生被认为具有为他们的健康作出不健康或病态的生活方式的选择抑或是健康的、积极的生活方式的选择。然而对于无法满足健康主义意识形态的学生生活方式选择，健康主义完全地否定其存在的必要性和可能性，因此在学生中产生了体育教育两级化现象，扼杀了那些身体条件与运动天赋较弱学生的体育

① Harris，J. “Health-Related Exercise and Physical Education”[M].Physical Education: Essential Issues，78-97.

② Evans，J and Davis，B. The Sociology of Physical Education[M]. The Handbook of Physical Education，2006，22-109

③ Gard，M. and Wright，J. The Obesity Epidemic: Science，Morality and Ideology[M]. London: Routledge，2005.

活动积极性[①]。

Colquhoun（1991）还指出对于“健康主义”意识形态的主要批评是它“将疾病的复杂病因归因于简单的行为或生活习惯因素。”健康主义过分强调个人的体育运动选择在健康促进中的作用，而忽视了社会、经济与文化的因素，这些因素涵盖了政府政策、经济与政治力量以及食品、酒精与烟草行业的影响。通过将个人选择在类似健康的多元化与复杂化的主题中进行突出，体育教育学者被认为是在兜售一种“被误导的神话”，将那些被认为是由于不进行身体锻炼而产生的疾病的难题与解决方案均归因为个人选择，这显然忽视了个人主义在健康促进中的局限性[②]；Trost（2006）、Harris（2005）与 Wallhead 与 Buckworth（2004）认为在与健康相关的身体锻炼中还存在学校体育的局限性。Trost 的研究指出在美国的体育课中大量考量身体活动程度的研究“已经持续地反映出学生在中等与剧烈强度的身体活动中所花费的时间是十分有限的。”[③]Harris 与 Wallhead 与 Buckworth 认为体育课中中等或剧烈强度的身体活动的相对较低的水平特征是不足以满足身体活动的健康促进要求的，因而学校不可能被期望去完全担负其通过身体锻炼来改善整个学生群体的健康水平的重任[④⑤]。除了这三个主要方面的局限，Macdonald 与 Scott—Samuel（2004）指出与健康相关的身

① Rich，E.J.，Holroyd，R. and Evans，J. “Hungry to Be Noticed. Young Women，Anorexia and Schooling”，in Body Knowledge and Control. Studies in the Sociology of Physical Education and Health[M]. London: Routledge，2004，91-173.

② Colquhoun，D. Health-Based Physical Education: The Ideology of Healthism and Victim-Blaming[J]. Physical Education Review，1991，14(1): 5-13.

③ Trost，S.G. Public Health and Physical Education[M].The Handbook of Physical Education，2006，87-163.

④ Harris，J. “Health-Related Exercise and Physical Education”[M].Physical Education: Essential Issues，78-97.

⑤ Wallhead，T.L. and Buckworth，J. The Role of Physical Education in the Promotion of Youth Physical Activity[J].Quest，2004，56: 285-301.

体锻炼存在教育上的局限[①]；Waddington 等学者（1997）与 Whyte（2006）指出与健康相关的身体锻炼存在竞技运动上的局限[②③]。这五大“局限性”被认为是学校体育健康化进程中的显著弊端。

3.学校体育的“学术化”发展趋势

“学术化”是英美学者研究中着重探讨的学校体育发展趋势之一。由于语境不同，此“学术化”中的“学术”与汉语中的“学术”有较大不同，主要指可考试的体育教育，及由此赋予的体育教育在教育、学科发展，学生认知发展等方面的价值。基于对原文的尊重，本研究直译为“学术化”。

Ken Green 认为体育教育学者长期以来试图为体育教育这一主题提供理论上与实践上的依据，实际上，他们试图将体育教育视为一种实现其他更值得赞赏的、有效的教育目标的渠道，而非仅仅是进行体育运动。近年来，体育教育中学术化资格的不断增加已经使体育教育学者将他们的学科比之以往更能展现为一种真正地学术化的主题，一个不仅满足教育学的核心概念的认识论需求，而且在一种额外的大众考试方面，体育教育为学校提供了切切实实的受益。在英格兰与威尔士，学校体育的学术化体现在五个方面。首先，可考试的体育教育所带来的经济与社会地位价值，以及随之产生的市场吸引力（譬如，英格兰与威尔士的 GCSE 体育考试与 A-Level 体育考试）；其次，在要求学校去“腾出

① Macdonald，D.，Rodger，S.，Abbott，R.，Ziviani，J. and Jones，J. “I could do with a pair of wings”. perspectives on physical activity，bodies and health from young Australian Children[J]. Sport，Education and Society，2005，10(2):195-209.

② Waddington，I.，Malcolm，D. and Green，K. Sport，Health and Physical Education: A Reconsideration[J]European Physical Education Review，1997，3(2):82-165.

③ Whyte，G. “Exercise Is Bad For You”，Sport and Exercise Scientist，2006，10(12):14.

更多的时间给予被认为是更加重要的学科课程（如数学、国文、文学与科学）”的背景下，在部分学校中，对于体育教育为了实现学生学术成功而去做出相应贡献的需求不断增加；第三，对于不同水平的体育教育工作者而言，实现职业化地位的愿望与实现体育教育学科“学术化”的愿望为学校体育的学术化提供了一种新的学术型视角；第四，具备资格认证的体育教师数量的增加使得体育教师群体中学术化的地位明显提升，导致了在职体育教师对于某种体育教育资格认证的渴望，引领他们继续在大学中继续研修体育科学；最后，对于学校中的体育教师而言，可考试的体育教育可能是一种力量源泉[①]。

Bernstein（1975）认为我们很难去否认对于表面上实践的体育教育活动的智力维度的评估所存在的强调。考试在学校体育中的不断成功对于认识哪些可被认为是有价值的知识，以及该种知识的有效实现具有启示意义。简言之，水平与标准概念对于教育认识取向的主导作用以一种学术化的形式出现，即使是在体育教育中也不例外[②]。

McNamee（1998；2005）认为学校体育的学术化不是简单地表现为体育教育实践中产生于教师对于该主题的观念的某种转变，即向体育教育的一种更加学术化的概念过渡。体育教育中考试的快速增长或许可以在某种意义上理解为：一种体育教师为了应对职业危机的实践回应。体育教师的职业危机表现为体育教育的“灰姑娘地位”，以及持续的“认知帝国主义”的明确暗示，即对于任

① Ken Green. Understanding Physical Education[M].SAGE Publications，2008，231-232

② Bernstein，B. Class，Codes and Control. Towards a Theory of Educational Transmission[M].London: Routledge and Kegan Paul，1975.

何学科而言，自 1960 年以来，学术化都是其发展的最终价值取向①②。

Fitzclarence 与 Tinning（1990）认为尽管在学生与教师中可考试的体育教育都很受欢迎，但是三大问题仍未被解决并且是有问题的。首先，体育教育中重要的或者有价值的知识的性质是什么；其次，作为一门学校课程体育教育的教育地位是如何；最后，在可考试的“学术化”课程背景下体育活动的地位是怎样的。在 2008 年，尽管可考试的体育教育依旧是体育教育世界的主宰，但是这些问题却依然存在着③。

综上所述，在西方学界对于学校体育的发展方式的界定中普遍认为，学校体育的竞技运动化、健康化与学术化是学校体育今后发展的主流趋势，但是对于每种发展方式的看法，不同学者之间形成了不同的甚至是对立的观点，对于每种发展趋势都存在积极的赞扬与尖锐的批评。除了这三种主流发展趋势之外，学校体育的商业化与学校体育的社会化等潮流也被认为是学校体育发展方式的其他类型。

3.学校体育管理体制的相关研究

Doune Macdonald（2011）认为全球范围地看，体育教育的管理体制兼具了诸多新自由主义的特征，人们也越来越倾向于将新自由主义意识形态更多地确

① McNamee，M. Philosophy and Physical Education: Analysis，epistemology and axiology[J]. European Physical Education Review，1998，4(2):75-91.

② Mcnamee，M. The Nature and Values of Physical Education，in K. Green and K. Hardman(eds)[M]. Physical Education: Essential Issues，2005，1-20.

③ Fitzclarence L. and Tinning，R. Challenging Hegemonic Physical Education: Contextualizing Physical Education As An Examinable Subject，in D. Kirk and R. Tinning(eds)，Physical Education，Curriculum and Culture: Critical Issues in the Contemporary Crisis[M]. London: Falmer Press，1990，92-169.

立于体育教育的管理实践中。尽管新自由主义的理论与实践对于长效的体育教育实践与学生的受益并不一定是有害的，但是我们却有必要注意在体育教育管理领域中新自由主义的普遍程度。这种普遍性主要表现在两个方面，首先是由私人公司提供的体育测试，如体质测试的普遍化；其次是将学校体育的要素外包给私人的供应渠道。他认为，二者均在一定程度上造成了学校体育的职业化衰退。尽管两种市场化方式尚未被认为是学校体育管理中的主流方式，但是作为一种学校体育管理方式的补充，新自由主义化的学校体育管理体制正在被学校体育政策的制定者们以权威的方式接受着。学校体育政策的制定者们受到新自由主义在学校体育管理中的影响，即认为市场的竞争机制会使学校体育的管理更富有效率、性价比更高以及为学校带来选择上更大的灵活性，正在被西方逐渐认可为一种合法的管理体制①。

Doune Macdonald、Peter Hay 与 Ben Williams（2008）指出，在新自由主义的影响下，学校体育中的体育教师职业培养、课外体育活动开展以及体育测试要素均面临着是否向市场上存在的私人学校体育供应者购买学校体育服务的局面，这实际上反映了学校体育管理体制上存在的市场化趋势。作为学校体育的研究者，我们应该注意到普遍意义上的学校体育服务私人提供者并不具备体育教育的专业知识与技能，因而并不具备权威性，但是学校通过向私人公司购买这些学校体育的新产品而获得的“竞争优势”却使越来越多的企业与学校热衷

① Macdonald，D. Like A Fish in Water: Physical Education Policy and Practice in the Era of Neoliberal Globalization[J].Quest，2011，63，36-45.

于通过市场化的方式来管理学校体育[①]。

Peter R. Whipp、Heidi Hutton，J.、Robert Grove 与 Ben Jackson（2011）指出，在一般意义的学校体育供给中，外包化的身体活动课程（EPPAPS）对于小学生的专门体育教育指导供给而言是一种具有深远意义的有效方式，也同样适用于非专职的体育教师培养供给。在他的研究报告中，学校体育外包为西澳大利亚州的部分小学生带来了融合性的、娱乐性的以及安全的运动体验，为非专职的体育教师培养带来了通过参与由私人机构组织的学习小组与进修班而实现的教学信心、技术与知识水平上的提升。[②]

Ben Williams、Peter Hay 与 Doune Macdonald（2011）对澳大利亚昆士兰州的中小学体育外包现象进行了相关研究，他们的研究报告认为在澳大利亚昆士兰州学校体育的市场化管理方式在各类中小学中已经相当普遍，在市区学校、郊区学校、农村学校以及偏远地区学校中学校体育外包的接受程度均在 70%以上，除了特殊教育学校是一个例外。学校体育外包的普遍程度与学校中专职体育教师的数量成正比，即专职体育教师的人数越多，学校体育外包的普遍程度越高，同样，学校体育外包的普遍程度与学校的学生人数也构成正比关系。在外包的内容上，户外活动与课外体育成为了外包的主要内容，此外，学校开展

① Macdonald，D.，Peter Hay and Ben Williams. Should You Buy? Neoliberalism，Neo-PE，and Your Neo-Job[J]. Journal of Physical Education New Zealand，2008，41(3)，6-13.

② Peter R. Whipp，Heidi Hutton，J.，Robert Grove，Ben Jackson.Outsourcing Physical Education in Primary Schools:Evaluating the Impact of Externally Provided Programmes on Generalist Teachers[J].Asia-Pacific Journal of Health，Sport and Physical Education，2011，2(2)，67-77.

的小型体育比赛与竞技体育活动也是外包所经常涉及的领域[①]。

Seungbum Lee（2013）认为，随着全球化的到来，社会科学正在采取新的学术化方式来重新回归和审视诸多社会问题，体育科学也不例外地对体育管理采取了一种新的旨在更好地理解体育管理主题的理论维度，而体育人力迁徙问题作为体现体育管理体制的有效途径，展现出其自身具备的特殊性。分析当前的体育人力迁移问题可以发现，体育的全球化外包在成本最小化、质量改进与资源的获取三方面的特殊优势较为显著，因此可以将当代的体育人力迁移问题视为体育的全球化外包的一种形式来加以研究。体育的全球化外包趋势为今后体育管理体制的研究开辟了新的方向[②]。

Martina Jurkechová，Petr Vlcek 与 Pavol Bartík（2011）比较了美国与斯洛伐克的学校体育发展方式并指出，由于学校体育发展过程中受到不同的文化影响，美国与斯洛伐克的学校体育发展历史处在不同的语境之中。然而，进入 21 世纪以来，学校体育发展的困境却同时出现在两国的学校体育发展道路上，因此两国对于学校体育改革的需求是同等强烈的。20 世纪晚期，美国的学校体育发展开始进入竞技运动化阶段，强调运动技能学习对于学校体育发展的重要意义，然而，去竞技运动化与保持学生体质却是斯洛伐克在 20 世纪晚期学校体育发展过程中秉承的基本原则，这就必然导致了学校体育管理方式在两国存在明显的差异。与斯洛伐克相比，美国学校体育的改革历程要更为漫长，因此可供

① Ben Williams，Peter Hay and Macdonald，D. The Outsourcing of Health，Sport，and Physical Educational Work: A State of Play[J].Physical Education and Sport Pedagogy，2011，4(16)，399-415.

② Seungbum Lee.Global Outsourcing: A Different Approach to An Understanding of Sport Labor Migration[J].Global Business Review，2010，11，153-164.

学习的经验相对丰富。学校体育发展的价值取向应该取决于具体国家，但是积极的学校体育管理经验，如全球化的市场管理方式却是应该相互学习和借鉴的对象[①]。

Lisa Beaulieu、Stephen A.Butterfield、Craig A.Mason 与 E.Micheal Loovis（2012）指出，在美国儿童肥胖已经达到了构成危机的程度，作为回应，公共小学已经开始采取多种不同的方法来增加儿童的身体活动。在诸多应对儿童肥胖的策略中，首屈一指的是在学校体育课程内引入非传统的学校体育活动，如舞蹈、格斗与各种类的户外活动。然而，增加体育活动的各种策略严重地受到少数族群和社会经济地位的影响。最为显著的是，拥有高比例少数族群学生在校的学校很少能够运用非传统的学校体育活动来鼓励学生参加体育活动。拥有低比例的享受免费午餐资助的儿童在校的学生更有可能划分出更多的财政空间给予非传统的学校体育活动。这从一个侧面反映了在美国学校体育的管理体制发展中，由以往学校大包大揽的管理机制正展现出自身无法调和的矛盾性，学校体育管理的社会化需求随着非传统的学校体育活动在学校体育课程中的逐渐普及正在不断加剧[②]。

Beaulieu、Butterfield 与 Pratt（2010）指出，在学校体育的供给方面，美国的西部学校比美国其他所有地区的学校更能够为学生提供更多的身体活动机

---

① Martina Jurkechová，Petr Vlcek，Pavol Bartík.Development of School Physical Education in Slovakia and in the USA[J].Acta Facultatis Educationis Physicae Universitatis Comenianae，2011，1(51)，17-30.

② Lisa Beaulieu，Stephen A.Butterfield，Craig A.Mason and E.Micheal Loovis.Physical Activity and U.S.Public Elementary Schools:Implications for Our Profession[J].Journal of Research in Health，Physical Education，Recreation，Sport and Dance，2012，7(1)，12.

会，这不仅仅是一种简单的地域差异，通过分析美国西部学校中的管理体制，可以看出，部分免费或少额收费的面向全体学生的“免费午餐”制度以及学校中少数族群学生的较低人数比例对于提供更多的体育运动机会更加有益①。

Brunton 等学者（2003）在英国开展的类似研究表明，在学生参与体育运动的主要阻碍中，家庭的低收入、远离学校的居住地（特别是对于居住在农村地区的儿童而言）、体育运动设施的缺乏、交通堵塞、犯罪，被大龄儿童欺辱以及本地社区的体育场地退化等社会问题被列为阻碍学生参与体育运动的主要原因②。

Welk、Wood 与 Morris（2003）认为家庭对于儿童参与体育运动的理解与支持是增加儿童参与体育活动的重要因素之一。父母的支持、鼓励以及榜样力量对于儿童的身体活动参与具有积极的意义，因而在学校体育的管理运行上，应该注重家庭社区与学校的社会化协同机制的建立，而非简单地依赖学校与政府来对学校体育进行管理③。

Drummond、Dollman 与 Abery（2010）认为，对增加体育活动的干预必须是多层面的与反复的，在干预过程中父母的参与增加了儿童参与体育运动的成功可能。而在使更多的家庭与社区参与到儿童体育运动的干预过程中，体育教

---

① Beaulieu，M.L.，Butterfield，S.A.and Pratt，P.Physical Activity Opportunity in U.S.Public Elementary Schools[J].International Council for Health，Physical Education，Recreation，Sport and Dance Journal of Research，2010，4(2)，33-36.

② Brunton，G.，Harden，A.，Rees，R.，Kavanagh，J.，Oliver，S.，& Oakley，A. (2003) Children and physical activity: A systematic review of barriersand facilitators—Executive Summary. London: EPPI—Centre，SocialScience Research Unit，Institute of Education，University of London.

③ Welk，G.J.，Wood，K.，and Morris，G. Parental Influences on Physical Activity in Children: An Exploration of Potential Mechanisms[J].Pediatric Exercise Science，2003，15，19-33.

育学者应当责无旁贷地扮演起更为重要的角色[1]。

综上所述，在新自由主义浪潮的影响下，西方学校体育管理体制逐渐展现出市场、学校与政府三方协同管理的特征，其中学校体育的市场化与商业化导致了市场管理机制在学校体育管理体制中的显现，并借助经济全球化的助力逐渐对部分欧洲国家与亚洲国家产生影响。青少年的体质下降问题长期困扰着西方国家，为了解决这一难题，西方学校体育改革进程中逐渐重视家庭、学校与社区的联动关系，认为增加学生的体育活动的关键要素之一是实现社会化的学校体育管理方式。

4.学校体育课程改革的相关研究

（1）运动教育课程的相关研究

Siedentop（1982）认为，当代体育教育的内容多脱离体育运动的实际语境，与运动文化无法相关联。因此，现代体育运动应被视为体育教育课程的主要内容，只有如此，这一现状才会被修复，并且学生在体育教育中的运动体验才会产生丰富的教育意义，并存在于当代运动文化的实际语境之中。他提出一种以学生为主体的，激发运动教学核心语境特征的体育课程教学模式，学生在该模式中可以逐渐承担起更大的学习责任，该课程模式被命名为“运动教育”[2]。

高桥健夫（1985）认为，Siedentop 把运动教育提高到体育理论的认识高度，

① Drummond，M.J.N.，Drummond，C.E.，Dollman，J.and Abery，L.Physical activity from early childhood to adolescence: A literature review of issues and interventions in disadvantaged populations[J].Journal of Student Wellbeing，2010，4(2)，17-31.

② Siedentop.Movement and sport education: current reflections and future images[J].paper presented at the Commonwealth and International Conference on Sport，Physical Education，Recreation and Dance，Brisbane，Australia，1982.

在西方体育理论界产生了较大影响。Siedentop 的观点有两大特点：第一，奠定了带有自流性质的业余运动的理论基础；第二，不但从外部形象上，而且从参与运动的“人”的角度（心理角度）来理解和认识人体运动特点。他把人体运动的内在价值摆到教育高度进行评价，认为提高竞技运动和表现运动所必备的根本能力是体育的目的。为了实现这一目标，他提出了具体实施的目标结构体系①。

Siedentop（1994）认为，运动教育可以被界定为旨在为学校体育语境中的女生和男生提供真实的、教育意义丰富的运动体验的课程与教学模式。为了实现“运动体验的真实”，他整合了运动教育模式中制度化运动的六项核心特征，即参与、正式竞赛、记录保持、运动节日与季后活动。他认为，运动教育能够教育学生成为最广泛意义上的运动员，帮助他们发展成为胜任的、具备知识的、热情的体育参与者。②

Wallhead 与 O’Sullivan（2005）认为，自 Siedentop（1994）提出以运动教育概念替代传统体育教育概念，大量针对这一转变的研究成果涌现。通过对其中 62 篇相关研究论文的搜集与分析，可以看出，对运动教育的研究基本可以被划分为两大类，理论应用研究（34 篇）与数据实证研究（28 篇）。大量数据实证研究的结果显示，强调团队持续参与的运动教育通过学生责任、合作与信任技巧的方式提升学生的个性发展与社会性发展。对于该模式的理论研究表明，

① 高桥健夫. 学校体育的目的、内容和运动科学（运动教育学）—比较新体育理论的体育目标[J].学校体育，1985，4：58—60.

② Siedentop.Sport education: quality PE through positive sport experiences[M]. Champaign，IL，Human Kinetics，1994.

运动教育具备提升更加积极的运动文化维度，并产生了针对制度化运动中排斥性语境的挑战①。

Sinelnikov 与 Hastie（2010）认为，自 Siedentop 提出运动教育的目标是发展胜任的、有知识的与热情的体育运动者，运动教育率先在新西兰、澳大利亚、英国与美国等英语国家被实施与被研究。但是，直到最近，运动教育模式才开始被介绍到包括韩国与俄罗斯的非英语国家。运动教育的积极意义已经在全球层面被认可，运动教育对提升学生的运动学习热情、提高在以学生为中心的学习任务中学生的有效参与产生了促进作用②。

Hastie（2011）认为，自 Wallhead 与 O'Sullivan 于 2005 年发表了对运动教育研究的综述报告，关于运动教育的研究不仅在数量上快速增加，而且该领域的研究在一系列新的研究语境中出现了创新，这些语境可被概括为：第一，扩大的实践环境；第二，学生的动机回馈；第三，学习运动教育的教学。关于运动教育的研究较之以往发生在更多样的环境中，并且持续以更加精密的研究设计与更大的研究样本为特征快速进步③。

综上所述，随着 Siedentop 的运动教育理念在体育教育实践中的不断深入，不同国家学者对于 Siedentop 运动教育理念的认同，使得这一理念逐渐形成一种新形式的体育教育课程模式。运动教育理念的重点在于挖掘运动自身的教育意

① Tristan Wallhead，Mary O'Sullivan.Sport Education: physical education for the new millennium?[J].Physical Education and Sport Pedagogy，2005，10(2): 181-210.

② Oleg A. Sinelnikov，Peter Hastie.A motivational analysis of a season of Sport Education[J]. Physical Education and Sport Pedagogy，2010，15(1):55-69.

③ Peter A. Hastie.A review of research on Sport Education: 2004 to the present[J].Physical Education and Sport Pedagogy，2011，16(2):103-132.

义与价值，其前提是承认运动本身具有与生俱来的“教育”价值，实现“终身体育”目的渠道必将是塑造起学生在学校内部与学校外部可以对接起来的体育实践。作为学校体育课程改革的成果之一，运动教育模式已逐渐被世界多个国家所采纳。

（2）“SPARK”课程的相关研究

James E Sallis，PhD、Thomas L McKenzie. PhD、John E. Alcaraz，PhD、Bohdan Kolodx. PhD、Nell Eaucette，PhD and Melbourne E Novell，PhD，MPH（1997）指出，一般性的学校体育活动覆盖了美国 97%的小学生的体育教育参与，它与小学生的生理与心理变量的提升密切相关，是发展青少年体质的核心社会组织。然而，有证据表明在一般性的学校体育课程中，只有平均 3 分钟的课时时间是用来提供中等强度至高强度的身体运动，平均下来不足每节体育课课时的 10%，这显然与儿童在体育课上应该被保持在 50%的课堂时间内是积极运动的目标相差甚远。基于这种现状，SPARK（Sports，Play，Active Recreation，Kids）课程作为美国学校体育课程的重要改革成果应运而生。SPARK 体育课程被视为对传统体育课程的一种介入与补充，它在内容上被分化为体育教育课程与自我管理课程两大部分。SPARK 体育课程的课程目标是提升身体活动的水平、教授运动技巧以及使学生享受体育课的过程。一般而言，每周三天开设 SPARK 体育课程，一节典型的 SPARK 体育课通常持续 30 分钟并具有两部分：与健康相关的体质运动（15 分钟）和体育技能学习（15 分钟）。当学生完成基础的体育教育课程后，学生将去学习自我管理课程。在自我管理课堂上，体育教师将辅助学生通过开展各类体育运动（包括体育竞赛）来完善他们的自我激励素质、目标设定能力、刺激控制能力、自我强化能力、自我指导素质以及问题解决能力。在 SPARK 课程实践过程中，家庭作业与每月汇报通常需要家长和学生共同来完成，这样就促进了学生与家长之间的运动交流，也有利于家长对学生参与体育活动的支持①。

Sallis 等学者（1997）认为 SPARK 体育课程在增加学生课外体育参与方面是无效的②。关于造成这种无效性的原因，Marie-France Marcoux、James F. Sallis 与 Thomas L. McKenzie 等学者（1999）的相关研究指出，SPARK 体育课程是多元化的、旨在增加学生体育活动参与的小学体育课程的可控性课程。其中的一项内容是基于教师的每周自我管理课程，该课程的主要目标在于增加学生的课外体育活动参与。运用观察法对该课程的实施过程与结果进行研究，结果表明体育教师认为 SPARK 体育课程比起传统体育课程能够取得的积极效果较少，在观察研究中，体育教师只能够完成 65%的 SPARK 体育课程要素，这可能是导致自我管理课程实施的局限性的原因。然而，另一方面，在参与 SPARK 体育课程的男生中，身体质量指数（BMI）与各种心理运动指标均有大幅度地改变，女生则没有表现出这种显著性。家长在参与 SPARK 体育课程的过程中，对学生的体育运动回馈大幅地增加。造成 SPARK 体育课程在增加学生课外体

① James E Sallis，PhD，Thomas L McKenzie. PhD，John E. Alcaraz，PhD，Bohdan Kolodx. PhD，Nell Eaucette，PhD，and Melbourne E Novell，PhD，MPH.The Effects of a 2-Year Physical Education Program (SPARK) on Physical Activity and Eitness in Elementary School Students[J].Effects of Physical Education，1997，8(97)，1328-1334.

② Sallis，J.F.，Mckenzie，T.L.，et al. Assessment，Prevalence，and Cardiovascular Benefits of Physical Activity and Fitness in Youth.[J] Medicine Science in Sports and Exercise，1997，24，237-247.

育运动参与方面的无效性的主要原因：首先，在于实践中仅有三分之二的课程要素能够得以贯彻；其次，体育教师对于 SPARK 体育课程的认可程度较低，时常对于这一新的课程模式产生抵触情绪；最后，尽管 SPARK 体育课程提高了家长的参与程度，但是总体上看家长参与仍十分有限①。

Dowda，M.、Sallis，J.、McKenzie，T.、Rosengard，P.与 Kohl，H.（2005）对 SPARK 体育课程作为健康促进课程的长期可持续性，以及传播普及进行了评估研究，结果表明，有 80%的使用学校已经在超过两年的时间内实施了 SPARK 课程，在 50%或更多的体育课程设计中使用了 SPARK 课程设计，大约 50%的体育教师在体育课上使用了 SPARK 课程并得到了持续的支持与培训，在经济状况优良和较差的学校中，SPARK 体育课程的可持续性是相类似的。他们认为，能够积极地影响 SPARK 课程长期可持续性与普遍性的因素主要有政策支持、充足的体育设施、教师坚持身体活动以及不存在早期使用标准化的体育教育课程的经历。SPARK 体育课程在满足上述条件下是能够被长期地可持续地使用的②。

Meidi Herrick、Hannah Thompson、Jennifer Kinder 与 Kristine A. Madsen（2012）在对使用 SPARK 课程促进学生校外体育活动的研究中指出，SPARK 课程虽然在增加学生的课堂运动强度方面取得了一系列的成效，但是经过研究可以看出，要想产生这种积极的效果，采用 SPARK 课程的学校一般要经过两年以上

① Marie-France Marcoux，James F. Sallis，Thomas L. McKenzie，et al. Process Evaluation of A Physical Activity Self-Management Program For Children: SPARK[J].Psychology and Health，1999，14，659-677.

② Dowda, M., Sallis, J., McKenzie, T., Rosengard, P., & Kohl, H. Evaluating the sustainability of SPARK physical education: A case study of translating research into practice[J].Research Quarterly for Exercise and Sport，2005，76，11-19.

的实践过程，在这个过程中，对体育教师进行满足 SPARK 课程教学要求的持续培训十分重要。此外，在促进学生的课外体育活动方面，SPARK 课程的效果并不特别有效，虽然自我管理课程强调教师、家长与社区的社会化融合，但是更多时候，这种实践尚无法达到预期的效果，更多地停留在一种良好愿景的层面[①]。

Thomas L.、McKenzie、James F. Sallis 与 Paul Rosengard（2009）认为通过对 1989 年至 2000 年针对 SPARK 课程在中小学开展的研究报告进行综述，以及对 1994 年以来 SPARK 课程的普及情况进行研究，可以看出，SPARK 课程具有三大特征，即一种能够使学生积极运动的体育课堂、对体育教育参与者（特别是体育教师）的发展进行培养以及后续的支持。对于该课程在北美的风靡，他们指出大学、公立学校与私人机构之间的大量合作是导致这一结果的主要原因，在 SPARK 课程中被使用的规程可能被作为其他试图通过培养体育教育者来实现体育课程普及化的体育课程的典范[②]。

综上所述，SPARK 体育课程经过二十余年的发展，已经成为当下美国学校体育课程改革的重要成果之一。SPARK 课程强调在体育课堂上保持学生的积极运动状态，将技能学习与有强度的体育课堂相融合，致力于解决体育课堂上学生无法达到所需运动量的难题。此外，SPARK 课程的自我管理模块充分体现了社会化的体育课程发展祈愿，但是由于社区环境、参与人员的素质以及家长的

① Meidi Herrick，Hannah Thompson，Jennifer Kinder and Kristine A. Madsen. Use of SPARK to Promote After-School Physical Activity[J]. Journal of School Health，2012，82(10)，457-461.

② Thomas L.，McKenzie，James F. Sallis and Paul Rosengard. Beyond the Stucco Tower: Design，Development，and Dissemination of the SPARK Physical Education Programs[J]. Quest，2009，61，114-127.

主观能动性方面的复杂性与难以控制性，SPARK 课程在增加学生课外运动方面的效果长期遭受诟病。

5.学校体育政策的相关研究

Blankenship 与 Solmon（2004）认为与教师资格认证、教师薪酬、教育补助券以及宪章学校相关的政策已经成为近年来的重要立法问题。这些方面的改革和学科化的特别立法（如体育教育授权）塑造了学生学习以及学校中的教学与管理文化。相似地，针对于学校体育的公共健康改革近年来已经占据了体育教育政策中的核心地位[①]。

Hawley（1990）指出政策应该被界定为“规则、意图的声明以及被合法化的个人或组织旨在引导集体行动的特殊化策略”[②]。

Bryan A. McCullick、Thomas Baker、Phillip D. Tomporowski、Thomas J. Templin、Karen Lux 与 Tiffany Isaac（2012）指出，学校体育政策通常是模棱两可的，导致这种政策模糊性的原因在于学校体育政策在性质上是宽泛的，政策之间是同质的，而且处处充满着不确定的措辞方式。对于这种法定模糊性的立法分析的进一步深入分析表明，司法机构在位教育者提供指导方面的作用甚微。因而，模糊性的政策法规为教育者与可能对政策法规做出解读的存在准备上缺陷的团体留下了较大的空间。这导致了我们无法准确地去预测教育者和学校管

① Blankenship，B.T.，& Solmon，M.. Physical education，physical activity，and public health: Learning from the past，building for the future [J]. Journal of Teaching in Physical Education，2004，23.

② Hawley，W. . Systematic analysis，public policy making，and teacher education. In W.R. Houston (Ed.)，Handbook of research on teacher education [M]. New York，NY: Macmillan，1990，136-156.

理层将如何落实学校体育政策，并伴随着学校体育的边缘化产生了一种政策上的无能为力。在美国，对于那些拥有强大学校体育政策的州而言，采取强硬的监督体制以保障政策的连贯性是必要的、符合逻辑的。然而，现实中对于那些拥有较为落后的学校体育政策的州而言，对于类似机制的呼吁可能只会产生“本末倒置”的结果[①]。

Jinsook Kim（2012）对美国学校体育政策与学校体育需求之间的关联性进行研究并指出，在美国学校体育政策中，体育教育的教学时间需求作为增加体育运动的一种主要方式已经受到了极大的重视。在近年来的与体育教育相关的议案中，体育教育的时间需求不仅成为了最经常出现的内容领域，而且它们比起其他内容领域（如师资需求、课程标准以及与健康相关的体质测试）倾向于更加的严格。然而，在国家学校体育政策中广泛的体育教育需求的简单存在可能无法导致高水平的身体活动，因为国家学校体育政策可能无法直接地在当地层面被实施。考虑到学校体育政策需求与学校实践之间的隔阂，确保类似政策的贯彻与采用这些政策是同样重要的。特定的基金资助、监督与评价机制在国家立法层面将强化地方层面的政策实施与附着性，提供与国家学校体育政策内涵一致的鼓励措施，如额外的学校资助，也必将强化学校体育。此外，另一个需要重视的重要问题是将不涉及身体活动的课程或活动从学校体育中剔除的

① Bryan A. McCullick，Thomas Baker，Phillip D. Tomporowski，Thomas J. Templin、Karen Lux and Tiffany Isaac.An Analysis of State Physical Education Policies[J].Journal of Teaching in Physical Education，2012，31，200-210.

实践[①]。

Richard Bailey、David Morley 与 Harriet Dismore（2009）对英国初中学校体育政策中针对运动能力超群的学生的运动天赋鉴别、条款以及支持进行了研究，结果表明，对鉴别与发展体育教育中具有运动天赋的学生而言，不同学校可以采取的政策与策略途径之间差别较大。尽管大多数学校表面上似乎已经发展了一种覆盖整所学校与机构的运动天赋发展政策，但是对于运动天赋的鉴别多基于学生已具备的运动能力水平，而非是学生可被日后挖掘的运动潜能。最重要的鉴别依据便是学生在体育运功俱乐部中的运动表现。这从侧面上反映出学校体育政策在部分方面存在滞后性的缺陷[②]。

Monica A.F. Lounsbery、Thomas L. McKenzie、James R. Morrow、Jr.，Kathryn A. Holt 与 Ronald G. Budnar（2013）认为不同学校间的学校体育水平相差甚大，因此研究学生的身体活动水平如何与学校体育政策及环境因素相关具有现实意义。然而，学校体育的政策研究尚处于幼年时期，一般性的政策评价工具尚不存在。为了客观地评价学校体育的效能，开发 S-PAPA 评价工具是一项必要的工作。S-PAPA 评价工具的设计目标是评价学校体育政策与体育教育间的关系，通过对相关文献的分析梳理、对现存评价工具的测试以及咨询从事学校体育政策研究的专家来设计相关测试项目。通过大量测试的结果，可以看出 S-PAPA 评

① Jinsook Kim. Are Physical Education-Related State Policies and Schools' Physical Education Requirement Related to Children's Physical Activity and Obesity?[J].Journal of School Health，2012，82(6)，268-276.

② Richard Bailey，David Morley and Harriet Dismore. Talent development in physical education: a national survey of policy and practice in England[J].Physical Education and Sport Pedagogy，2009，14(1)，59-72.

价工具中的各个测试项目在评价小学中的学校体育政策方面可信并且有效的[①]。

总的来讲，英美等国关于学校体育政策的研究主要集中在政策执行与评价方面，分析政策实施过程中存在问题，以及政策的效用与地位问题。当然，也有研究涉及到了政策制定与政策需求。

6.对国外研究的评述

由于语境不同，国外学校体育研究领域，鲜有与我国“学校体育发展方式”直接对应的研究。但在学校体育发展趋势、学校体育价值取向、学校体育管理体制、体育课程改革、学校体育政策等相关领域的研究中，涉及到了与我国“学校体育发展方式”内涵相同或相近的研究。

近年来，英美学界在学校体育发展趋势方面，探讨的重心集中在学校体育的竞技运动化、健康化、学术化、商业化、社会化等领域；在学校体育管理体制方面，多倾向于从市场、学校、政府、社区、家庭等全部或部分主体之间的联动角度进行研究；在体育课程改革方面，一方面注重改革理念的阐述，一方面关注课程改革实践；学校体育政策方面，多关注政策的执行和效用评价。英美学校体育研究多根植于教育领域，因此在研究范式和具体方法运用上受教育界影响颇深，多采用在实证基础上的思辨论证，强调动态跟踪分析，同时注意个案分析在研究中的运用。

虽然国外鲜有与我国“学校体育发展方式”表达相同的研究，但其与我国

① Monica A.F. Lounsbery, Thomas L. McKenzie, James R. Morrow, Jr., Kathryn A. Holt, and Ronald G. Budnar. School Physical Activity Policy Assessment[J].Journal of Physical Activity and Health，2013，10，496-503.

相关概念涵义相近的学校体育发展相关领域的研究和结论，以及研究方法的运用都对本研究具有较大的借鉴价值。

四、研究的主要内容、方法及创新

（一）研究的主要内容

1.研究的相关基础理论

主要从三个方面进行研究：1）学校体育发展方式的定义、内涵；2）本研究应具有的理论视野；3）学校体育发展的要素构成。

2.学校体育发展方式转变的背景

研究的主要思路是：1）分析我国学校体育发展的基本目标；2）通过学校体育发展结果与目标存在反差的分析明确转变学校体育发展方式的必要性；3）探讨学校体育发展结果与目标之间存在反差的原因，为下一步提出有针对性的转变方案提供实证基础。

3.学校体育发展方式转变的总体要求和内容

根据我国学校体育发展中存在的现实问题，提出学校体育发展方式转变的总体要求和内容。本部分在整体研究框架中起承上启下的作用，即是前期研究的归宿，又为后续研究提供了基本方向。

4.学校体育发展方式转变的内在机理

将学校体育发展要素的分析作为发展方式研究的主线，从要素如何流动、优化与组合等角度探讨发展方式转变的内在机理，并分析从现实角度分析出来的转变内容，以及从要素角度分析出来的优化组合方案两种学校体育发展方式转变思路的内在联系。

5.我国转变学校体育发展方式的尝试：案例分析

我国各地在转变学校体育发展方式方面进行了一些尝试。这些尝试，既有成功的经验，也面临着很多挑战。本部分选取部分尝试的案例进行实证研究，总结成功经验，分析我国学校体育发展所面临的深层次问题，为推进我国学校体育发展方式的科学转变提供实证借鉴。

6.部分发达国家的学校体育发展方式及启示

他山之石，可以攻玉。本部分将对部分发达国家学校体育发展方式进行梳理，总结经验，查找问题，并提炼出对我国学校体育发展方式选择的启示。

7.学校体育发展方式转变的手段和途径

基于前期研究提出的学校体育发展方式转变的内容，借鉴国内案例和部分发达国家学校体育发展方式分析所总结出来的经验及问题，提出我国学校体育发展方式转变的手段和途径。

（二）研究思路与研究方法

1.文献检索

关于发展方式，已经有了比较丰富的研究成果，对本研究具有较大借鉴价值的教育发展方式、体育发展方式，以及学校体育发展问题也有学者已经涉及。课题组将通过中国知网、SPORTDiscus 数据库等文献检索工具和图书馆广泛收集国内外这方面的研究资料。同时，课题组将搜集并研究能为本课题提供理论支撑的教育学、体育学、社会学、文化学、哲学和管理学等学科的经典著述。

2.规范研究

以马克思列宁主义、毛泽东思想、邓小平理论、“三个代表”重要思想、科学发展观和习近平新时代中国特色社会主义思想为指导，对我国学校体育发展方式转变进行学理分析，探讨我国学校体育发展方式形成的社会背景，分析学校体育发展方式转变的总体要求和内在机理。

3.制定方案

通过对既有国内外研究文献的梳理分析，对党和政府的相关决定、报告、文件，特别是与学校体育发展有关的各类政策、法规的学习，在规范研究的基础上，构建学校体育发展方式转变研究的理论框架，制订本课题研究的实施方案。

4.调查实施

主要通过实地考察、问卷调查、调查访谈、小型会议等方式实施调查。

（1）实地考察

一是通过分层抽样的方式选择不同类型的地区，深入基层进行实地调研，探寻我国学校体育发展中存在的实际问题；二是在我国东、中、西部各选择若干学校体育开展得比较好的地区或者典型学校（尤其在学校体育发展方式转变方面进行尝试的地区和学校）进行个案研究，通过解剖“麻雀”，深入了解学校体育发展方式的创新机制，总结学校体育发展方式转变的成功模式。通过实地考察，为构建学校体育发展方式转变的路径，提出转变学校体育发展方式的相关策略提供实践基础。

（2）调查访谈

重点对教育行政部门（特别是负责学校体育工作的机构）、学校体育界的专家学者、学校领导、体育教师等进行访谈，探求学校体育发展及其转变的深层原因及其机理。

（3）问卷调查

通过向一线体育教师发放问卷的方式，了解他们对现行学校体育发展方式的看法，以及对学校体育发展方式转变的需求情况。由于中小学是当前和今后一个时期全面加强学校体育的重点①，因此本研究选择面向中小学体育教师通过随机抽样的方式进行问卷调查（高校体育教师主要通过访谈的形式进行）。问卷发放主要通过两个途径：一是向在各地举办的中小学体育教师“国培”班学员发放；二是委托分布在全国各地中小学任教的陕西师范大学体育学院毕业生进行发放。问卷发放时，注意区域之间的平衡，调查区域涉及华北、东北、华东、中南、西南、西北等地区。共发放问卷 2000 份，回收 1656 份，回收率为 82.8%。其中有效问卷 1632 份，无效问卷 24 份，收回问卷的有效率为 98.6%。

从被调查对象职称分布上来看（见表 1），几乎涵盖了小学和中学各级职称，排在前五位的是：中学二级 477 人，占 29.2%；中学一级 462 人，占 28.3%；小学一级 249 人，占 15.3%；中学高级 228 人，占 14.0%；小学高级 132 人，占 8.1%。

① 国务院办公厅转发教育部等部门关于进一步加强学校体育工作若干意见 [EB/OL]. http://www.moe.gov.cn/publicfiles/ business/ htmlfiles/moe/moe 1778/201210/143745.html.

表 1　参与问卷调查样本的职称分布　　（n=1632）

职称	n	%	排序
小三	6	0.4	8
小二	48	2.9	6
小一	249	15.3	3
小高	132	8.1	5
中三	27	1.7	7
中二	477	29.2	1
中一	462	28.3	2
中高	228	14.0	4
中特	3	0.2	9

从工作单位所在地类型来看（见 2），农村、大中小城市①都有分布，其中中小城市 750 人，占 46.0%；农村 741 人，占 45.4%；大城市 141 人，占 8.6%。这种分布状况总体上符合农村、中小城市、大城市在我国的比例关系和学校的分布特征。

表 2　参与问卷调查样本的工作单位所在地分布　　（n=1632）

地域	n	%	排序
农村	741	45.4	2
中小城市	750	46.0	1
大城市	141	8.6	3

总体上讲，本次问卷调查，东、中、西部各区域都有覆盖，农村、大中小城市都有涉及，几乎涵盖中小学所有职称级别（除个别级别），说明本次调查具有较强的代表性。

需要说明的是，基于中小学体育教师自身的主观立场，他们对一些问题的看法和实地考察有一定出入。鉴于实地考察所获资料更为直观、客观，出现此

① 本研究中的大城市主要指直辖市、省会城市、计划单列城市和其他城区常住人口在 100 万以上的建制市的城区，中小城市主要指城区常住人口在 100 万以下的建制市的城区和县城。

种情况时，本研究将按照以实地调查所获资料为主，问卷调查所获数据为辅的原则进行判断和分析。

（4）小型会议

课题组在调查结束后对调查结果进行了归类整理，并加以分析，讨论各种观点的可行性。将以上分析反馈给有关管理者、从业者和专家学者进行讨论分析，提出意见并加以修改。组织了多次小型座谈会讨论此问题。

5.数据分析

对调查过程中采集的相关数据，运用 SPSS16.0 和 EXCEL 等统计软件做定量分析，用准统计方法做定性分析。将定量分析和定性分析结合使用，以确保所做出的分析结果更科学、全面、客观，并能描绘出普遍事物中所存在的个别的特殊情况和背景。

6.政策研究

通过研究，探讨我国学校体育发展方式转变的具体内容和实现策略的手段、途径，撰写研究报告，以期能够为政府决策提供参考意见。努力做到应用研究与学理探讨并重，理论与实践相结合。

（三）创新之处

相较于以往学校体育领域的研究，本研究的创新之处主要体现在：

1.实现了理论创新。关于学校体育发展方式的系统研究还少见报道，通过研究，为学校体育发展方式及其转变提出富有解释力的、逻辑自洽的理论框架，提出了学校体育发展方式转变的内在机理，丰富了学校体育及相关领域研究的理论体系。

2.研究视角创新。本研究在社会学、教育学、体育学、文化学、哲学、管理学等多个学科的理论基础上，从多元视角进行系统的研究，有利于对研究的问题做出科学的、综合的判断。

3.实践创新。在学校体育发展方式研究刚起步的背景下，从发展方式转变的角度对学校体育改革与发展问题进行系统研究，提出转变的内容、手段和途径，为学校体育改革与发展的相关决策服务，具有实践上的创新意义。

第一章　研究的相关基础理论

基于行文结构的总体考量，关于学校体育发展方式的定义（内涵）已纳入绪论进行了探讨，本章将主要针对研究的理论视野、学校体育发展的要素构成等基础理论进行分析。

第一节　研究的理论视野

将学校体育发展方式转变作为具体的社会和教育变革进程，进行系统的理论分析，是学校体育研究走向成熟的重要标志之一。考察学校体育发展问题，并对其发展方式转变进行理论上的分析，可以建立在多元的综合学科理论基础上，运用不同的理论分析框架，多视角的在不同研究层次上展开，这也是全面认识学校体育发展方式转变问题的前提条件。总体而言，可以根据学校体育发展方式转变研究所涉及的领域，将其研究划分为社会学、教育学、体育学、文化学、哲学、管理学等基本的理论视野。

一、社会学视野

学校体育发展方式的确定与转变，必然与社会变革存在着内在的相关性，它不仅涉及到学校体育发展方式转变的社会条件与制约问题，而且更多的与存在于特定社会中的具体条件有着直接的联系。因此，从社会学视角出发，去研究学校体育发展方式转变的相关问题，就成为一种应然选择。

学校体育的改革与发展，必须依托并受制于一定的包括政治、经济与文化在内的社会条件。学校体育发展中存在的问题，与自身建设的不完善有关，但更多是基于社会生态及其变化的影响。分析学校体育改革与发展的社会制约性和社会条件，以及学校体育改革与发展的社会运行机制，有利于充分把握学校体育发展方式转变的社会运行环境，有利于确定学校体育发展方式并寻找影响其实施的力量。

同时，影响学校体育发展方式确定与转变的主体是多元的。主要包括：政府部门；诸如学校之类的具体教育部门；与学校体育发展有着密切关系的社会组织、社区、企业；教师、家长、学生、相关研究人员等个人。作为一项社会活动，学校体育发展方式转变，必然与影响其转变的各社会主体之间存在着直接或间接的联系。各主体对学校体育发展方式的社会认识（是指人们认识社会的活动及其结果，和社会总体通过人们认识社会的活动而实现的自我认识[①]）及其互动状况直接关系到学校体育发展方式确定的社会基础和转变的实践效果。从社会认识的角度去考察学校体育发展方式转变问题，有利于形成一定的社会共识，并在此基础上去确定学校体育发展方式转变的内容、途径和手段。

二、教育学视野

学校体育是学校教育的重要组成部分。体育教育既是分解的教育，也是整体的教育，它既是促进人们身心和谐发展的教育，也是在人的心灵深处培植体育所代表的文化精神的教育[②]。当前，学校体育发展中存在的问题，与长期以来体育与教育被人为割裂，学校体育的教育价值被忽视有着重要联系。在体育界，体育更多成为竞技运动成绩的代名词；在教育界，体育更多意味着跑跳玩闹，体育的教化、调剂、励志、宣泄功能一再被低估，体现重视体育的手段无非是容易引发争议的体育加分和远不能体现其价值的体育考分[③]。因此，研究学校体育发展方式的转变，必须重视体育在教育中的重要地位，重视体育的教育价值，从教育事业发展成败的高度去认识学校体育发展方式的转变问题。

当前，以军备竞赛式的高考为指挥棒的教育生态也是制约学校体育发展的重要因素。学校体育的良性发展，除了自身改革外，更有赖于教育的综合改革。离开教育改革，学校体育改革在很大程度上无解。研究学校体育发展方式转变

① 欧阳康.社会认识论导论[M].北京：中国社会科学出版社，2010：4.
② 马卫平.教育学对体育人文社会学研究意味着什么？[EB/OL]. http://blog.sina.com.cn/s/ blog_4e6c28bb01008hp2.html.
③ 李中文，陈晨曦.学校体育该向何处发力[N].人民日报，2013 -12-24：023 版.

问题，必须融入国家整体改革，特别是教育领域的综合改革中，从教育改革的视角来进行讨论。唯有如此，提出的相关理论和建议才能符合学校体育作为教育重要组成部分的语境，才能更加借力于国家层面进一步深化教育改革的宏观政策导向而使其更加可行。

三、体育学视野

学校体育是体育事业的重要组成部分。它的发展与智育、德育、美育等有密切联系，但也有其特殊性，其发展必须遵循体育事业发展所特有的规律和体育自身的特点。例如，开展体育活动，对场地设施有着不同于其他文化课的要求；学生的身心条件对课堂教学与组织，对学生运动参与有着远远超过其他文化课的影响；学生运动技能形成除了遵循一般的教育规律外，还有着自身特殊的规律；极具魅力的竞技体育活动在校园体育文化中的引领作用；学校体育活动的组织有其自身的科学要求等。研究学校体育发展方式转变问题，必须有教育学的视野，但不能简单的套用教育学的理论，必须结合体育的特点，从体育学的视野去思考相关问题。

应关注体育人文社会科学和体育教育训练科学的相关理论在研究中的运用。应特别关注的重点学科有：学校体育学、体育课程与教学论、体育史、体育社会学、体育经济学、体育管理学、体育文化学等。另外，与体育从业人员，尤其是体育教师心理、社会认知和职业发展有关的相关理论也应予以重点关注。

四、文化学视野

从文化角度审视学校体育发展方式的转变，可以将学校体育发展中的一系列行为目标，比如价值观念、习惯、偏见、态度等的变化过程，视为学校体育的文化创新。在学校体育发展过程中，时常会出现“阳奉阴违”的现象。学校体育工作“说起来重要，做起来次要，忙起来不要”是最典型的体现。体育课程改革进程中，相当一部分一线体育教师对新课程标准的抵触和消极对待，也是一种普遍的现象。这恰好说明了基层或学校文化对改革文化的一种“常态”抵制。康利认为，在学校中“很少有改革能被原封不动地执行”，“在很多情况下，教师是从自己对教育改革有效性的价值和理念出发，来理解改革目标和要求的。”①

文化学视角下的学校体育发展方式的转变研究，需求与具体的社会文化环境结合起来进行分析。基层和学校文化对改革文化和自上而下的政策推行的惯性“抵制”必须重视，这有利于人们理解学校体育改革与发展进程中面临重重阻力的原因。唯有坚持正确的舆论导向，重视基层和学校对改革的利益诉求，学校体育发展方式转变才能更具科学性和可操作性。同时，宏观的社会文化环境，特别是政府、社区、家庭的社会文化特征和根植于民族精神中的传统文化观念对学校体育发展的影响，也必须给予充分的重视。

① [美]戴维・T・康利.谁在管理我们的学校[M].上海：华东师范大学出版社，2005：3，94.

五、哲学视野

理论认识的深刻性直接影响实践活动的有效性[①]。学校体育改革与发展中出现的一些与初衷大相径庭的问题，不仅是在实践层面上出现了问题，更重要的是在理论层面上还没有深刻把握，以至于在政策制定过程中就出现了偏差。当前，我国学校体育发展方式在转变过程中缺乏理性自觉，一个重要原因就是，缺乏运用社会哲学、文化哲学、教育哲学、体育哲学等领域的研究成果，来思考学校体育发展中存在的问题，尤其是发展中出现的分歧与争论。

目前，关于学校体育发展方式的研究还很薄弱，更遑论从哲学视角进行研究了。即使拓展至学校体育发展与改革领域，透过哲学视野的研究也没有全面展开。因此，对于学校体育研究来说，这是一个比较新的视野。从哲学视野出发，对学校体育发展方式转变的内在机理进行梳理，对关乎学校体育发展的全局性、根本性问题进行分析，有利于把握确定学校体育发展方式的最基础性问题，从而抓住事物最主要的矛盾，重点突破，全面带动，在宏观层面上提出更有针对性的转变方案。

六、管理学视野

学校体育发展离不开人、财、物的支撑，离不开体育课堂教学和校园体育活动的组织，离不开必要的评价与监督机制，需要与政府、社区、家庭的协调

① 宋兵波.学校改革的逻辑[M].北京：中央编译出版社，2013：18.

与合作。学校体育发展效果是否理想，与是否建立了高效的管理机制有着应然联系。研究学校体育发展及其方式转变问题，必须具有管理学视野。

从某种意义上讲，学校体育发展各要素的优化与组合，都与管理有一定联系。因此，应特别关注人力资源管理（体育师资队伍建设）、公共财政管理（特别是教育财政管理）、公共设施的统筹管理、教学组织管理、体育活动的组组织与管理、教育质量与监测评价、体育评价、政策制定与执行等方面的理论知识在学校体育发展方式转变研究中运用。

第二节　学校体育发展的要素构成

分析学校体育发展方式，必须首先明确学校体育发展的要素构成。教育界有学者借助经济发展要素的分析，将教育发展的要素确定为资本、劳动、学生身心条件、课程、教育技术、教育技能、教育结构和制度[①]。作为教育内容之一，学校体育发展的要素与教育发展的要素具有很多共通之处，但相对于较为宏观的教育发展而言，中观、微观层面的学校体育发展在各要素内涵的界定方面又有着自身的特点。结合学校体育的实际情况，可将学校体育的发展要素确定为资本与物质条件、劳动、学生身心条件、体育课程与校园体育活动、体育教育技术、体育教育技能、体育教育结构、制度保障与评价机制等。

① 褚宏启.论教育发展方式的转变[J].教育研究，2011，(10)：3-10，15.

一、资本与物质条件

主要包括学校体育的经费投入与场地设施等物质条件。只有保障并不断加大学校体育的经费投入，才能进一步搞好学校体育的软、硬件建设。作为教育经费的主管部门，各级教育行政部门是否能逐步加大对学校体育，特别是欠发达地区学校体育的经费投入力度，各个学校的公用经费是否能够按一定的比例专项用于学校体育工作，是当前能否顺利转变学校体育发展方式首先要回答的问题之一。学校体育经费的保障可以进一步推进场地、器材等物质条件的改善。能否认真执行《国家学校体育卫生条件试行基本标准》《中小学校体育设施技术规程》及相关学校建设标准和技术规范要求，配齐学校体育发展所需要的场地、设施、器材，努力满足学校体育教学和学生参与体育锻炼的需要，并能够适当的向社会，特别是社区居民开放，是衡量学校体育发展水平的重要观测点。

二、劳动

主要指投放到学校体育教育中的体育教师的数量，以及教学和指导学生参与课外体育活动的工作量等。能否根据学校体育发展的客观需要，认真核定体育教师编制的数额，采取措施保障体育教师能够合理的配备，保障体育教师在工作量计算、劳动保护等方面的合法权益，也是能否顺利转变学校体育发展方式首先要回答的问题之一。因为，无论采用什么样的发展方式，都需要人去执行。在逐步解决体育教师缺编问题的同时，还要考察已配备老师的体育教学工作量问题，现有体育教师的工作量情况从另一个角度反映了学校体育课的开课情况和课外活动的组织和开展情况，也能反映出学校对体育工作的重视程度。

三、学生身心条件

这有些类似于经济发展影响因素中的“自然资源”，由于学校体育教育是对学生身体进行改造并传授自我改造技能的一个教育过程，必须考虑被改造对象的身心条件，来有针对性的进行科学施教。进入学校学习的学生类似但不是自然资源，他们在接受学校体育教育之前，已经有了一定的后天影响而呈不同的发展形态；在接受学校体育教育的过程中，其身心条件又会不断的发生变化。所以，学校体育教育面对的教育对象大多是次级产品或半成品。如何根据不同发展阶段学生的身心特点，特别是学生身心的差异（举个极端的例子，肢体残疾学生如何组织学校体育教育？）来组织学校体育教育，全面开发、利用学生所具有的潜能，提高学校体育教育的效果，最终达到增强学生体质的目的，关系到学校体育工作的成败。我们经常说，教师备课，在备内容的同时，要备学生，就生动地说明了课程和学生身心条件要素在学校体育发展中的重要性。

四、体育课程与校园体育活动

主要指学校体育传授给学生的知识和开展的各种课外体育活动。课程主要涉及的是学校体育要“教什么”的问题。体育课程是整个学校课程体系的有机组成部分，是学校体育工作的中心环节[①]，是实施素质教育和培养德智体美全面发展人才不可缺少的重要途径。体育课程标准制定得是否科学，是否能够因地制宜的制订并落实体育课程的实施方案，是否能够做好地方课程和校本课程开发，关系到学校体育目标的最终实现。多年来，学校体育改革都是围绕着课程改革展开，可见课程在学校体育发展中的重要性。校园体育活动包括科学合理的课余体育训练和竞赛活动、学生体育俱乐部（或其他学生体育组织）组织的活动，以及各种各样丰富多彩的学生群众性体育活动等，是课堂体育教学的有益补充。是否能够制订和实施课堂教学、大课间（课间操）和课外体育活动一体化的阳光体育运动方案，能否保证校园体育活动时间和参与，能否提供合理的校园体育活动指导，对于提升学生锻炼质量，丰富校园生活，培养学生体育意识，达成学校体育目标具有着重要意义。

五、体育教育技术

主要包括以现代信息、视听及其他现代体育教学专有辅助技术为主要内容的体育教育技术和知识，以及各种知识物化后的形态如技术设备与手段。本研究是从狭义角度来界定 “教育技术” 的，是指“一般以具有一定科技含量的视听工具和现代信息技术的教育应用为基础，研究相关的教育现象和活动”[②]。如果说课程是解决“教什么”问题的话，体育教育技术则是解决“用什么辅助

① 教育部 国家体育总局关于进一步加强学校体育工作，切实提高学生健康素质的意见[EB/OL]. http://www.jyb.cn/cm/jycm/beijing/jybgb/zh/t20070425_80255.htm.

② 李康.教育技术与教育技术学的研究对象[J].电化教育研究，2004，(1)：1-4.

教学”问题的主要元素。其核心是以一定的体育教育技术理论知识知实践教学经验为基础，利用一定的教学方法和手段、设备，解决体育教育中的实际问题。可以说，体育教育技术作为学校体育发展所依赖的一个要素，与学校体育改革和发展关系密切，对于优化课堂教学，特别是在学习动作的分解、组合，以及纠错教学等方面具有重要的辅助作用。由于体育教育的特殊性，一些专供体育训练或教学使用的高科技产品也不断涌现，体育教学中所蕴含的科技含量将越来越高。体育教育技术的每一次发展都使“学校体育利益最大化”的目标更加明晰，体育教育技术的自身利益就是学校体育的良性和可持续发展。

六、体育教育技能

体育教育技能主要指学校体育教育从业人员所拥有的专业知识与技能，如体育教师的专业知识和技术水平，体育教师的教学技能、体育教学管理人员的管理技能等，本质上属于学校体育人力资本范畴。具备从事学校体育工作的专业知识和运动技术是对体育教师的基本要求之一，特别是作为体育教师，没有一定的技术水平，则无法给学生做好示范和传授正确的知识。但更重要的是，仅有专业知识还是不够的，如果没有一定的教学技能水平，就不能很好地以学生喜闻乐见的方式将知识、技术传授给学生。教学技能水平主要表现为体育教师示范、讲解、组织、教法运用的能力及运用以上能力时所表现出来的技巧。如果说课程解决了“教什么”问题，教育技术解决了“用什么辅助教学”问题，体育教育技能则是解决“如何教”的问题。当前，很多课程目标没有实现，学生不喜欢上体育课，除了目标有待完善与调整、教学内容有待改进等原因之外，体育教师教育技能有待提高，是一个重要原因。

七、体育教育结构

体育教育机构主要是指办学层次结构、内容结构、课堂教学和课外活动结构等。此办学层次结构不同于宏观教育的层次结构，主要指在哪些教育阶段需要进行强制性的体育教育，在哪些教育阶段可以进行非强制性的引导性体育教育，以及在学校体育整体目标指导之下的各教育阶段的学校体育发展目标体系；内容结构主要从横向和纵向两个维度考虑，纵向的内容结构主要指各教育阶段体育教育内容的层次结构及衔接问题，横向的内容结构是指同一教育阶段学校体育课程内容的比例关系，主要是运动项目或锻炼知识的选择，及他们之间比例问题的确定。学校体育发展还要处理好课堂教学和课外活动结构，课堂教学主要任务是教会学生体育锻炼，而要取得实质效果，达成学校体育的目标，课外体育活动起着关键的作用。处理好体育教育的结构问题，一是可以避免体育教育内容在各阶段的低层次低效重复，赋予体育教育内容一定的层次感，这也是符合体育教学发展规律的；二是可以明确，从增强体质和培养学生终身体育角度哪些教学内容更适合出现在课堂教学中，这实质上是明确教学侧重点的过程。

八、制度保障与评价机制

制度保障与评价机构主要是指保障学校体育良好发展的政策、法规和评价等。制度建设的主要价值在于：一是协调学校体育发展的内部关系，着重解决学校体育工作的内部矛盾，通过解决学校体育生存和发展的应然目的和实然状况之间的矛盾，最终实现学校体育工作的主要目标；二是协调学校体育发展的外部关系，着重解决学校体育发展与整个教育、社会、政治、经济、文化等方面的矛盾，为学校体育工作提供一个良好的外部环境。通过制度建设，将对学校体育工作的领导和管理纳入法治轨道，可以有效保障学校体育工作终极价值的实现。在各项制度建设中，当前最为迫切的是建立健全学校体育监测评价机制。这种机制实质上是动力机制，可以对学校体育工作起重要的定向和引导作用，促进社会各界，特别是地方教育主管部门和学校重视学校体育工作。

第二章　学校体育发展方式转变的背景

第一节　学校体育发展结果与基本目标之间存在反差

学校体育发展方式是让目标转变为现实的关键环节。现行学校体育发展方式如果不能有效实现既定的学校体育发展目标，取得理想的发展结果，就必须进行转变。

一、学校体育发展的基本目标

学校体育发展目标是指在一定活动空间和时期内学校体育所要达到的预期

结果[①]。学校体育目标是多维度的，可以按照年龄和办学层次维度划分为不同年龄段或不同办学层次的发展目标；按照时间维度划分为短期、中期和长期目标；按照目标指向维度划分为生理、心理、技能、社会等目标；按照学校体育教育教学和活动维度划分为课程、教学、校园与课外体育活动等目标；按照学校体育工作整体评价维度划分为组织管理、教育教学、条件保障、学生体质、监督检查等目标……。而无论按照何种维度进行划分，在学校体育目标体系中必然会有基于学校体育发展根本目的和指导思想而确定的贯穿于学校体育发展不同阶段和领域的、具有核心导向的基本目标。基本目标决定着特定阶段学校体育的基本发展方向。

1990 年颁布的《学校体育工作条例》指出："学校体育工作的基本任务是：增进学生身心健康，增强学生体质；使学生掌握体育基本知识，培养学生体育运动能力和习惯；提高学生运动技术水平，为国家培养体育后备人才；对学生进行品德教育，增强组织纪律性，培养学生的勇敢、顽强、进取精神。"[②]；2007 年，《中共中央 国务院关于加强青少年体育 增强青少年体质的意见》中指出："当前和今后一个时期，加强青少年体育工作的总体要求是：认真落实健康第一的指导思想，把增强学生体质作为学校教育的基本目标之一……"[③]；2010 年公布的《国家中长期教育改革和发展规划纲要（2010-2020 年）》中指出："加强体育，牢固树立健康第一的思想，确保学生体育课程和课余活动时间，提高

① 潘绍伟，于可红.学校体育学（第二版）[M].北京：高等教育出版社，2008：44.

② 学校体育工作条例[EB/OL].http://www.moe.edu.cn/publicfiles/business/htmlfiles/moe/s661/201207/ 138902.html.

③ 中共中央 国务院关于加强青少年体育 增强青少年体质的意见[N].人民日报，2007 -5-25：001 版.

体育教学质量……”[①]；2012 年 10 月，国务院办公厅转发了教育部、发展改革委、财政部和体育总局联合制定的《关于进一步加强学校体育工作的若干意见》。意见中提到：“加强学校体育要以科学发展观为指导，全面贯彻党的教育方针，全面实施素质教育，把增强学生体质作为学校教育的基本目标之一，加强政府统筹，加强条件保障，加强监督检查，确保学生体育课程和课余活动时间，切实提高学校体育质量，完善学校、家庭与社会密切结合的学校体育网络，促进体育与德育、智育、美育有机融合，不断提高学生体质健康水平和综合素质。”[②]2016 年 4 月，《国务院办公厅关于强化学校体育促进学生身心健康全面发展的意见》成文，其主旨在于“推动学校体育改革发展，促进学生身心健康、体魄强健”[③]。总结这一系列党和政府颁布的法规和政策文件，可以看到，我国学校体育发展的最基本目标是增强学生体质，提高学生的健康水平，促进学生身心的协调发展。并在此前提下，提高学生的体育素养（锻炼的能力和意识等）和综合素质（运动能力、社会适应、意志品质等），使学生成为德智体美全面发展的社会主义建设者和接班人。

二、学校体育发展结果与基本目标之间存在反差

在学校体育发展的实践中常常可以看到：进行了大量考察，凝聚了很多人

① 国家中长期教育改革和发展规划纲要(2010—2020 年) [N].人民日报，2010 -7-30：013 版.
② 国务院办公厅转发教育部等部门关于进一步加强学校体育工作若干意见的通知[EB/OL].http://www.moe.edu.cn/publicfiles/business/htmlfiles/moe/A17_zcwj/201210/143745.html.
③ 国务院办公厅关于强化学校体育促进学生身心健康全面发展的意见[EB/OL]. http://www.gov.cn/zhengce/content/2016-05/06/content_5070778.htm.

智慧，并根据社会经济发展需要和学生发展需要而制定的学校体育发展目标，却很难以达到；学校体育实践的结果常常差强人意，理想目标与现实的结果之间存在着非常大的反差，突出表现在：（1）学生体质状况堪忧，学生体质健康状况下滑的趋势还未得到有效扭转，这已经引起社会的高度关注和对学校体育工作的质疑；（2）相当一部分学生缺乏对体育的兴趣，运动参与意识和技能欠缺。而其他目标如心理与社会适应等在学校体育最主要目标实现情况还很不理想的情况下，目前在学校体育实践中还很少能够顾及。

出现这种情况，一种可能是发展目标制定的过于理想化，或者还存在着某些需要完善的地方；另一种可能就是学校体育发展方式出现了问题，不能很好的服务于发展目标。

没有科学的发展方式，理想目标将难以有效实现。例如，在社会经济发展方面，党和政府提出了全面实现小康社会的宏伟目标，而采用什么样的发展方式去实现成为了一个关键问题。前些年我们在经济发展中过分的强调数量的增长，这种增长是以资源能源的大量消耗、生态环境的严重破坏为代价的，同时，经济的增长也没有自动带来诸如平等、就业等社会目标的实现。近年来，我国的社会经济发展方式发生了重大变化，坚持以人为本，把生态文明建设放在突出地位，关注全面、协调、可持续发展。这种发展方式的转变是为了更好的实现全面建成小康社会的伟大目标。

同样，要改变学校体育发展现状，更好的实现学校体育发展的理想目标，就必须转变现有的发展方式。转变学校体育的发展方式，其实质就是改变发展投入、发展手段和发展途径与发展目标的不相匹配之处，这是学校体育领域的一场深刻的变革，是关乎到学校体育发展与改革成败的关键，必须贯穿于学校体育发展各个领域和改革的全过程。

第二节　导致学校体育发展结果与目标出现反差的原因

从逻辑上讲，可以用倒推的方法，即依据实践中学校体育发展的结果与目标的反差及导致这种反差出现的原因，倒推出学校体育发展方式需要什么样的转变。因此，理清学校体育发展结果与目标出现反差的原因非常重要。

一、现行的教育与社会生态是学校体育发展滞后的根源

（一）我国现行教育生态和社会生态严重制约学校体育发展

面对着学校体育发展中存在的种种问题，有识之士痛心疾首，认为对学校体育工作的不重视是造成学校体育工作举步维艰的根源，提出应改革现行学校体育制度甚至是教育制度，通过立法的形式，将学校体育上升至与德育、智育同等重要的地位，以此来保障学校体育的持续健康发展。

这些建议有其合理之处，但有一个问题应该注意：从理论层面上讲，我国对学校体育工作历来是非常重视的，已经将体育和德育、智育、美育等放在同等重要的位置上。谈及我国学校体育工作，有一句流行的话，就是“说起来重要，做起来次要，忙起来不要”。“说起来重要”即指在政策、舆论层面上，

我国对学校体育工作是非常重视的。

“说起来重要”是因为党和国家的教育方针决定的，例如，《国家教育事业发展第十二个五年规划》就明确指出：“全面实施素质教育，培养德智体美全面发展的社会主义建设者和接班人”[①]，“体”和“德”“智”“美”一起，构成了全面发展人才的核心要素。在十八届三中全会的决定中，亦将“强化体育课和课外锻炼，促进青少年身心健康、体魄强健”作为“立德树人”的重要举措[②]。因此，近年来，无论从政策层面上，还是社会舆论层面上，都表现出了对学校体育工作，特别是学生体质健康状况的“高度重视”。

我国现行学校教育的课程覆盖面很宽，体育课程并未或缺，并且从政策层面上还有不断加强的趋势。学校体育工作中的很多问题并不是出在意识层面，而是出在实践层面，即“做起来次要，忙起来不要”。据对中小学教师的调研显示（见表 2.1），认为学校领导对体育工作非常重视和比较重视的仅占 30.9%，认为重视程度一般的高达 42.6%，认为不重视和非常不重视占 26.5%。

表 2.1　中小学校领导对体育工作的重视程度　（n=1632）

选项	n	%	排序
非常不重视	72	4.4	5
不重视	360	22.1	3
一般	696	42.6	1
比较重视	390	23.9	2

在对城市中小学的实地调查过程中，还发现一个现象，有为数不少的中小

① 国家教育事业发展第十二个五年规划[EB/OL].http://www.moe.edu.cn/publicfiles/ business/htmlfiles/moe/moe_630/201207/139702.html.

② 中共中央关于全面深化改革若干重大问题的决定（2013 年 11 月 12 日中国共产党第十八届中央委员会第三次全体会议通过）[EB/OL].http://news.xinhuanet.com/politics/2013-11/15/c_118164235.htm.

学校长自身非常热爱体育，对体育的价值有着深刻的认识，也能经常参加体育活动，但落实到所辖学校的体育工作上，却常常表现为“不重视”，甚至和师生“共谋”将体育课压缩淘汰。

为什么会“做起来次要，忙起来不要”呢？

马克思说：“存在决定意识。”导致这种现象的最主要原因是我国目前的教育生态和社会生态。我国教育生态的本质是什么？军备竞赛，即应试教育中的过度竞争。而教育生态的后面则是社会生态[①]。回顾上个世纪 80 年代和 90 年代初，当时的高考升学率远低于现在，但学生的课业压力却要小于当前，从而为学校体育的开展提供了较为充裕的时间保障，因此，当时学生参与体育活动和玩耍的时间在实际上要高于现在。出现这种状况，与社会生态的变迁有着密切的关系。当时，处在改革开放的初期，社会分层还不是很明显，大家都是劳动人民，当工人的并不觉得比当官的低一等，少有职业“歧视”现象。当时的社会人才也缺乏流动，农民打工热潮还处在萌芽阶段，高校毕业生毕业分配相对理想，只要有学上，哪怕是大专和中专，都能找到一个在当时来讲相对不错的工作，因此，对优质高等教育资源追逐的热情比现在要弱地多。

随着社会的发展，特别是社会主义市场体制的逐步建立，在走向共同富裕的过程中，不能否认的是，也出现了贫富差距逐渐拉大的趋势，社会分层越来越细化，社会竞争也越来越激烈。无论从意识上，还是实践上，都出现了职业“歧视”和对精英的膜拜。社会人才的流动也越来越频繁，农民打工热潮持续

① 郑也夫.素质教育：名不正，言不顺，行不通[N].南方周末，2013-12-26：E31 版.

高涨，成为经济建设的一支重要力量。与之同步的是，一般质量的高等教育已不能保证毕业生找到理想的工作。为了提升未来职业发展的竞争力，甚至追逐进入精英阶层的梦想，对优质高等教育资源的追逐成为了当前教育生态的核心。在当前的社会生态和教育生态下，对于大多数家庭来说，孩子考上一般的大学就等于失败，唯有考上名牌大学才被认为有出路，从这个意义上，当前“优质高校”升学率甚至还有可能低于上个世纪 80 年代、90 年代的“只要有学上，就很满意”的高考升学率。因此，社会的过度竞争，引致的应试教育过度竞争，使学生、家长、学校面临着巨大的压力，不能列入高考的课程，就必然会遭到轻视。因此，不属于高考科目的体育被轻视就成为“必然”。而一旦将体育列入高考科目，则马上会沦为“应试教育”，考短跑，学生就不会去练中长跑，考引体向上，学生就不会去练仰卧起坐，考篮球，学生就不会去练足球。更为严重的是，学生的这些练习只是为了考试，毫无兴趣可言。这与学校体育改革的理念的是相悖的。

（二）我国学校体育监测评价机制亟待健全完善

以现行社会生态和教育生态为根源，直接导致学校体育工作在监测评价机制建设方面出现了问题。第一，从学生层面上来讲，学生体育参与情况和体质健康水平评价在实践中并没有很好的纳入到对学生的整体评价中去。在高考指挥棒下，在家长、教师和校长，包括学生自身眼中，文化课成绩好不好，决定着学生的未来，因为体育并未有效纳入现行人才选拔考试体系中，所以在评价一个学生是否优秀时，很少会考虑体育因素。甚至有的校长、教师和家长会将学生喜欢参与体育活动视为不务正业，不参加体育运动反而被认为是好现象。例如，衡水中学多年高考成绩居河北省第一，2013年更是有过百人考上北大和清华，网上流传的《河北衡水中学办学经验》，就将“校园里没有看见三五成群或闲逛聊天或打跳或自由进行体育活动的学生”[①]作为正面的学习典型。这种思维方式也影响到了高校中。当前，我国高校国家奖学金评定及其他各种评优，主要考察的是学生的学习成绩和社会实践能力，很少有将体质健康状况作为评优的主要评价因子。因此，学生缺乏参与体育锻炼的内生动力，积极性不高。

第二，从学校和一个地区教育发展层面上来讲，学生的体质健康水平并未真正的纳入学校工作和一个地区教育发展水平的评价体系中。当前，在各级学校中，初中所关注的是中考升学率，高中所关注的是高考升学率和考上名校的人数，高校所关注的是学生就业率和教师科研产出等等。体育搞得好了，对学校和校长来说是锦上添花，搞得不好，对学校和校长来说，也没多大影响。同样，学生体质健康水平也很难能够影响到对一个地区教育发展水平和相关领导政绩的评价。这就造成了学校和相关主管部门以及领导在实践上对学校体育工作的不重视。例如，前文讲到的衡水中学，学校名气很大，经费应该很充足，但却“因学生多，场地不够，学生又要锻炼身体，只能跑跑步”，并且该校还把学生跑操异化为滑稽地不停地喊“超越自我，挑战极限”等口号励志的“天下第一操”[②]。

① 河北衡水中学办学经验[EB/ OL].http://www.djkzj.com/html/jiaoxuegaige/2010/1021/822.html.

② 宋识径.河北衡水中学去年 70 人考北大清华 疯狂绝招揭秘[EB/OL]. http://www.bjnews.com.cn/news/2012/06/09/203697.html.

据对中小学体育教师的调查（见表 2.2），认为校领导不重视体育工作的原因中排在第 1 位的是“地方将升学率作为对单位领导评价的最重要指标，而升学考试又主要基于对智力课程的考察”，排在第 2 位的是“没有真正将学校体育工作纳入到对单位领导的考核评价体系中”，也充分印证了上述基于实地调查、文献整理、历史回顾和社会分析所做出的判断。

表 2.2　中小学校领导不重视体育工作的原因①　（n=1122）

选　　项	n	%	排序
地方将升学率作为对单位领导评价的最重要指标，而升学考试又主要基于对智力课程的考察	837	51.3	1
对体育在学生身心发展中的价值认识不足	471	28.9	3
没有真正将学校体育工作纳入到对单位领导的考核评价体系中	708	43.4	2
办学条件较差，学校体育工作无法正常进行，领导对此感到“麻木”，进而忽视了学校体育工作	336	20.6	4

总之，由于现行社会生态，特别是教育生态的制约，“健康第一”观念在学校教育实践中远未得到有效贯彻，学校体育应有地位与实际地位反差强烈。高考是个指挥棒，由于体育不是高考科目，加之很长一个时期以来，学校体育没有真正的融入到学校和教育工作的实际评估（注意：这里讲的是实际评估，而不是相关的政策文件中的规定）之中，因此很难引起学校的重视。“重智育、轻体育”情况仍较普遍，挪用体育场地，挤占体育课时的现象时有发生。据教育部最近对 15 个省的抽样监测，小学四年级开课不足率达到 56.5%，初中二年

① 此问题总样本量为 1122，低于此次调查 1632 的总样本数，是因为如果学校领导对体育工作“比较重视”和“非常重视”不用回答此题。

级不足率达到 76.0%[①]。学校体育不仅在中小学不受重视，在大学亦是如此，有消息称，在教育部 70 多所部属院校的“十二五”规划中，提到增强学生体质健康的只有北京师范大学一家[②]。

由此可见，在当前社会和教育生态下，如何建立健全学校体育监测评价机制，促使教育主管部门、学校、家长和学生真正重视起来，是学校体育发展方式转变的关键因素之一。

二、现行学校体育政策法规刚性不足而导致执行力较差

我国当前，不缺乏支持学校体育发展的政策法规，党和政府出台了一系列的法律、意见，来加强学校体育工作，体现了对学校体育工作的极度重视。但执行效果非常不理想，发挥作用非常有限。除了与社会，特别是学校、家庭在实践上对体育工作的不重视或不够重视有着密切的关系外，现行学校体育政策法规刚性不足也是一个重要原因。考察现有与学校体育有关的政策法规文本，谈到具体措施时，多为“要……”“应该……”等诸如此类弹性较强的规范性的表述，甚至“必须……”这样的字眼都很少使用。缺乏明确的刚性的奖惩措施，使得学校体育政策执行的弹性空间过大，从而呈现出执行力严重不足的尴尬现实。

据对中小学体育教师的调查显示（见表 2.3），仅有 25.7%的中小学教师认

① 袁贵仁.深入学习贯彻党的十八大精神 推动学校体育工作取得新成效——在全国学校体育工作电视电话会议上的讲话（2012-12-24）[EB/OL].http://blog.sina.com.cn/s/blog_4d8645c501016h5j.html.

② 王登峰.学习十八大精神 推进学校体育改革[J].体育学刊，2013，（1）：1-5.

为现有学校体育政策发挥发挥了比较或非常明显的作用，认为发挥作用一般的占到了 43.6%，认为发挥作用不明显和非常不明显的超过了三成。

表 2.3　中小学体育教师对现有学校体育政策法规发挥作用的评价　（n=1632）

选项	n	%	排序
非常不明显	102	6.2	5
不明显	399	24.4	2
一般	711	43.6	1
比较明显	309	18.9	3
非常明显	111	6.8	4

这一方面固然与学校体育政策法规本身价值导向需要更加科学化有关，更重要的原因则在于对学校体育工作在实践上的“忽视”和现行学校体育政策法规缺乏有效的刚性制约。甚至在实践语境中，作为学校体育政策法规执行重要一环的地方教育主管部门还会和学校一起“公然”违背或故意忽视相关政策法规。例如，在实地调研中发现，有为数不少的学校由于高考或者中考成绩优异，在学校体育场地设施严重不达标的情况下，被地方教育部门确定为“示范学校”或“重点学校”，这种“示范”只能引导其他学校更加不重视学校体育工作。学校在执行有关政策时，随意进行变通和“偷工减料”时有发生，例如，《中共中央 国务院关于加强青少年体育增强青少年体质的意见》提出，要确保学生每天锻炼一小时[①]，但对锻炼的形式和内容没有硬性规定。因此，在为数不少的学校，除了体育课还相对正规外，课外体育活动就是将学生放到教室外进行玩耍，缺乏必要的组织和指导，锻炼效果很差。

① 中共中央 国务院关于加强青少年体育增强青少年体质的意见[EB/OL].http://www.moe.gov.cn/publicfiles/business/htmlfiles/moe/moe_1778/200710/27692.html

三、条件保障滞后成为制约学校体育发展的瓶颈

当前，我国并不缺少从国外引入的先进学校体育思想，新的课程标准中也凝聚了很多专家的智慧，提出了较为先进的指导思想和目标。但这些“先进”思想由于中国的国情所限而显得有些水土不服，实践效果很不理想，其中一个重要原因是条件保障的滞后，成为严重制约学校体育实践的瓶颈。

（一）基础条件非常薄弱

除了个别经济条件比较好的地区外，多数地方体育场地、器材的达标率还有待提升。其实，经济条件比较好的地方，学校体育场地设施供给情况也未必乐观，一个突出的问题是有钱没地方建，例如，北京的不少很有名的学校地处胡同中，根本拿不出地方来建设操场。据对上海体育学院原院长姚颂平的访谈得知，上海在高中体育专项化改革中也有部分试点学校因校园面积过小，虽然经费很充足，但没有修建体育场地的地方，从而影响到改革试验工作的现象。相反的是，对于经济条件不好的地区，特别是老少边穷地区，虽然有地方，却拿不出钱来建。在对江西省九江县的实地调研中发现，该县仅有两所学校拥有标准化塑胶操场，县城部分学校校园面积狭小，学生活动空间非常有限，甚至没有足够的场地供学生做课间操，大部分农村学校场地简陋，缺乏必要的体育设施和器材配套，严重影响着体育教学质量。类似的情况在全国很普遍。据 2015 年统计，我小学学、初中、高中体育运动场（馆）面积达标学校分别为 64.5%、

78.7%、87.1%，体育器材配备达标学校比例分别为 68.9%、83.6%、88.8%[①]，虽然相较 2010 年（2010 年统计，我小学学、初中、高中体育运动场（馆）面积达标学校分别为 52%、68%和 81%，体育器材配备分别为 55%、69%和 80%[②]）各项达标率都有一定幅度上升，但总体改善空间仍然很大。

对中小学体育教师的调研（见表 2.4）也印证这个问题，有高达 45.7 的被调查对象认为所在学校体育场地设施不能或完全不能满足体育教学和课外体育活动的需要，认为基本能够满足的也达到 38.2%，认为较好或者很好地满足的只有 16%。

表 2.4 中小学体育场地设施满足体育教学和课外体育活动需要情况 （n=1632）

选项	n	%	排序
完全不能满足	180	11.0	4
不能满足	567	34.7	2
基本满足	624	38.2	1
较好地满足	198	12.1	3
很好满足	63	3.9	5

（二）经费短缺现象比较严重

基础条件薄弱的一个重要原因就是经费短缺，经费短缺还直接影响到体育师资队伍建设和体育课堂组织，以及校园体育活动的开展。据对中小学体育教师的调查（见表 2.5）显示，11.2%的被调查者认为其所在学校体育经费极度匮乏，认为不能满足需要的高达 41.1%（不包括认为极度匮乏者，如果将其计入，则有高达 52.3%的被调查者认为所在学校体育经费不能满足需要）。而在其他选

① 2015 年全国教育事业发展统计公报[EB/OL]. http://www.gov.cn/xinwen/2016-07/06/content_5088866.htm.

② 袁贵仁.深入学习贯彻党的十八大精神 推动学校体育工作取得新成效——在全国学校体育工作电视电话会议上的讲话（2012-12-24）[EB/OL] http://blog.sina.com.cn/s/blog_4d8645e501016h5j.html

项中，还有 36.2%的被调查对象认为所在单位体育经费基本能满足需要，认为体育经费能够较好满足需要的仅有 10.7%，认为非常充足更是只有 0.6%。经费短缺问题也折射出学校体育工作在实践中的被忽视，特别是在老少边穷地区，整个教育经费投入都不足的情况下，学校体育工作的经费安排更是捉襟见肘。所幸的是，教育部、国家发展改革委和财政部联合下发的《关于全面改善贫困地区义务教育薄弱学校基本办学条件的意见》，提出对农村、边远、贫困和民族地区，特别是集中连片特困地区等经济社会发展相对滞后地区基本办学条件进行改善，这将对缓解学校体育经费不足有着非常积极地意义。

表 2.5　中小学体育经费满足需要情况　　（n=1632）

选项	n	%	排序
极度匮乏	183	11.2	3
不能满足需要	675	41.4	1
基本能满足需要	591	36.2	2
能较好满足	174	10.7	4
非常充足	9	0.6	5

（三）体育教师缺编严重

目前，全国义务教育阶段体育教师缺编达 30 余万，有的学校，三个体育老师编制都不一定配了一个体育老师[①]。据资料显示，2012 年底，安徽省芜湖市体育专任教师配备率为：小学 30%、初中 80%、高中 90%[②]；江西省靖安县现有专、兼职体育教师 309 名，其中专职教师仅有 45 名[③]；安徽省滁州市南谯区

① 教育部义务教育体育老师缺编 30 万[EB/OL].http://teacher.eol.cn/jiao_yu_ren_cai_zi_xun_52/20121206/t20121206_877656.shtml.

② 芜湖市人民政府办公室关于印发芜湖市加强学校体育三年行动计划（2013－2015 年）的通知[EB/OL].http://www.wuhunews.cn/zhengwu/folder321/folder690/2013/08/2013-08-07710527.html.

③ 靖安县学校体育三年行动计划（2013-2015）[EB/OL]. http://www.jaxedu.cn/info/news/wj_show/1414.htm.

专职体育教师缺编 18 名，特别是农村小学，缺少专职教师，体育课只有年龄偏大的老教师看护孩子玩耍[①]。在对陕西省白河县的实地考察中发现，近年来，随着陕西省“双高双普”[②]督导评估的进行，该县学校体育场地设施、器材配备状况有了很大改善，但一个关键的问题是，没有专职体育教师来进行教学；中学、中心小学等因为是集中力量办学，情况稍微好一些；中心小学下面的完小条件较差，两三个年级，二三十学生，两个年龄很大的老师进行“全科”教学，体育课很难正常开课，配备好的体育器材长期放置不用，因而锈迹斑斑。

据对中小学教师的调查（见表 2.6）显示，有 44.3%的被调查对象反映所在学校体育师资配备不能满足需要或无专职体育教师，仅仅能基本满足需要的亦高达 46.7%，认为能够较好满足需要的仅有 9%。需要说明的是，基于调研问卷的发放途径，此次调查的对象多为专职体育教师，因此反映在调查结果上，被调查对象所在学校无专职体育教师的比例仅为 3.1%，而无论是官方统计数据和实地调研都显示，无专职体育教师的学校比例都要远远高于这个数据。

表 2.6 中小学体育师资配备情况 （n=1632）

选项	n	%	排序
无专职体育教师	51	3.1	4
不能满足需要	672	41.2	2
基本能满足需要	762	46.7	1
较好满足需要	147	9.0	3

① 南谯区学校体育工作三年行动计划（2013-2015）[EB/OL]. http://www.czzwgk.gov.cn/XxgkNewsHtml/MC001/201303/MC0010702201303301644426030.html.

② “双高双普”是高水平、高质量普及九年义务教育和普及学前教育、普及高中阶段教育的简称，陕西省在“双高双普”督导评估意见中对体育场地器材、体育教师配备都提出具体要求，根据对白河县的实地考察，截至目前，多数学校在专项经费到位的情况下，体育场地器材配备基本达标；但由于种种原因，体育教师配备在很多农村学校离达标还有很大差距。

在学校体育工作被很多学校边缘化的大背景下，体育教师编制被挪用的状况在未来相当长的时期内将很难扭转。

（四）体育教师权益保障状况堪忧

主要表现在以下几个方面：

第一、体育教师工作价值未能得到充分尊重，工资待遇较低。虽然有关部门三令五申，要将体育教师参加课外体育活动指导、组织学生体质健康测试等纳入教学工作量，但在实践上，以少量补助形式代替正常工作量计算的办法在为数不少的学校里实行，甚至在部分学校这些活动是义务的，没有任何报酬。即使正常的课堂教学，体育教师的劳动工作量也没有得到充分尊重。例如，在不少高校中，公共体育课教师的工作量往往被乘以低于理论课教师的系数进行计算，或者制定了高于一般理论课教师的年度总工作量要求。体育教师的工作价值不能得到充分承认，已经严重损害了体育教师的权益，最直接的体现在教师的工资待遇上。据对中小学体育教师的调查（表 2.7）显示，相较于其他文化课教师，高达 65.1%的被调查对象认为自己的工资待遇较低，认为高的仅有 1.1%。

表 2.7　中小学体育教师工资待遇相较于其他文化课教师的比较　（n=1632）

选项	n	%	排序
低	1062	65.1	1
相同	552	33.8	2
高	18	1.1	3

第二、体育教师评优和职称晋升的机会较少。在与教师切实利益密切相关

的评优和职称晋升方面，由于学校要照顾强势学科或对升学考试“贡献较大”的“主课”教师，体育教师往往被忽视，再加之体育教师自身知识结构制约和教学工作任务较重，占用了大量时间，从而没有充裕的时间提升符合评优和职称晋升要求的素质，因而机会相对较少。据对中小学体育教师的调查（见表 2.8）显示，有高达 75.7%的被调查对象认为自己在评优和职称晋升方面的机会要少于其他文化课教师。

表 2.8　中小学体育教师评优和职称晋升机会相较于其他文化课教师的比较　（n=1632）

选项	n	%	排序
少	1236	75.7%	1
相同	381	23.3%	2
多	15	0.9%	3

第三，在学生体育伤害事故的处理过程中，体育教师常常处于弱势地位。目前，学校体育风险管控和保险机制还不健全。大多数学校的体育教师还要承担因学生出现意外伤害事故而带来的风险，这种风险轻则使体育教师经济上受损，重则可能使失去工作。在体育活动中，意外伤害无法完全避免，有的确实是教师管护不周或因为场地器材的原因，但更多的是在运动中常见损伤，与教师教学组织和场地设施关系不大。但学生家长不会考虑这些原因，只要孩子在学校受了伤，一般都会要求学校承担责任，将学校、体育教师告上法庭，或到学校大闹的现象时有发生。这给体育教师造成极大的困扰。结果，为了减少“不必要”的麻烦，有为数不少的学校索性砍掉了双杠、单杠、跳箱之类有一定危险性的体育项目，对于稍微有点肢体接触的运动项目，体育教师也本着“安全”

第一的原则，不安排教学或尽量少安排教学。不难想象，这种小心翼翼的体育教学，必然导致教学内容单一而无趣，学生锻炼强度严重不足，兴趣不高，这无疑与“增强学生体质”的教育初衷背道而驰。但对于体育教师来讲，在学校体育风险防控机制和意外伤害保险制度未有效建立起来之前，这是 “保护”自己的“最理性”选择。

由于学校体育实际地位不高，体育教师权益保障不力，使为数不少的教师对自己所从事的工作不满意或仅仅为基本满意。据对中小学体育教师的调查（见表 2.9）显示，有 16%的被调查对象对所从事的职业不满意或非常不满意，选择基本满意的高达 47.8%，选择较满意和非常满意的合起来有 36.2%。对本职工作的不满意或仅仅为基本满意，很容易会出现职业倦怠，突出表现在应付心理严重，不注重学习，不关注课程改革，对先进教学思想排斥等。

表 2.9　中小学体育教师对所从事职业的满意程度　（n=1632）

选项	n	%	排序
非常不满意	42	2.6	5
不满意	219	13.4	3
基本满意	780	47.8	1
较满意	414	25.4	2
非常满意	177	10.8	4

（五）体育教师培训力度还亟待加强

在实地调研中，发现有大量的体育教师知识陈旧，缺乏先进的教学理念和教学技能，即使是在办学条件能满足教学要求的情况下，他们也没有能力在先进教学思想的指导下去实现体育教学目标。更为严重的是，有不少体育教师，特别是部分年龄较大的体育教师对新生事物有较强的抵触情绪，他们自我评价往往过高，经常把“我已经教了多少多少年”这样的话挂在嘴边，以经验主义抵制新的理念。

表 2.10　中小学体育教师对自身知识储备和教育技能适应教育教学改革程度的自我评价（n=1632）

选项	n	%	排序
不能适应	168	10.3	3
基本可以适应	1230	75.4	1
能够较好地适应	234	14.3	2

对中小学体育教师的调查（见表 2.10）显示，在对自身知识储备和教育技能适应教育教学改革程度的自我评价中，选择不适应和能够较好地适应的分别仅为 10.3%和 14.3%，高达 75.4%的被调查对象选择了表述较为模糊的基本可以适应，这是一种比较微妙的自我评价。在汉语语境中，“基本可以适应”包含着刚刚能够适应，但还有诸多需要改进、提升之处的涵义。

通过实地调查和电话采访发现，目前，虽然有“国培”计划、“省培”计划等一系列中小学骨干教师培训计划，但从总体上讲，学校更关注的是“主课”老师的培训和提高，体育教师，尤其是中小学体育教师接受校外培训的机会较少。当前，专职体育教师缺口较大，存在大量的兼职体育教师，对这些没有经过系统体育教学训练的兼职体育教师进行培训，在专职体育师资配备问题短期无法有效解决的情况下，显得尤为迫切。但在实践层面，现在的体育教师培训多面向的是专职体育教师，有的放矢的对兼职体育教师的培训还少有组织。

据对参加过校外培训的中小学体育教师的问卷调查（见表 2.11），对培训效果较满意的占 44.3%，居所有选项第 1 位，基本满意占 26.3%，居第 2 位，非常满意（7.5%）、不满意（2.9%）、非常不满意（0.2%）所占比例都比较低。调研结果从教师自我认知的角度，反映了校外培训对于中小学体育教师提升的是有效果的，因此给一线体育教师提供更多的校外培训机会是非常必要的。当然，从调查结果也可以看出，非常满意的比例不是很高，说明目前体育教师培训在内容设置、培训形式等方面都有改进的必要和空间。

表 2.11　参加过校外培训的中小学体育教师对培训效果的满意程度　（n=1326）

选项	n	%	排序
非常不满意	3	0.2%	5
不满意	48	2.9%	4
基本满意	429	26.3%	2
较满意	723	44.3%	1
非常满意	123	7.5%	3

总之，以上几个方面问题的存在，使得先进的体育教学思想在推行中面临如下窘境：场地设施不具备，体育师资不具备，学校层面不重视。这些问题不解决，再先进的理念都无法保证学校体育发展目标的实现，再先进的理念也只能在个别条件好的学校小范围试验，而不能大范围推广。可以说这些问题已经成为我国学校体育发展的瓶颈，必须优先解决。

四、推进不理想使体育课程改革面临深化和调整的压力

近年来，在基础教育改革与发展的大背景下，中小学体育课程经历了多次改革，课程标准也进行了多次修订。与此同时，高等学校体育课程也进行了改革。通过改革，教学理念得到了创新，课程内容得到了改进，取得了一定的成效。对中小学教师的问卷调查（见表 2.12）显示，有高达 59.4%的被调查对象

认为新的体育与健康课程标准理念先进。因而，从总体上讲，改革的新思维和方向是值得肯定的。但也应注意到，在调查中，认为新课程标准符合实际的仅为 31.1%，认为过于理想化的有 39.2%。这反映了新课程标准在理念得到较多认可的同时，具体实施方案认可度并不高，存在较大争议。实践也证明，体育课程改革实施效果还很不理想，特别是学生的体质、健康下降状况并未随着改革而得到有效扭转。

当然，任何改革都不可能一蹴而就，体育课程改革在实践中出现的问题，说明其还存在着进一步深化和调整的必要和空间。

表 2.12 中小学体育教师对新的体育与健康课程标准的看法 （n=1632）

选项	n	%	排序
理念先进	969	59.4	2
目标多元	972	59.6	1
目标过泛	777	47.6	3
符合实际	507	31.1	7
过于理想化	639	39.2	6
未能处理好继承和发展的关系	761	46.6	4
由于场地设施所限，无法实施	729	44.7	5
由于体育师资所限，无法实施	462	28.3	8
重视运动技能教学	255	15.6	9
不重视运动技能教学	105	6.4	10
对新的课程标准不了解，无法评价	48	2.9	11

（一）体育课程改革的推进状况不理想

据对中小学体育教师的问卷调查（见表 2.13）显示，有 8.1%的被调查对象认为所在单位体育课程改革基本没有进展，认为推进状况较差的有 24.8%，认为推进状况一般的高达 52.6%，认为开展状况良好的仅为 14.5%。

表 2.13　中小学体育课程改革的推进情况　（n=1632）

选项	n	%	排序
基本没有进展	132	8.1	4
较差	405	24.8	2
一般	858	52.6	1
良好	237	14.5	3

体育课程改革本身存在的局限性，再加之基于学校体育工作在现行教育生态中的实际地位，基层学校推进体育课程改革的积极性不高，是导致体育课程改革推进状况不理想的主要原因。部分一线体育教师的惰性和“经验主义”思维，所引致的对体育课程改革的抵触情绪，也影响着体育课程改革的推行。在和一线体育教师接触中，谈及新的课程改革和新课标，有为数不少的教师持反对，或不屑一顾的态度，经过进一步交谈发现，有相当一部分持反对意见的教师，根本就没有见过，或认真学习过新的课程标准，可以说是为了反对而反对。

可以说，除了宏观环境和学校因素外，一线体育教师对课程改革的了解和介入状况，直接决定了课程改革的推进及质量。

表 2.14　中小学体育教师对体育课程改革的了解和介入情况　（n=1632）

选项	n	%	排序
完全不了解	39	2.4%	5
了解很少	141	8.6%	3
有所了解，但还没有将其引入教学实践中	753	46.1%	1
比较熟悉，并且能够参与改革与实践	600	36.8%	2
非常熟悉并且积极参与相关理论研究和实践活动	99	6.1%	4

据对中小学体育教师的问卷调查（见表 2.14）显示，有 11%的被调查对象对体育课程改革了解很少或完全不了解，有高达 46.1%的教师表示对体育课程改革有所了解，但还没有将其引入教学实践中。也就是说，有将近 60%的被调

查对象还没有介入体育课程改革中，没有一线教师的参与，再好的课程改革理念也只能停留在纸面上。因此，如何加强对一线教师的引导，采取措施使其能够深入的理解和接受课程改革的理念和做法，提高其参与课程改革的积极性，关系到体育课程改革的成败。在调研中（见表 2.14）也发现，有 36.8%的被调查中小学体育教师对体育课程改革比较熟悉，并且能够参与其中，另有 6.1%的表示自身对课程改革非常熟悉，并且能够积极参与相关理论研究与实践活动。这部分体育教师是推进体育课程改革的“正能量”，应加强对他们的培养，使其成为推动体育课程改革的骨干力量。

（二）体育课程各目标之间的逻辑关系和主次还有待进一步明确

课程目标从单一化向多元化的转变是历史的进步①。无论是 2001 年颁发的《体育与健康课程标准》，还是 2011 年修订的《义务教育体育与健康课程标准》，以及《全国普通高等学校体育课程教学指导纲要》中对于课程目标的设定都反映了这种进步。但新课程标准各个目标之间的逻辑关系和主次还有待在下一步的改革过程中进一步明确。根据体育的本质功能和学校体育工作的主要目标，体育课程的核心目标应该是增进学生健康。其他的目标都应该以此为核心，运动参与、运动技能目标的实现最终都是为了最终实现身体健康的目标，心理健康和社会适应目标只是拓展性目标，不能为了这些目标去冲淡核心目标。体育不是全能的“救世主”，不能对学生发展的某些方面包括健康负全责。增进学生健康是体育课程的核心目标，但影响学生健康的因素很多，体育只能是通过

① 李忠堂，阎智力.我国基础教育体育课程改革 60 年回顾[J].体育学刊，2010，（12）：52-56.

身体练习来提高学生的健康水平，至于其他与健康有关的因素，是其他课程或学校管理，甚至是社会、家庭的责任，学校体育课程没必要去大包大揽。问卷调查（见表 2.12）中，有高达 47.6%的中小学体育教师认为新课程标准目标过泛。学校体育界自身首先应该给学校体育一个科学务实的定位，尤其是要明确体育和健康的关系。目标多元化并不代表要不断拔高自身的功能，我们也不能为了拔高学校体育的重要性而加入体育教育不必负责并且自身无法或很难负责的目标。对于在执行新课程标准过程中，实践层面出现的混乱，与各目标之间的逻辑关系和主次亟需进一步明确有着千丝万缕的联系。做一件事情，目标定得过低，就会动力不足；反之，目标定的过泛过高，让人感到不可企及的时候，也会让人失去动力。当前，作为学校体育工作最核心目标的学生体质健康状况，由于各种条件所限，实现状况还差强人意的情况下，如果过多关注拓展性目标，容易造成一线教师在实践上的混乱。

（三）课程改革在实践中有待进一步处理好继承与发展的关系

问卷调查（见表 2.12）显示，有高达 46.6%的被调查中小学体育教师认为新的课程标准没有处理好继承和发展的关系。没有继承就没有发展，这不仅是哲学问题，也是学风问题[①]。改革必然会与传统和习惯发生碰撞，并在一定程度上创造出新的行为习惯。但改革应是在原有基础上进行创新，而不是简单的推倒重来。改革之前的体育课程虽然有需要改革的地方，但也有很多符合国情和学校体育发展规律的合理之处。如果为了“标新”，而忽视了继承问题的话，

① 赵立.我国改革开放 30 年来学校体育问题断想[J].体育教学，2008，(12)：20-22.

造成的直接后果就是在实践中处处碰壁。一实验就成功，一推广就失败成为了体育课程改革的一个顽疾，在很大程度是违背继承与发展规律，缺乏对国情的思考所致。

近些年，在体育课程改革的过程中，以学生为中心，尊重个性，激发兴趣，重视心理健康逐渐成为主流。而关注身体素质和运动负荷的教学常常被一些专家们认为是传统的、落伍的体育课。由于这些专家在改革过程中握有一定的话语权，为了迎合这些专家，基层的很多老师把体育课变成了“秀”场。所谓的示范课、观摩课，都是事先经过了长期的排练，各种游戏、各种花样，把体育课“秀”的非常热闹而富有“逻辑”，学生个个喜笑颜开，观摩者看得也心潮澎湃。于是，这些专家就更坚定了他们的思想是正确的。

近些年，体育课程不断地在进行着改革的探索与尝试，但无论是中小学生，还是大学生的体质状况下降趋势一直无法有效扭转，这是非常值得深思的。影响体质健康的原因很多，有遗传因素，有营养因素，有生活方式因素，有体育因素。体育要发挥增强体质，增进健康的作用，最关键还是科学的“练”，而不是表演的“秀”。体育课上的再花哨，学生在课堂上再高兴，如果没有教给学生有效的“练”的技能，并保证一定“练”的时间，增进健康的目的就无法达到。因此，课程改革应该处理好继承和发展的关系，认真总结前人的经验，把前人有益的思考和有效的实践继承下来。当然，改革就意味着创新，新的课程标准也应该具有一定的前瞻性，否则无法充分发挥“先进”的引领作用，学校体育将会停滞不前。传统、现实、未来都是体育课程改革必须考虑的，“度”

的把握是一个科学问题，也是关键问题。

（四）对新课程标准认识的混乱使得改革大打折扣

新体育与健康课程标准公布后，引起了很大的争议，这些争议涉及到课程性质、技术教学的地位、目标与内容的关系、教学关系、师生关系、运动负荷在教学实施中的地位、教学方法、教学质量、教学评价，教学内容、教材开发、课堂常规等等①。任何事物在发展过程中都会存在争议，我们也应该允许这种争议的存在，真理会越辩越明。

但作为一个指导全国体育课程的标准性文件在颁布后，能引起如此之大的争议：第一，说明了这个新课程标准还存在一些待改进和完善的地方。当然，改革是个渐进的不断收纳各方意见的过程，2011 版修订版课程标准公布后，争议就减少了很多。

第二，新的课程标准中一些先进理念，在我国部分地方和学校还没有实现的基本条件。进行新课程改革试验的学校中，有相当一部分学校的体育办学条件比较好，并且由于被作为试验点，投入的精力比较多，重视程度也高，往往能够得出较“理想”的结果，但在实际推广中就面临了很多问题。试验样本的代表性不足，是被试验证明成功的一些课程改革思想和做法推广效果不理想的最主要原因之一。

第三，在新课程标准实践过程中存在很多片面认识或误解。例如将“以学生发展为中心”理念理解为“放羊”教学和弱化教师的指导；把“激发学生的

---

① 毛振明.我与“新课改”[J].体育教学，2010，(3)：4-7.

运动兴趣”解读为弱化或不要运动技能教学或竞技体育内容，把体育课上成了游戏课；将提倡自主学习、合作学习和探究学习理解为完全否定传统的示范、讲解等教学方法等等。出现这些误解，一是由于新课标的宣传、阐释与相关培训工作没跟上；二是新课标中部分表述需要在操作方案或内容提示方面进一步明确，例如，如何对课程学习目标和发展性要求进行评价，没有具体的操作指导；如作为课程中心环节的教学内容的表述应该更具体明确一些，过泛的表述容易使人们站在各自的角度产生各种各样不同的理解；三是在推广过程中某些带有导向性的做法，加剧了大家的误解。虽然通过认真研读新《课程标准》的文本，从中并没有发现要弱化运动技术教学的表述（关于运动技能教学问题，季浏先生专门写一篇文章，来论证《课程标准》是高度重视运动技能的，并对几种误解进行了分析①），但在实践层面，一些具有导向性的观摩课或示范课上却明显的表现出弱化运动技术教学的倾向，以游戏名字或带有戏剧色彩的名字命名体育教学内容的观摩课比比皆是，并且还常常作为优秀教学案例进行推广。基层的体育教师往往对直观的东西接受程度更高，不太注意文本的理论的研究。因此，某些体育教师把体育课上成游戏课，并且还能得到赞许、推广，势必会造成部分体育教师认识上的偏差。问卷调查（见表 2.12）结果反映，仅有 15.6%的被调查中小学体育教师认为新课程标准重视运动技能教学，而明确认为新课程标准不重视运动技能教学的也仅为 6.4%，说明大多数中小学体育教师对此问题的认识比较模糊，在此情况下，实践中能否坚持正确导向就显得非常重要了。

① 季浏.论“健康第一”指导思想下的运动技能教学[J].体育教学，2006，(2)：4-6.

表 2.15 中小学体育教师对所在学校体育课堂教学是否受学生欢迎的感知 （n=1632）

选项	n	%	排序
非常不受欢迎	3	2.0	5
不受欢迎	75	4.6	4
一般	558	34.2	2
比较受欢迎	756	46.3	1
非常受欢迎	240	14.7	3

很长一个时期内，学生不爱上体育课严重困扰着学校体育工作者。问卷调查（见表 2.15）显示，有 61%的中小学体育教师认为当前所在学校体育课堂教学比较受学生欢迎或非常受欢迎，虽然，被调查对象在回答此问题时可能存在自我评价过高的可能，但也可以反映出，通过新的课程改革，体育课程得到了相当一部分学生的欢迎，这反映了新课程改革的成效。

但新的体育课程改革进程亟需深化和调整，也是不争的事实。第八次体育课程教学改革已经进行十几年了，改革初衷美好，理念先进，提出的方案凝也凝聚了无数专家的智慧。但在实践层面，学生体质健康状况下滑的状况始终没有得到有效扭转却是不争的事实，抛开制约学校体育发展的其他瓶颈问题不谈，课程改革本身肯定还存在着需要反思和深化的地方。任何课程改革都应来自于实践和基层需求，我们应做到的是，在自上而下推动改革的同时，重视自下而上的集思广益，充分调动广大一线教师的积极性。在调研中，很多基层老师反映：新课改以来，课都不知道怎么上了！这是一个不能回避的问题，也不是一个依靠批评基层老师不思进取、不愿接受新事物或接受新事物能力差就能解决的问题。在改革中要充分考虑我国国情，处理好继承与发展的关系，处理好超前与现实的关系，在认真总结改革中经验教训的基础上，不断完善与调整课程标准，提高体育课程改革的科学化水平。

五、纵向、横向结构不合理致使学校体育教学与活动组织系统化程度低

当前，学校体育教学和活动开展的实践中还存在着纵向和横向结构需要进一步调整，以达到更加系统化和科学化的问题。

（一）纵向层面的体育教学内容区分度较弱，层次结构亟待调整

在新课程标准中，将义务教育阶段的学生按照身心发展特征划分为四级学习水平，并在运动参与、运动技能、身体健康、心理健康与社会适应四个方面设置了相应的学习目标。高中阶段的课程标准、高等教育体育课程指导纲要也提出了相应的学习目标。这从规范层面上对纵向维度的教学目标和内容进行了规定，具有重要的指导意义。

但长期以来，在学校体育教学实践中，教学内容低水平重复和“蜻蜓点水”是一个较为普遍的现象，同样的教学内容，从小学重复到初中、高中，甚至教学过程的组织都类似。新的《课程标准》的实施也未能有效的改变这种状况，甚至满堂玩游戏、教学无内容的现象更加严重。

造成这种状况的原因主要有：

第一，有相当比例的中小学办学条件有限，再加上从安全角度的考虑，很多项目无法开展或“不敢”开展，所以虽然有课程标准和教材，但在实际教学中并未依照标准和教材进行教学，常年的教学内容局限在跑、跳、篮球、乒乓球、广播操、游戏等少数几个项目上，出现低水平重复教学就成为了必然。

高等学校由于条件相对较好，现在很多学校实行了体育课选课制，所以课程重复的情况较中小学有一定改观，但不可否认的是，在一些传统教学项目，如田径、球类等的教学中低水平重复现象还是存在的。

第二，教材的衔接问题。新课程标准实施中，根据三级课程管理的要求，要保证课程内容的可选择性，国家层面不再发行统一的教材，实行一纲多本。由于每个学校选取教材的版本不同，如何保证不同版本之间的衔接，如何保证各版本在不同层次间教学内容不重复，就成为了一个现实的问题。

对于广受诟病的体育教学内容纵向结构上存在的问题，中小学一线体育教师的认识却相对乐观，问卷调查（见表 2.16）显示，26.5%的被调查对象认为不同年级之间在体育教学内容方面区分度和层次结构比较合理和非常合理，认为不合理和非常不合理的仅为 14.2%。

表 2.16 中小学体育教师对不同年级之间在体育教学内容方面区分度和层次结构的评价（n=1632）

选项	n	%	排序
非常不合理	24	1.5	4
不合理	207	12.7	3
基本合理	969	59.4	1
比较合理	417	25.6	2
非常合理	15	0.9	5

产生这种与学生认知和研究者认知的差异，首先，反映了部分学校确实将不同年级之间在体育教学内容方面的区分度和层次结构处理的比较好，这是值得肯定的现象；其次，反映了被调查对象对自身教学组织和内容选择的自信；最后，也反映了被调查对象潜意识中的自我保护。当然，不可否认的是，被调

查的大多数中小学体育教师对不同年级之间在体育教学内容方面区分度和层次结构是否合理在认识上是比较不深入的，因而，有高达 59.4%的被调查选择了表述相对模糊，语义较为微妙的“基本合理”选项。

（二）要正确处理课堂教学和课外活动的结构问题

目前在高等学校，学生能够掌握的课外时间比较多，因此课外活动的时间是有保证的，缺乏的是课外体育活动的组织和指导。中小学体育课、大课间课间操活动开展的相对有保障一些，而课外体育活动参与，在沉重的课业负担下，对多数学生来说是奢望；在正常的体育课堂教学开课率还较低的情况下，学校除了为准备举办或参加运动会可能会组织一些课外训练外，常规的组织和指导凤毛麟角。问卷调查（见表 2.17）显示，被调查对象所在单位体育教师基本不参加校园（课外）体育活动指导的占 11.2%，偶尔参加指导的高达 45.6%。当然，经常参加指导的比例也有 43.2%，反映了随着中央推进青少年、学校体育发展的一系列方针政策的实施，特别是阳光体育运动等活动的开展，中小学校园（课外）体育活动组织和指导薄弱的局面有了较大地改观。但从总体上讲，无论是高校，还是中小学，课外活动开展相对于课堂教学来说，仍是学校体育工作的一个短板。

表 2.17 中小学体育教师参与校园（课外）体育活动指导情况 （n=1632）

选项	n	%	排序
基本不参加	183	11.2	3
偶尔参加	744	45.6	1
经常参加	705	43.2	2

在问卷调查中（见表 2.18），针对“中小学体育教师对学校校园（课外）体育活动和体育课堂教学的衔接配合和结构关系的评价”这个问题，认为比较合理和非常合理的占 25.3%，这反映随着党和政府对校园体育活动的重视程度不断上升，在部分学校，校园（课外）体育活动与体育课堂的衔接和结构关系日趋合理。但选择基本合理的被调查对象高达 56.2%，加上认为不合理或非常不合理的占到 18.4%比例，说明体育课堂与校园（课外）体育活动的衔接配合和结构关系有待进一步优化。

表 2.18　中小学体育教师对学校校园（课外）体育活动和体育课堂教学的衔接配合和结构关系的评价　（n=1632）

选项	n	%	排序
非常不合理	21	1.3	5
不合理	279	17.1	3
基本合理	918	56.2	1
比较合理	381	23.3	2
非常合理	33	2.0	4

六、依托主体过于单一使得协同推进学校体育发展的机制未能有效建立

唯有在政府主导下，各部门协调配合，社会、家庭积极参与，才能形成推进学校体育科学发展的有效机制。在学校体育发展比较好的诸如美、英、德等国都是由政府、学校、社会和家庭共同参与学校体育管理①。政府在学校体育管理过程中采用“浅度介入”，由社会、家庭共同参与和协助学校开展学校体育

① 董翠香，茹佳，季浏.体育强国视阈下中国学校体育发展方式探究[J].北京体育大学学报，2011，(11)：88-92.

工作[①]。对中小学体育教师的问卷调查（见表2.19）也显示，有高达92.5%的被调查者认为学校、家庭和社会都应该为学生体质健康负责，说明一线教师也充分认识到除了学校之外，应当将社会和家庭纳为学校体育发展的依托主体。

表2.19　中小体育教师对“谁应该为学生体质健康负责”的态度　（n=1632）

选项	n	%	排序
三者都有责任	1509	92.5	1
家庭	45	2.8	3
社会	63	3.9	2
学校	15	0.9	4

长期以来，我国学校体育发展依托主体主要是政府及其管理下的各级各类学校，而社会、家庭对学校体育的参与度很低。当前，学校体育在实际工作层面受重视程度还很有限，因而过于弱化政府管理是不现实的，也不利于学校体育的进一步发展；作为学校体育工作的主阵地，学校的相关职责履行还必须进一步加强。

但学校体育发展过于单一的依托主体，容易出现以下问题：

第一，政府和学校几乎要全权为学生的体质健康背书，因而成为了矛盾的集中点。

第二，政府的过度介入和对社会力量的忽视，不利于和社区、社会组织及相关企业形成推动学校体育发展的联动机制，不能有效引入社会资本来改善办学条件，不能和社区形成有效的资源共享，也不利于引入第三方评价来保证学

① 门丽，HUI M.clark，吴加利.美国青少年体育发展现状给我国学校体育带来的启示[J].沈阳体育学院学报，2006（3）：41-42.

校体育工作监测评估数据的客观、准确。

第三，不利于家庭这个对学生成长有着重要启蒙和行为影响的社会单元充分发挥在学生体质健康促进方面的主观能动性。

第四，政府是学校体育政策的主要供给者，同时又和学校一起构成政策的主要执行主体，对于政府来讲，缺乏进行自我监督的内生动力。

第五，从社会认识的角度讲，社会、家庭的在学校体育发展中的缺位，不利于构建多元利益主体的对话协商机制，不利于营造学校体育发展方式转变的良性社会理解基础，不利于改革和发展共识的形成。

七、学校体育工作存在的功利化倾向相悖于其发展的初衷

近年来，学校体育工作中的功利化倾向越来越明显。

（一）学校开展体育工作更多是基于主管部门监测评价的压力

有为数不少的学校开展学校体育工作并非出于对体育在学生健康促进方面价值的认同，而是基于外界、特别是主管部门对学校体育工作监测评价造成的压力。这种压力使得学校不得不对体育工作有一定的投入和关注，但在高考这个指挥棒下，这种“重视”是不情愿的，因而实际效果并不理想。为了应付上级的评价，上报体质监测等各种数据时造假成为了“公开的秘密”，具有讽刺意味的是，我国学生体质状况下降趋势未得到有效扭转是客观事实，但各个学校上报的体质监测数据却非常“喜人”。为了迎合上级的检查，一些学校更注重体育工作的形式，而不是实质，热衷于开展“表演”性质的体育活动。例如，

在阳光体育活动中，一些学校将其作为沽名钓誉的工具，不重视学生锻炼的实际效果，不在如何增强学生体质、增进学生健康水平上下功夫，而是将主要精力放在活动的“表演”效果上来，过分的追求标新立异和视觉效果的冲击，把游戏、民间杂耍、杂技等引入阳光体育活动中，把体育活动搞得像“艺术”活动，观赏性很强，但对身体素质的提高效果有限。更为关键的是，这种表演也不是真正的天天去搞，主要是在关键日期（例如，上级统一组织的相关活动日）和上级部门进行督察时期进行“表演”。

（二）体育纳入中考政策使得初中阶段的体育教育变成了应试教育

体育纳入中考政策的初衷是好的，对于“强迫”学校、学生重视体育教学和锻炼有着一定的作用。但在实际运行过程中，这些政策“水到渠成”地把体育教育异化成了应试教育。为数不少的初中学校为了应付中考，将体育教学简化为主要围绕体育考试内容进行教学与训练，基本不考虑学生的兴趣爱好，这种应试型的体育教育加重了学生的负担，加剧了学生对体育课的厌恶情绪，对于学生形成良好的体育锻炼习惯毫无帮助。据上海体育学院原院长姚颂平讲，在体育中考中钻政策空子的现象很严重，2011 年，上海市体育中考政策规定，病休的学生可以不参加体育考试，成绩以参加考试人员的平均分计，结果大量的学生通过各种手段到医院开证明，装病不参加考试。上海市教育部门及时发现了这个漏洞，2013 年对政策进行了调整，病休率马上大大下降。中考体育加分引发的初中体育教育功利化，也是导致新课程标准理念难以落实的一个重要原因。

表 2.20　中小学体育教师对体育成为高考科目的态度　（n=1632）

选项	n	%	排序
利弊要通过实践才能检验	300	18.4	2
有弊	111	6.8	3
有利	1221	74.8	1

近年来，为了进一步提升学校体育的地位，将体育纳入高考的呼声越来越高，但反对的声音也很高。客观地讲，将体育纳入高考，可以在一定程度上提升学校体育的地位，这也是中小学一线体育教师支持体育成为高考科目的重要原因。据问卷调查（见表 2.20），中小学体育教师认为体育成为高考科目有利的高达 74.8%。

但不能否认的是，体育成为高考科目的负面影响也是很多的，体育中考中出现的问题即是前车之鉴。体育对于促进人的体质健康发展具有重要作用，对于推动一个人全面发展具有重要意义。但影响一个人全面发展的因素很多，我们不能因为某一个因素可以促进人的全面发展就将其纳入考试，特别是高考体系中。体育是一个健康的生活方式，不是一种应试的工具。教育工作者，特别是体育工作者的任务是引导整个社会体育价值观念的形成，养成学生终身参与体育的习惯，培养其终身参与体育的能力，使体育融入人们的日常生活中。升学考试结束后，经常出现学生撕毁、烧毁语文、数学、英语等应试课程课本和复习资料的现象，这充分说明了学生对这些课程的逆反心理。如果将体育纳入高考，在考试前天天进行枯燥地以考试为目的体育项目训练，必然会加大学生的课业压力，使学生对体育产生强烈的逆反心理，这会和学校体育工作的初衷背道而驰。

（三）学校更关注体育尖子生或特长生所带来的竞赛成绩与升学率的提高

在考察学校体育工作先进（典型）学校的汇报或总结材料时，发现绝大多数学校聊以夸耀的成绩多是学校在各种运动会中获得的优异成绩，而对全体学生体育活动开展情况往往一笔带过，或语焉不详。很多学校说重视体育，落实在实践上就是对体育尖子或特长生的重视，因为他们可以为学校带来金牌，为学校争光添彩；他们可以参加体育院系或高校高水平运动队招生，提高学校升学率，提高学校的知名度。因此，在“功利”的驱使下，各校之间争抢体育尖子的斗争很激烈。同时，在“功利”驱使下，为了学校的体育竞赛成绩，身份造假、年龄造假、服用兴奋剂等问题触目惊心。例如，2009 年，重庆大坪中学女子足球队代表中国参加第 21 届世界中学生足球锦标赛获得冠军，一时声名鹊起，但事后证明，该球队中有 15 名队员非本校学生，本校学生仅有 3 名[①]。又例如，近些年来，在转变学校体育发展方式的探索中，各地开展了体育特色学校的创建工作，以项目为抓手，有计划地把体育特色项目活动纳入体育教学和课外活动当中，使大多数学生能够参与并初步掌握本校普及的特色项目运动技能。这种制度设想初衷也是很好的，但在实际运作中，不少体育特色学校并不注重特色项目在学生中的普及率（因为这个指标不太好考核），更加关注的是特色项目的运动队成绩和向上一级学校输入运动员的数量。

---

① 重庆大坪中学校长就“女足造假夺冠”公开致歉[EB/OL]. http://www.chinanews.com/ty/kong/ news/ 2009/04-23/1660204.shtml.

（四）体育成为一些文化课学习较差学生升学的一个捷径

对于学生及其家长而言，能够考上大学，特别是考上名牌大学，具有很大的诱惑。当前，参加体育类专业招生考试的学生中不排除有一部分学生确实是因为爱好体育运动，从小立志考体育专业的，但应该看到的是，有更多的学生是因为文化课学习成绩不好，同时身体条件还可以，而体育类专业升学考试文化课成绩要求较低，在家长的再三权衡之下，才开始进行体育训练的，动机就是为了考大学，这和一些“学习不好”的学生转投艺术学习情况相似，功利性都很明显。近些年来，作为体教结合的尝试，高校试办高水平运动队，一些名牌大学也加入试办行列。高水平运动队在招生的时候，文化课成绩要求较低，这让一些家长和学生看到了一个升入名牌大学的捷径，于是开始投入体育训练。另外，存在了很多年的体育特长生加分政策，也使得学生和家长在这上面动足了脑筋。这些做法无疑是功利的，但退一步讲，如果这些学生确确实实是靠刻苦训练得以考入理想学校的话，也是无可厚非的。但这些年，出现的为了升学，运动员等级证书，特别是“二级”运动员证书造假或审批违规屡禁不止的现象，则需要引起相关部门的高度重视（由于各类考试加分引致的乱象丛生，为规范考试加分，国务院决定从 2015 年起取消体育、艺术等特长生加分项目①）。值得注意的是，有很大一部分以高水平运动员身份或以体育特长生身份的考生升入大学后，就不再参加训练了，对于这些人来讲，“体育”完全成了一个升学的

① 国务院关于深化考试招生制度改革的实施意见（国发〔2014〕35 号）[EB/OL]. http://www.moe.edu.cn/publicfiles/ business/htmlfiles/moe/moe_1778/201409/174543.html

工具，这与国家出台相关政策的初衷背道而驰。

八、学校体育改革与发展的社会认识机制尚待完善影响着利益相关方的良性互动

学校体育改革与发展的社会认识机制问题，实质上就是关于学校体育在改革与发展过程中，如何对待社会认识的问题。认识推动实践，建立在什么样的认识基础之上，就有什么样的改革模式可能被建构[①]。

认识的主体是人，在多元社会生态下，社会认识的主体必定是多元的。具体到学校体育改革与发展上，不同的社会主体以不同的身份参与其中，根据不同的划分标准，可以找到不同类型的学校体育改革与发展主体。从管理层次的角度分，有中央政府主管学校体育工作的领导（主要包括教育部和国家体育总局等部门主管学校或青少年体育的领导）、地方政府主管学校体育工作的领导、学校校长及主管体育工作的校领导、涉及学校体育工作的学校中层干部、一线体育教师等；从发展与改革主体的行为方式角度分，有决策者（包括各级领导、获权力部门授权起草改革与发展方案的专家等）、执行者（学校的校长、一线体育教师以及其他涉及体育工作的人员）、咨询者（学校体育改革与发展领域的专家学者）等，从发展与改革主体关系程度的角度分，有学校体育管理者、一线体育教师、家长、学生、提供咨询的学校体育领域的专家学者等。

上述划分出的是与学校体育改革与发展直接相关的主体类型，他们之间在

① 宋兵波.学校改革的逻辑[M].北京：中央编译出版社，2013：131.

相互影响和作用的过程中，形成了学校体育改革与发展的社会认识主体结构。不同的社会认识主体基于自身的立场、地位、权利，对学校体育发展与改革的认识水平和程度会有一定的差异，其表达形式和途径也是不同的。社会认识的多样性，决定了彼此之间存在冲突的可能性，如果不能有效消解冲突，实现不同认识相互之间的借鉴与吸收、整合与互动，从冲突中寻找学校体育改革与发展的契机和推动力量，改革与发展将面临巨大的阻力和不确定性，甚至会导致改革或发展方式转变的失败。这就需要建立并完善学校体育改革与发展的社会认识机制，构建学校体育改革、发展与社会认识的良性互动机制。

目前，这种机制还未有效建立，亟待完善。

（一）学校体育改革与发展不同认识主体之间的沟通机制不健全

考察我国学校体育改革与发展的重大决策，多是国家和政府有关部门基于教育发展，特别是学校体育发展的战略要求，从学校体育与社会发展、人的发展层面去认识学校体育发展中存在的问题，从而“自上而下”的进行决策。这些决策可以从宏观上指导学校体育改革与发展，带动不同社会主体认识的转变，有着巨大的社会影响力。但这种决策方式也有较大的弊端，一是对具体的、特殊的、个别的问题不能顾及；二是往往忽视不同社会主体对这些决策的认识。这都牵涉的改革与发展决策的不同社会认识之间的沟通问题，也是我国学校体育改革与发展进程中各项方针政策执行效果不理想的关键原因之一。

近年来，国家和政府层面对学校体育工作非常重视，出台了一系列推动学校和青少年体育发展的法律法规、政策建议。但在当前社会生态和教育生态，特别是“高考指挥棒”决定的学校领导、家长、学生对教育问题社会认识的基础上，加强学校体育工作的很多政策很难获得广泛的社会支持和认同。此处，有以下几个问题需要决策者与家长和学生进行广泛的沟通：一是加强学校体育是否会对学生文化课学校造成负面影响，实质上是从学校体育对智育的价值功能方面进行沟通；二是评价机制的问题，及如何在升学考试中体现体育的价值；三是学校体育对学生身心健康发展的积极影响。虽然第三点是关于学校体育核心价值的沟通，但在当前教育生态下，前两点的沟通更为重要。唯有在改变学生、家长等主体社会认识的基础上，学校领导才能放开手脚去执行国家关于学校体育改革与发展的相关政策法规。当前，这方面的沟通工作严重滞后。

在新一轮的体育课程改革中，也出现了不同认识主体之间沟通不畅的问题，这在新课程标准的制定与实施过程中表现的尤为明显。据谭华教授在“体育在线”论坛上讲：所有的课程标准经过多轮上万人次对学生、老师、社会各界人士、两院院士、两会委员的调研、座谈[①]。这体现课程标准在制定过程中对广泛民意征集的重视程度较高。但不可否认的是，对新的课程标准的质疑声一直没有间断，这种不同的社会认识主要来自于一线体育教师和学校体育领域的专家学者等。在对基层学校的实地调研中发现，为数众多的一线体育教师对新的课程标准有抵触情绪。当然，这中间有部分一线体育教师的惰性因素和对“自上而下”改革的惯性抵制文化的影响，但不可否认，新的课程标准在制定过程中

① 关于 2011 年“义务教育体育与健康课程标准”的讨论[EB/OL]. http://www.tiyuol.com/bbs/viewthread.php?tid=14643&extra=page%3D1&page=2

与基层教师沟通相对缺乏，或虽然进行了沟通，但未形成有效共识，是造成新的课程标准在执行过程中面临较大阻力的重要原因之一。自新一轮体育课程改革启动后，围绕课程改革、课程标准修订，学界展开了激烈的争论，争论在一定程度上推动了改革与发展方案的修订，但一个不可否认的现象是，争论往往陷入具有方案制定话语权的专家学者和部分质疑者自说自话的窘境。

（二）“自上而下”和“自下而上”的决策互动在很多情况下未真正实现

在社会日益多元化的背景下，在社会事务决策中对不同社会主体不同认识的重视程度不断提高。但“重视”有两种，一种是真正的重视，即决策者能够充分听取各方意见，并分析其合理成分，反映到最终决策中去。还有一种是允许各种意见进行表达，允许各种观点的交锋，但听不听在我，或表面上给予不同意见以肯定，在实际决策或工作中给予否定。后面一种是“形式主义”的重视，比直接表态不重视的危害更大。学校体育改革与发展的决策过程中，不乏对各方意见真正重视的情况，但也应注意到，部分决策，虽然在形式上征求了各方意见，但最后的决策文本却基本上还是体现的决策者的个人或部门意志。“自下而上”的意见在相当一部分决策中并未得到应有的重视，当前，“自上而下”的传统社会决策机制在学校体育改革与发展的决策中依然处于绝对的优势地位。

（三）相关的学术研究还比较滞后，未能为促进与学校体育改革与发展相关的社会认识进化提供充分的理论支持

“进化”意味着增长、发展、优化、组织化、有序化、系统化等，它是在事物上升运动过程中实现的①。社会认识进化是指社会认识与社会实践之间的互动，使社会认识在社会实践的推动下，实现社会认识的丰富、完善、优化②。学校体育改革与发展的社会认识如能不断得以进化，将有利于更好地发挥社会认识促进学校体育改革与发展的实践功能。促进社会认识进化，是学术界和相关理论工作者的一项重要职责。良性的学术氛围、丰富而高质量的学术成果对于促进社会认识进化，提高社会对学校体育改革与发展的认识水平，引导社会正面舆论有着重要意义。近年来，学校体育改革与发展问题日益受到社会各界的重视，学术界的关注程度也越来越高，也产出了一大批研究成果。但也应看到，我国学校体育改革与发展相关问题的学术研究从总体上讲还比较滞后，存在着对诸如学校体育发展方式等关系到当前学校体育科学发展的关键领域研究极为薄弱、理论与实践缺乏对话等问题。

1.学校体育发展方式相关的学术研究还比较薄弱

近年来，在学习实践科学发展观的过程中，如何转变发展方式，成为我国各行各业关注的战略性问题。学术界针对发展方式相关问题展开了广泛的研究，这其中，关于经济发展方式的研究已自成体系，产出的成果较多，并且对指导经济建设实践起到了较大作用。近年来，对发展方式的研究逐渐从经济领域拓展到社会经济发展的各个领域。在教育领域，学界围绕教育结构、学生培养模式、教育管理、教育培训、教育质量、教育投入产出、教育政策，教育发展方

① 欧阳康.社会认识论导论[M].北京：中国社会科学出版社，2010：384.
② 宋兵波.学校改革的逻辑[M].北京：中央编译出版社，2013：146.

式转变的机理，以及走外延式发展道路，还是走内涵式发展道路等方面，从教育学、社会学、经济学、管理学等视角对教育发展方式进行了较为全面的研究。

而体育作为我国社会主义建设的重要组成部分，同样需要解决转变发展方式的时代课题。近年来，有越来越多的学者开始关注体育领域的发展方式转变问题。学者们从体育发展方式转变研究的基本理论构架，科学发展观与体育发展方式转变，我国体育发展方式的演变历史，经济、社会以及政府管理体制改革与体育发展方式转变的关系，竞技体育发展方式转变，群众体育发展方式转变、体育产业发展方式转变、学校体育发展方式转变等领域对体育发展方式转变相关问题展开了全方位的比较系统的研究。

在社会各界关注发展方式研究的大背景下，特别是是受体育界和教育界关于体育发展方式和教育发展方式研究的影响，再加之学校体育在发展过程中出现了诸多与理想目标存在着巨大反差的结果，尤其是学生体质状况不断下降引起了全社会的关注和忧虑，如何转变学校体育发展方式，使学校体育发展的理想目标能更好的实现，开始引起了学校体育研究者的关注。但由于起步较晚，目前国内的系统研究还比较薄弱，据文献检索，截止 2016 年底，国内只有少数几篇论文公开发表。其中具有代表性的是董翠香等人发表的三篇成果——《体育强国视阈下中国学校体育发展方式探究》（2011）[①]、《发达国家学校体育发展方式及其对我国的启示》（2012）[②]、《新中国学校体育发展方式转变的阶段

① 董翠香，茹佳，季浏.体育强国视阈下中国学校体育发展方式探究[J].北京体育大学学报，2011，（11）：88-92.
② 董翠香，朱美珍，季浏.发达国家学校体育发展方式及其对我国的启示[J].体育学刊，2012，（4）：72-76.

性特征及改革的基本思路》(2014) ①，以及张正民等人发表的《我国学校体育发展方式转变的现实诉求与理论导向》(2015) ②，张金桥等人发表的《部分发达国家的学校体育发展方式及启示》(2015) ③等。

总之，由于发展方式在学校体育发展系统中的地位和当前学校体育发展的现状，转变学校体育发展方式已成为做好学校体育工作的一个关键课题。但目前这方面的研究还非常薄弱，还不能为学校体育发展方式转变的相关决策提供充足的智力支持，不能为学校体育改革与发展相关问题的社会认识进化提供充分的理论支撑。

2.理论研究和学校体育改革与发展实践的结合还不够紧密

在我国学校体育改革与发展进程中，理论与实践“两张皮”的现象一直困扰着人们。专家学者们的理论成果，往往被实务界认为是脱离实际。在调研中，有相当多的一线体育教师反映现有的所谓指导性理论“不接地气”，从逻辑上讲，这些理论都非常“科学”，但就是不解决实际问题。这与现在学术界存在的不良学风有一定关系，有部分研究者习惯于高高在上地做宏观的学问，但缺乏深入基层进行扎扎实实调研的意识。虽然说理论要有一定的前瞻性，要能够指导实践，但理论研究如果不能运用丰富的实践作支撑，其创新就会面临着严重的先天不足。脱离实践的理论，将很难发挥其指导实践和提高学校体育改革

① 董翠香，党林秀，朱美珍，季浏，张秀丽. 新中国学校体育发展方式转变的阶段性特征及改革的基本思路[J]. 体育成人教育学刊，2014，(5)：75-80.

② 张正民，陈宁. 我国学校体育发展方式转变的现实诉求与理论导向[J].北京体育大学学报，2015，(12)：88-94.

③ 张金桥，王健，王涛.部分发达国家的学校体育发展方式及启示[J].武汉体育学院学报，2015，(10)：5-20

与发展实践水平的功能。学校体育改革与发展成效不佳，与理论与实践之间有效对话缺失有着密切关系。

第三章　学校体育发展方式转变的总体要求和内容

学校体育发展结果与目标之间存在的反差决定了必须转变学校体育发展方式，而对造成这种反差原因的探析则为确定学校体育发展方式转变的内容提供了依据。

第一节　学校体育发展方式转变的总体要求

在谈到我国教育存在的诸多难以解决的问题时，社会上已经形成一种共识，就是一定要把教育发展中存在的问题放在社会大背景下去分析，就教育谈教育，教育中的很多问题“永远无解”。学校体育发展也是如此。从上文的分析中可以看到，造成学校体育发展结果与目标出现巨大反差的原因，除了学校体育发展系统内部亟需改进外，更重要的在于外部环境的制约。我国以前在解决学校体育发展问题时，虽然也意识到外部环境对于学校体育发展的“致命”影响，也在不断的强调组织管理与条件保障问题，但一直没有寻找到一个能够有效的引起外部重视的切入点，因此，很多解决方案最终都停留在文件和口号上，无法落实。在解决外部环境问题无解的情况下，学校体育工作者自己能够把握的就是学校体育的教育教学内容和方式改革，因此，多年来，学校体育工作者把学校体育发展要素的优化重点放在了体育课程和校园体育活动方面。但遗憾的是，外部环境问题不解决，仅仅对教育教学内容和方式进行转变，虽然可以在一定条件下对学校体育发展有促进，但总体上还是无法实现学校体育的理想目标。并且，事实也证明，我国目前在学校体育教育教学改革实践方面出现的很多问题都与外部环境的制约有关。

必须用发展的眼光的去看待学校体育发展方式的转变问题。长远来看，学校体育发展应主要依靠以体育课程为中心的教育教学内容和方式的不断优化。但在当前阶段，却只能把改善外部环境放在优先发展的位置上，同时做好教育教学改革。

因此，学校体育发展方式转变的总体要求是：深化改革，抓住关键，分类转变，区别对待，逐步推进，常练内功。

1、深化改革。是指要密切关注党和国家改革动向，不断深化学校体育改革。

发展永无止境，解放思想永无止境，改革开放永无止境[①]。深化改革，是发展方式转变题中应有之义。

2、抓住关键。是指要抓住每一个阶段影响学校体育发展的关键问题。

3、分类转变。要做好学校体育发展各要素的优化及组合。

4、区别对待。是指不同层次（义务教育阶段、高中阶段、高等教育阶段）的学校和同一层次的不同行政区域的学校在学校体育发展所面临的问题有相同之处，也有不同之处，要区别对待。必须树立一个观点：我国各地社会经济发展水平差别较大，很难用一个大一统的发展方式来解决不同区域的学校体育发展问题，应根据各地学校体育发展的实际情况，进行要素的优化组合，确定更适于本地发展的方式。

5、逐步推进。是指不能寄希望于转变能一步到位，例如，当前学校体育发展就要转变到优先解决外部环境，同时兼顾教育教学问题。待未来外部环境有了较大改善，学校体育发展就可以转变到优先解决教育教学优化问题，同时兼顾外部环境的改善。具体到单一要素的优化，也要逐步推进，例如体育课程改革就必须充分考虑每一个阶段的实际情况，制定具有时代特点的课程标准，而不是一开始就按最理想状态来确定课程标准。

6、常练内功。是指最终决定学校体育发展的，还是教育教学等内在要素的优化。无论在哪一个阶段，体育课程和校园体育活动这个要素的优化都是重点，

① 中共中央关于全面深化改革若干重大问题的决定（2013 年 11 月 12 日中国共产党第十八届中央委员会第三次全体会议通过）[EB/OL]. http://news.xinhuanet.com/politics/2013-11/15/c_118164235.htm.

从长远来看，这个要素还是影响学校体育发展的关键，因此要常抓不懈。

第二节　学校体育发展方式转变的内容

根据我国学校体育发展中存在的现实问题，要改变我国学校体育发展结果与目标存在较大反差的现状，需要从以下六个方面着手转变学校体育发展方式。

一、寻求与中央改革决策的契合点并积极融入改革实践

党的十八届三中全会提出要全面深化改革，其中包括深化教育领域综合改革。“强化体育课和课外锻炼，促进青少年身心健康、体魄强健”“统筹城乡义务教育资源均衡配置”“推进考试招生制度改革……推行初高中学业水平考试和综合素质评价”“深入推进管办评分离……强化国家教育督导，委托社会组织开展教育评估监测”[①]等改革决策对今后如何转变学校体育发展方式，具有高屋建瓴的指导意义。学校体育要转变发展方式，必须认真研究中央的改革决策，寻求契合点，并按照中央的改革部署，解放思想，充分挖掘中央深化改革所带来的政策效益，最大限度的提升学校体育的地位，解决制约学校体育的发展的核心问题。

---

① 中共中央关于全面深化改革若干重大问题的决定（2013 年 11 月 12 日中国共产党第十八届中央委员会第三次全体会议通过）[EB/OL]. http://news.xinhuanet.com/politics/2013-11/15/c_118164235.htm.

二、建立健全学校体育监测评价机制

追溯制约学校体育发展的各种外部环境问题，最终可以归结为学生、家长、校长和各级主管领导的不重视。把监测评价机制的建立作为以切入点，使其直接关系到学生、学校、地方教育官员的综合考核，唯有此，才能督促相关人员，尤其是管理工作者关注学校体育各项要素的优化，也有利于解决学校体育政策法规的刚性不足问题。

2012 年，国务院转发的教育部等部门《关于进一步加强学校体育工作若干意见的通知》中，对建立健全学校体育的监测评价机制进行专门的安排，提出完善学生体质健康测试和评价制度、实施学校体育工作评估制度、实行学校体育报告公示制度等解决方案。近年来，教育部将对《国家学生体质健康标准》测试的抽查、复核工作逐步制度化。例如，在教育部体卫艺司下发的《关于 2013 年〈国家学生体质健康标准〉测试和上报工作的通知》中指出，“教育部于 2013 年 11 月 1 日至 30 日期间，按每省（区、市）从小学一年级至大学本科四年级每年级 1000 名学生的数量，组织对各地上报数据进行抽查、复核。”同时要求“地方各级教育行政部门根据本通知有关要求制订测试数据核查办法，开展本区域内学校上报测试数据抽查复核工作，加强过程监管，确保报送数据真实、准确、有效。”[①]教育部体卫艺司司长王登峰 2013 年年初也表示：“学校体育

① 关于 2013 年《国家学生体质健康标准》测试和上报工作的通知[EB/OL].http://www.moe.edu.cn/publicfiles/business/htmlfiles/moe/A17_gggs/201305/151698.html.

改革发展下一步最重要的就是把学生的体质健康测试和公示作为突破口”[①]。这说明，转变学校体育监测评价机制已经引起教育部的高度重视，这将是今后一段时间学校体育发展方式转变的重点。

三、改善学校体育办学条件

学校体育的条件保障体系包括师资队伍建设、体育设施建设和经费投入等。办学条件整体不佳是制约我国学校体育发展的瓶颈，在现阶段，应该把与办学条件相关要素的优化作为学校体育发展方式转变的优先选项。实际上，在评价体系和学校体育监测评价机制转变的基础上，办学条件的改善是一件自然而然的事情。现在的关键是如何实现办学条件相关的各个要素的组合优化。

四、推动体育教育教学改革

十八届三中全会指出：要“强化体育课和课外锻炼，促进青少年身心健康、体魄强健。”[②]体育教育教学是学校体育发展需要常练的“内功”，搞好体育教育教学内容和方式的改革是提高学校体育教育质量的关键。体育教育教学和智力课程的教育教学相比，有自己的特殊性，易受外在条件的影响。作为一个发展中大国，我国学校体育发展的内外部环境在区域间、城乡间、校际间存在着较大差异。体育教育教学改革既要有前瞻性和国际视野，更要脚踏实地，立足

① 王登峰.学校体育的困局与破局——在天津市学校体育工作会议上的报告[J].天津体育学院学报，2013，(1)：17.

② 中共中央关于全面深化改革若干重大问题的决定（2013 年 11 月 12 日中国共产党第十八届中央委员会第三次全体会议通过）[EB/OL]. http://news.xinhuanet.com/politics/2013-11/15/c_118164235.htm.

于解决我国体育教育教学中存在的现实问题，应特别关注不同条件下教育教学内容和方式的改革问题。

五、建构学校体育改革与发展的良性社会认识机制

不同的社会认识固然有其局限性，但也有其合理性或基于自身利益判断的“理性”。应形成优化的关于学校体育改革与发展的对话与协商模式，建立良性的互动机制，以保持不同主体之间社会认识的动态生成与平衡，并使有关改革与发展问题的共识取得合法地位。建立“上下结合”的社会决策机制。

促进学校体育改革与发展相关社会认识的科学进化。应在坚持理论联系实际学风的基础上，加强相关领域的学术研究，特别是应加强学校体育发展方式转变的相关研究。“发展方式转变”这一概念在中央层面上是2007年由胡锦涛同志首次提出，并在后来党的文件和领导人讲话中逐步得到丰富和完善①。近年来，关于发展方式转变的研究主要集中在经济领域。受此影响，教育发展方式转变和体育发展方式转变的研究也开始引起了越来越多应用部门和学者的关注。在当前学校体育发展结果和发展目标存在较大反差的背景下，转变学校体育发展方式迫在眉睫。但目前，相关研究还很薄弱，不足以为学校体育发展方式转变提供强有力的智力支撑。因此，今后一个时期，加强对学校发展方式转变的研究很有必要。

---

① 李海舰，原磊，王燕梅.发展方式转变的体制与政策[M].社会科学文献出版社，2012：1.

六、建立高效而务实的学校体育管理体制与推进机制

转变学校体育管理方式，建立务实而高效的学校体育管理体制与推进机制的关键是转变政府职能，解决政府在学校体育发展方面存在的缺位、错位和越位的问题，构建政府、学校、社会和家庭协调配合，立体发展的学校体育推进机制。目的是为学校体育发展其他几个方面的转变提供规则体系、制度基础和依托主体。其中最重要的是建立健全学校体育的监测评价机制。

第四章　学校体育发展方式转变的内在机理

学校体育发展方式转变的相关问题纷繁复杂，如果能够梳理出来一个分析的主线，则有利于抓住影响学校体育发展的关键，使研究相关问题更富有理论性和解释力。学校体育发展的要素构成，回答了学校体育发展方式中的要素投入问题，这些要素是实现学校体育发展目标必须依赖的。学校体育发展方式还要回答借助哪些手段，通过哪些途径发展，如果从要素的角度去分析，就是要素如何流动、优化与组合的问题。但在不同的发展阶段，学校体育面临的问题不同，各要素在发展中的重要性就会有所不同。因此，可以将学校体育发展要素的分析作为发展方式研究的主线，来探讨发展方式转变的内在机理。

第一节　学校体育发展要素的优化与组合

一、学校体育发展主要依靠要素的选择

（一）影响学校体育发展最重要的要素

近些年来，学校体育工作一直在求变。突出表现在：1）不断健全学校体育事业的政策制度体系。完善了《国家学生体质健康标准》《体育与健康课程标准》，颁布了《国家学校体育卫生条件试行基本标准》，制定了《中小学体育工作督导评估指标体系（试行）》，增设了学校体育专职国家副总督学，发布了《关于进一步加强学校体育工作的若干意见》等一系列指导性文件；2）国家每年投入大量的研究经费，支持学校体育改革，尤其是《体育与健康课程标准》的修订与研究工作，各课题组的专家、领导也提交了大量的研究报告；3）引进了国外一些先进的学校体育思想，并在学校体育工作实践中进行了试验或推广；4）创新推出了一系列活动，比较典型的如阳光体育运动等。

但结果并不理想，当前学校体育工作依然存在着诸多饱受诟病的问题，最直接的体现是：学生体质与健康持续下滑状况还没有得到根本扭转，社会对我国青少年体质健康问题的担忧情绪不断蔓延，学校体育工作面临着空前的压力。需要反思的是，为什么我们一直在求变，但变来变去，最终的结果依然不理想呢。最主要的原因是我们在求变的过程中未能抓住事务的主要矛盾，没有找准

当前学校体育发展主要依靠因素。构成学校体育发展的各要素，对于学校体育发展来讲都是不可或缺的，但在不同的学校体育发展现实语境中，各要素的重要程度是不同的。

从前述分析中可以发现，在当前发展语境中，影响学校体育发展最为重要的要素是：资本与物质条件、劳动、体育教育技能、制度与评价机制等，其中最关键的则是评价机制的建立。这些要素的禀赋不良已经成为制约学校体育发展的瓶颈，亟待优化。

（二）关于对中小学体育教师就学校体育各发展要素重要性调查结果的分析

以上判断是基于实地调研和大量的文献资料分析得出的。对中小学体育教师进行问卷调查（见表 4.1）的结果与以上判断有基本一致的地方，也有不太一致的地方。虽然体育教师对相关问题的认识有着自己的主观判断和自我保护意识，不一定很客观，但由于体育教师是学校体育发展中的一个重要群体，他们的认识有着重要的参考价值，因此本研究亦将对他们的调研结果列出来，并进行基于问卷调查的分析。

表 4.1　诸要素在现阶段影响中小学体育发展的重要（紧迫）程度[①]　（总样本数：1632）

要　素	均值			总均值
	农村	中小城市	大城市	
资本与物质条件	4.56	4.58	4.49	4.56
劳动	4.11	4.09	4.28	4.11
学生身心条件	4.42	4.38	4.57	4.41
体育课程与校园体育活动	4.38	4.50	4.51	4.45
体育教育技术	4.26	4.26	4.36	4.26

① 问卷调查时，该题按照重要（紧迫）程度进行赋分：非常重要 5 分，重要 4 分，一般 3 分，不重要 2 分，非常不重要 1 分。因此，此题的均值以 5 分为满分，均值越高，说明该因素越重要。

体育教育技能	4.26	4.33	4.45	4.31
体育教育结构	4.23	4.28	4.30	4.26
制度保障与评价机制	4.49	4.55	4.77	4.54

经费是否充足，体育场地设施等物质条件是否能满足教学需要，一线教师是最有发言权的群体，调研结果（见表 4.1）显示，被调查对象认为在影响学校体育发展的诸要素中，最亟待解决的是“资本与物质条件”要素，在总均值中居第一位，这也从一个侧面说明了该要素已经成为制约学校体育发展的瓶颈之一。列第二位的是“制度保障与评价机制”因素，说明中小学体育教师也认识到有利于学校体育发展的政策供给和监测评价机制的建立，对于提升学校体育地位的重要性。列第三、第四位的是“体育课程与校园体育活动”“学生身心条件”要素，说明体育教育教学活动作为学校体育工作的中心环节在中小学体育教师心目的分量比较重，也反映出中小学体育教师能够以学生为本，充分关注学生的身心条件。而“劳动”和“体育教育技能”的总均值所处位置偏低，可能与被调查者自己的身份，以及对自身教学能力的自信有关，这与实地调研和文献调查做出的判断有一定偏差。

值得注意的是，此次问卷调查各要素的均值都在 4 以上，从中小学体育教师认知的角度说明了学校体育发展各要素虽然在当前对学校体育发展影响的重要（紧迫程度）不同，但都是重要而不可或缺的。另外，由于所处地域不同，决定了学校条件的差异，面临的问题也不尽相同，因此，他们对当前影响学校体育发展的不同要素的重要程度认识有一定区别。如大城市的中小学体育教师认为最紧迫需要解决的是“制度保障与评价机制因素”，这与大城市居民通过法律来处理人际关系、解决有关事务的意识比较强有一定的关系。排在第二、三位的是“学生身心条件”“体育课程与校园体育活动”，反映出大城市中小学体育教师接触先进理念比较多和快，比较关注学生的身心条件及发展和体育教育教学活动的开展

（三）学校体育发展面临的主要问题会随着发展阶段不同而发生变化

当然，学校体育发展的阶段不同，所面临的主要问题也会发生变化。假设上面提到的现阶段制约学校体育发展的瓶颈问题解决了，学校体育工作获得了足够的重视，办学条件得到了极大地改善，师资队伍建设取得了突出成效，学校体育要想进一步发展，先进的课程理念和教学指导思想将成为学校体育发展的主要依靠要素。

应该明确的是，这里所说的学校体育发展不同阶段的主要依靠要素是相对而言的。因为一些瓶颈问题制约了学校体育整个系统的运转，所以在当前，我们要优先解决这些问题。但学校体育的其他要素也是缺一不可的，尤其是作为学校体育中心环节的体育课程要素，在学校体育发展的任何时期，都应作为关键问题来加以重视。条件改善了，体育课程要素如何优化；在条件不是很好的情况，体育课程又如何设计，都是值得认真思考并要付诸实践的事关学校体育发展方向的重大问题。

二、学校体育发展单一要素的优化问题

虽然学校体育在不同的发展阶段，其所依赖要素的重要程度会有所差别，

但不能否认的是，学校体育的每一个单一要素都是其发展不可或缺的。因此，每一个单一要素的优化都具有正向的关联效应，会对整个学校体育发展要素系统优化和发展结果产生正面影响。

优化的方向是正向的。单一要素的优化主要体现为某一要素在数量上的增加、质量上的提升和使用效率上的提高。在考察数量是否优化时又可以从两个维度考察：即存量与增量。以资本与物质条件要素为例。我国学校体育要想实现理想的发展目标，进一步加大投入力度，加强体育场地设施建设，按标准配置体育器材很有必要，这是从增量角度的优化。但在现实语境中，增量优化存在一定困难，或者说增量优化需要一定的过程，存量优化就显得尤为重要了。学校体育发展方式转变的一个重要命题在于：在实然状况之下，如何做好资本、物质的存量调整，如何在办学条件还有待改进的情况提高学校体育发展的成效。

考察改革开放近40年来学校体育发展的历程可以看到，党和政府对学校体育发展各单项要素的优化问题非常重视。这种重视在党和政府关于学校体育发展的一系列政策文件中得到了充分体现。增加学校体育投入、加强学校体育设施建设的政策意味着重视资本与物质条件要素的优化；加强学校体育教师队伍建设，制定与落实专职体育教师配备计划，建立健全体育教师培养体系，加大国培计划培训体育教师的力度，保障体育教师的权利等政策意味着对劳动和体育教育技能要素优化的重视；推进课程改革，建立健全学生体育竞赛体制，支持青少年体育俱乐部的创建，开展阳光体育运行，创新体育活动内容、方式和载体等政策意味着对课程和校园体育活动要素优化的重视；推进现代信息、视听和其他专供体育训练和教学用的高科技产品技术进入学校体育教育领域意味着对体育教育技术优化的重视；坚持因地制宜、分类指导的原则意味着对学生身心条件要素优化的重视；体育课程内容改革，推动地方课程、校本课程建设，针对不同年龄段学生确定有差异的课程实施目标，实施体育课程、大课间（课间操）和课外体育活动一体化的阳光体育运动方案等意味着对体育教育结构调整的重视；而改革开放以来，党和国家颁发了一系列关于学校体育发展的法律、条例、意见、规划、通知等，则意味着对制度保障与评价机制工作的重视。

然而问题在于，我国的一些学校体育发展的优化往往是单一性的改革，相应的政策往往不配套，虽然在一部政策条例或意见、规划中常常涉及各要素的优化，但这些要素的优化在执行过程中往往各自为战，难以形成协同，因而学校体育改革举步维艰，效果不佳。比较典型的例子有：在课程改革过程中，只为追求课程自身的理想状态，而忽视了实然状况和与其他要素的优化组合，致使新的课程标准在执行中面临着很多课程自身无法解决的问题。再例如，有的条件比较好的学校购置了先进的高科技体育专用仪器，这是对体育教育技术和物质条件要素的优化，但忽略了师资培训，设备空置在那里，鲜有体育老师会真正的使用，造成了资源巨大浪费。

出现这些问题的主要原因在于忽视了要素之间的联动性。虽然，学校体育发展单一要素的优化是非常必要的，可以引导学校体育发展方式的正向变化，但学校体育发展方式转变的关键内容与“核心机密”则是学校体育发展要素组合方式的优化。学校体育发展理想目标的实现不是依靠各个发展要素单一优化结果的简单相加，而是依靠不同要素优化组合后所产生的“化学反应”。

三、学校体育发展要素组合方式的优化问题

学校体育发展各要素是构成了学校体育发展的基本条件，但这些基本条件满足后，并不能自然形成现实的整体功能最大化。从系统论的角度讲，这些要素只有经过一定的组合后，才能提高整个学校体育发展系统的整体功能，这是转变学校体育发展方式的关键。

之所以要进行学校体育发展要素的组合优化，主要基于应重视提高学校体育发展要素组合的以下几种效应：

1.“关联效应”。主要指学校体育发展构成要素在促进学校体育发展的过程中，彼此之间存在着关联。某一要素的变化会对其他要素的变化提出要求，如果不能实现有机联动，则无法实现整体效益的优化。例如，体育课程改革，新的课程理念提出，课程要素不断优化，如果没有体育师资、物质条件、体育教育技术和技能等要素的优化作为支撑，课程优化的结果将大打折扣。

2.“替代效应”。主要指学校体育发展构成要素之间相互依赖、相互补偿的关系。学校体育在发展过程中，由于各种原因，会造成某一要素长期或暂时短缺，在此情况下，可以通过另一种要素的优化，来弥补这种短缺，以保证学校体育工作的整体正向发展。例如，在当前社会大背景下，特别是在高考的指挥棒下，体育教师编制被挪用的现状短时间还无法有效扭转，劳动要素短缺现象将持续一个较长时期。在这种情况下，就可以通过加强现有教师的培训工作，

提升现有教师的教学技术和技能，优化体育教育技能要素，在一定程度上缓解体育教师数量不足的矛盾。替代要做到统筹兼顾、科学把握，反之，随意的替代只能是有害无益。例如在劳动与体育教育教育技能要素短缺的情况下，一味的去加强场地设施建设，修建豪华场馆只能造成浪费。

3.“伸缩效应”。系统论中的一条基本原则是某系统的整体功能不等于各要素的简单相加①。此原则在学校体育发展方式转变过程中的表现则是“伸缩效应”。同样的要素状况，组合结构是否合理，直接关系到是否可以有效提高学校体育发展的总体功能。由此可见，学校体育发展构成要素的组合，具有很大的伸缩性。这就要求在组合学校体育发展的构成要素时，应使其保持在最佳状态，以提高学校体育发展的整体功能，达成学校体育发展的理想结果。

4.“乘数效应”。它表示学校体育发展某一要素增减所引起的学校体育整体发展变化的连锁反应程度。例如，学校体育制度保障和评价机制要素的优化，可以促使有关部门加强对学校体育工作的重视程度，从而带动劳动、资本和物质条件、体育教育技能等一系列要素的优化。因此，要在优化学校体育发展构成要素的功能和构成比例的最佳化上下功夫，在现有条件下尽可能地提高学校体育发展的整体功能。

那么，不同要素应该如何组合，才能实现学校体育发展效益的最大化？在学校体育发展的不同阶段，在不同的社会和教育大背景下，各种要素对于学校

---

① 张自廉.提高战斗力构成要素的“六个效应”[N/OL].中国国防报，http://www.chinamil.com.cn/site1/xwpdxw/2008-08/14/content_1419647.htm

体育发展的促进作用有很大差异，各种要素优化的紧迫程度也不尽相同，当然，对于不同要素的组合也会有不同的要求。在某一个具体的学校体育发展阶段，要相对强化某些组合关系，相对弱化另一些组合关系，如在当前资本与物质条件、劳动、体育教育技能、制度与评价机制等要素成为影响学校体育整体发展瓶颈的情况下，应当优先组合解决这些问题。应当把学校体育评价机制建设放在突出位置，通过有效的评价机制，督促政府和学校重视学校体育工作，从而加大经费投入和师资队伍建设，并通过制度建设予以保障。应该优化学校体育教育经费的支出结构，将经费更多投向学校体育设施改善和体育教师培训，就会使学校体育经费投资的效益递增，从而收获“乘数效应”。

进一步讲，在体育教师培训中，也要重视与其他学校体育发展要素的组合。在培训过程中，如果能统筹考虑课程和课外体育活动、体育教育技术、学生身心条件三个要素，把“备教材”培训与“备学生”培训结合起来，将新课程培训、课外体育活动组织与指导培训、先进体育教育技术开发与运用培训、根据学生身心条件不同“因人”施教能力的培训等进行有机整合，就会全面的、又好又快地提升体育教师的教育技能，比单一的只进行某一方面的培训效果要好的多。

总之，学校体育发展单一要素的优化并不意味着必然会产生最优的发展结果。在学校体育发展系统中，合理的要素组合是产生乘数效应的前提，也是学校体育发展方式转变的核心。学校体育发展方式转变所追求的是科学的、更有效率的发展。

第二节　学校体育发展方式转变两种思路的内在联系

学校体育发展方式转变内容的确定有两种殊途同归的分析思路。一种思路是从现实视角，寻找学校体育发展结果与发展目标之间的反差并分析原因，进而倒推出学校体育发展方式转变的内容；第二种思路是，从要素分析的理论视角，分析当前的主要依靠要素，哪些要素需要优化，要素优化如何组合，这实际上也是一个学校体育发展方式转变内容确定的过程。二者在本质上是一致的，是相辅相成的。从现实角度分析出来的转变内容，也可以从要素分析的角度去对应，去进行审视和表达。

寻求与中央改革决策的契合点并积极融入改革实践，与学校体育发展的“制度保障与评价机制”要素优化相对应。主要从契合国家大政方针的层面，来充分挖掘中央决策所带来的政策效益，寻求顶层的政策支持，以求解决制约学校体育发展中关键问题。主要涉及学校体育的地位、体育课和课外体育锻炼、与考试招生制度的关系、评估监测机制的建立等。

建立健全学校体育监测评价机制，与学校体育发展的“制度保障与评价机制”要素优化相对应，并且对各要素的组合提出了新要求。新的监测评价机制，要求对资本与物质条件、劳动、学生身心条件、体育课程及校园体育活动、体育教育技术、体育教育技能等要素优化情况的进行总体评价。最直接的影响是能够在尽可能短的时间内促进资本与物质条件、劳动两个属于学校体育发展保障条件的要素的优化。进而带动其他要素的优化，并在此过程中充分考虑学生的身心条件。

学校体育的条件保障体系包括师资队伍建设、体育设施建设和经费投入等，对应学校体育发展的劳动、体育教育技能、资本与物质条件、体育教育技术等要素。师资队伍建设方面应做好劳动、体育教育技能、体育教育技术等要素的优化组合。体育师资（劳动）短缺问题的解决需要一个过程，这就需要充分挖掘现有师资力量的潜力，通过加强体育教育技能培训，充分利用现代体育教育技术手段来弥补师资短缺带来的制约。资本投入和物质条件要素的优化过程应同时考虑与师资队伍诸要素、学生身心条件、体育教育技术等要素的协同优化问题。

体育教育教学改革所对应的是体育课程和校园体育活动、现代体育教育技术等要素的组合优化。同时也涉及体育教育从业人员素质、学生体育学习效果评价制度改革等议题。

建构学校体育改革与发展的良性社会认识机制涉及到对学校体育发展有关的各要素优化、流动和组合方式的认识问题。通过相关研究，可以促进学校体育改革与发展相关社会认识的科学进化，为学校体育发展方式的整体转变，提供全面、科学和系统的智力支持。

建立高效而务实的学校体育管理体制与推进机制与“制度与监测评价机制”要素直接对应，本质就是推动学校体育管理体制和运行机制的改革与发展。这些制度是关于其他所有发展要素的单一优化与组合优化的规则，要素流动与组合的走向是要向学校体育最亟待加强的领域倾斜，充分体现了优化结构、提高质量、促进公平的新要求。

第五章　我国转变学校体育发展方式的尝试：案例分析

因应社会发展和教育发展的大背景，特别是国家层面对学校体育工作的重视和改革部署，我国各地在转变学校体育发展方式方面进行了一些尝试。这些尝试，既有成功的经验，也面临着很多挑战。对这些尝试进行实证研究，有利于总结成功经验，更有利于认清我国学校体育发展所面临的深层次问题，从而为推进我国学校体育发展方式的科学转变提供实证借鉴。

第一节　上海的高中体育专项化改革：发达地区体育教育教学改革的新探索

上海市的高中体育专项化改革是指上海市教委为建立科学完善的学校体育教育教学体系，结合上海市深化二期课改的实践，在高中学校体育教育教学中开展的以学生兴趣和技能水平为依据，打破传统年级、班级概念的分层次专项教学改革[①]。改革试点工作时间自 2012 年 11 月至 2014 年 7 月，分为调研论证、试验推进、全面推进三个阶段。

一、改革的背景

（一）未来学校体育的愿景与上海高中体育专项化改革

上海高中体育专项化改革方案制定与实施的重要参与者姚颂平先生指出，高中体育专项化改革要有一个宏观的目标，也就是为什么要进行改革，改革要改成什么样的问题，即未来学校体育愿景。

姚先生指出，有几个方面需要强调：第一，必须以兴趣为引领，这次改革强调学生选项，当然也不可能完全按照学生的志愿去实现，这里还存着一个协调的问题。

① 上海市教育委员会关于开展“高中体育专项化”教学改革试点工作的通知[EB/OL].http://www.shmec.gov.cn/html/article/201304/68086.php.

第二，要强调我们的目标没有变，学校体育还是为了健康第一，提高运动技能，至于将来是否能成为运动员，只是其中可选的目标之一。姚颂平先生指出，专业体育院系的教学也是专项化教学，但是和高中体育专项化改革中的专项化不同。专业体育院系的专项化教学不考虑健康。实际上，每个项目与健康之间的联系是不一样的，有的项目主要发展耐力，有的发展速度，有的可以促进心肺功能，有的发展肢体，不同项目对学生健康的影响不同。每个项目对学生健康有哪些明确的具体的作用，在专业体育院系的课程中间，应该讲清楚，但实际没有讲清楚。高中体育专项化改革要明确各运动专项对学生健康的影响，主要目标还是为了健康。

第三，要充分的挖掘体育的德育、美育、以及智育内涵，比如，中华传统武术有武德，要充分进行挖掘，要把德育、智育、美育体现在教学过程中间，要让学生和社会认识到，学体育同样有利于其全面发展。

姚先生还指出，学校体育文化要靠项目来传承。所以，从愿景的角度讲，学校必须有高水平运动队，有传统强项，这样才会传承下来很多东西。他说这一观点已经为试点学校的校长们接受。传统强项不仅体现在有技能水平高的运动队，运动水平高，还体现在广受本校师生喜爱，愿意参与，普通学生该项目的水平也比其他学校普通学生水平高。例如上海交大，学校校队篮球水平高，普通学生篮球水平也高。我们现在一些学校搞得传统强项，与普通学生无关，普通学生根本不关注。上海的高中体育专项化改革中提出的一个学校要建设的传统强项，至少应该是本校学生高度关注，积极参与的项目，如果有这样一个项目，这就是学校体育传承很重要的一个抓手。传统强项必须分层教学，有一个竞赛系统。高中体育专项化改革只是体育教育教学改革寻找的一个突破口，高中体育专项化改革不是目的，只是实现目的手段、方式、途径、路径。这样不排除出高中体育专项化改革外，还有其他路径。专项化改革不是目标，目标还是健康，学校是培养人才的地方，体育是只是其中的一个课程。

（二）官方对此次改革背景的描述

根据官方资料，上海市推动此次改革的背景主要有以下两点：

一是为了贯彻落实《中共中央 国务院关于加强青少年体育增强青少年体质的意见》（中发〔2007〕7 号）和《中共上海市委 上海市人民政府关于切实提高青少年身心健康水平 实施学生健康促进工程的通知》（沪委发〔2011〕15 号）精神。

二是此次改革是上海市教委提出的“义务教育阶段体育多样化、高中体育专项化、大学公共体育专业化”的体育教学改革设想的试水，并寄望通过率先实施高中体育专项化改革，发挥高中学段在整个教育体系的上引下联的重要地位，“上推”高校体育，“下引”小学初中体育，带动学校体育教育教学的全面改革，更新传统体育教学理念。

上海市教委提出“义务教育阶段体育多样化、高中体育专项化、大学公共体育专业化”的体育教学改革设想主要基于如下思考：作为学校体育的主渠道，大、中、小学体育课程内容存在交叉重复，学生未能按自己的兴趣和水平选择体育专项，未能在一个专项上持续地学习和巩固，从而真正掌握 1～2 项体育运动技能，养成终身体育锻炼的兴趣和习惯。长此以往，这些问题将影响到上海市青少年学生的健康成长和终身发展。因此，上海市教委提出了这个整体的体育教学改革蓝图，拟通过改革，使义务教育阶段的体育教学能够促使学生具备跑、跳、投等基本身体活动能力，体验多种多样的体育运动项目，培养对体育的兴趣和爱好；高中阶段，以学生兴趣为导向，使学生在 1-2 项体育兴趣项目上持续地进行学习，争取在 3 年时间内较好地掌握该项体育技能；大学阶段，使学生在某一体育专项上达到一定的水准，让该项体育技能伴其终身，促进其体质健康水平的提高，让体育成为他的生活方式。上海市教委副主任陆靖明确指出："义务教育阶段体育多样化、高中体育专项化、大学公共体育专业化，而此次高中体育教学改革设想就是要促使三者融会贯通。"①

（三）上海较为发达的社会经济条件为此项改革提供了一定的资金和条件保障

这次改革还有一个非常现实的背景是：上海是我国社会经济最发达的地区之一，有充足的资金和条件来保障改革的试点和推行。高中体育专项化改革中涉及体育场地设施的完善、能够满足专项化教学的师资力量的配备等，这些都需要大量的资金支撑。据了解，中共上海市委、上海市人民政府下发《关于切实提高青少年学生身心健康水平 实施学生健康促进工程的通知》，为实施该工程，上海市在"十二五"期间投资 12 亿元，高中体育专项化改革是该工程的一

① 上海：高中体育课可按兴趣编班 超八成学生喜爱[EB/OL]. http://shanghai.eol.cn/shanghainews_5281/20131001/t20131001_1024394.shtml.

个项目。在改革中，市教委向第一批试点的 17 所高中分别提供 170 万元的资金，其中 150 万元用于体育场地设施的改造和添置，20 万元用于管理、人才引进和参与试验的教师报酬等，较为充裕的资金保证了改革的稳步推进。这次改革的主要参与者，原上海体育学院院长姚颂平先生非常坦诚的讲：此项改革，也就上海和其他与上海社会经济发展比较类似的地方可以搞，在其他省市可能无法进行。

二、改革的指导思想和目的任务

（一）指导思想

坚持“健康第一，全面育人”的指导思想，以“为了每一个学生的终身发展”的核心理念为引领，全面推进素质教育的实施，把提高学生健康素质作为学校教育的基本目标之一，通过学校体育教学改革，以项目运作的形式实现专业引领，提升体育教学质量，促进本市体育教学转型发展和内涵建设①。

（二）目标任务

通过高中体育教学改革试点，改变传统的体育教学组织形式和运行机制，提高体育教学质量，发挥体育教育在培养学生的全面发展，增强学生体育意识和体育兴趣，掌握体育知识和 1 至 2 项体育运动技能等方面的主渠道作用，为学生养成自觉参加体育锻炼的习惯和健康生活方式奠定良好基础。同时，发挥

---

① 上海市教育委员会关于开展“高中体育专项化”教学改革试点工作的通知[EB/OL].http://www.shmec.gov.cn/html/article/201304/68086.php.

高中体育教学承上启下的作用，延伸、辐射并推进大学及中小学体育教学的改革发展，为建立科学完善的学校体育教育教学体系进行制度创新[①]。

姚颂平先生对这个目标进行了解读，他说，实际上，此次改革的目标有三：

第一，要把传统的体育教学理念扭转到以学生兴趣为引领上面来。过去和现在的不少体育教师在体育课堂上缺乏提升和激发学生兴趣的手段，也很少关心学生有兴趣没兴趣，这是不行的。要激发学生的兴趣，在兴趣引领下，使学生掌握两项技能。教育部提出体育艺术“2+1”项目，其中两项体育技能上海是这样处理的，规定项目是游泳，自选项目是通过专项化教学改革，选一项，其中作为规定项目的游泳主要在初中阶段进行，另一项自选项目，充分尊重学生兴趣，使学生养成锻炼习惯，为终身体育锻炼奠定基础。

第二，高中体育专项化改革，课程是最主要的，但必须抓好课内课外一体化建设，必须把课外活动、社团、体育俱乐部、运动队、学校体育竞赛活动，一体化考虑，不能各自为战，不成体系，要做好一体化建设。

第三，要上推大学体育、下引初中、小学体育。高中体育专项化改革只是中间的突破口，突破后，同时要推动大学体育改革，引领初中、小学体育改革。希望通过改革，做出一个规范来，然后向大学、初中、小学推广。

---

① 上海市教育委员会关于开展“高中体育专项化”教学改革试点工作的通知[EB/OL].http://www.shmec.gov.cn/html/article/201304/68086.php.

三、改革的试运行

2012年底，《上海市教育委员会关于开展"高中体育专项化"教学改革试点工作的通知》下发，标志着改革正式开始。第一阶段从上海17个区各选一所，共确定了17所高中作为改革试点单位。本次试运行工作共涉及17所试点学校，190个行政班级，参与专项化教学的教师共有147名。有7507名学生"选修"了专项体育课，其中男生3495名、女生4012名[①]。

（一）经费支持和场地设施建设

给17个试点高中，每个学校前期拨款170万，其中150万元用于设施设备改造和添置（要求建设方案注重体现学校特色），20万用于管理方面。另外，上海市教委还资助17所学校各建一个体能教室（健身房），每个体能教室投资约60-70万元。在建设过程中，试点单位的建设方案要进行申报，市教委有关部门要进行调研和意见反馈，对建设方案逐一进行评审和详细论证，试点学校根据专家意见，修改建设方案，并予以实施。

（二）专项化教学课程的组织

这是改革的关键之处。专项化教学课从时间上讲有两种方式：80 min+80 min、60 min+60 min（例如，80 min的课是40 min的课两课连排），其中一次是活动课。一周安排两次课，主要考虑作为专项化改革，如果一周上1次课，

① 上海：高中体育课可按兴趣编班 超八成学生喜爱[EB/OL]. http://shanghai.eol.cn/shanghainews_5281/20131001/t20131001_1024394.shtml.

对于初学的学生来讲，不利于巩固专项技能。上课时间都排在上午最后两节课，或者下午最后两节课。在安排选项分班的时候，一方面，要考虑一个年级有多少个班级，另一方面，还要考虑能上专项课的老师有多少。因此，在改革推行阶段，不少学校将一个年级的教学分成两个批次，因为安排一个批次，需要的教师数量多，现有师资力量不容易满足，因此，分两批次，设置平行班，是比较符合实际的安排。试点的第一个学期，主要针对高一的学生，从第二学期开始，拓展至高二年级。一个年级需要 4 个时段，两个年级需要 8 个时段，如果三个年级同时进行的话，需要 12 个时段，除去周末和周五下午，实际上可用的时段为 9 个，因此，高中三年级现在还没有推行专项化教学。改革的初始阶段，主要是同一年级的各个班级打通选项，随着改革的深入，探索两个年级之间打通选项的问题被提上日程。编班主要根据选项情况重新组合，比如一个年级八个班，重新按照项目组合以后有可能分为 10 个班、11 个班。同一项目不同教学班之间实行分层教学，例如，10 个班有 3 个篮球班，就要分层，好的一个班，中等的一个班，差的一个班，这样才能有效的进行专项教学，把好、中、差混在一起，会出现差的“跟不上”，好的“吃不饱”现象，不利于教学组织和教学效果的提升。如果只有某个项目只有 1 个教学班，则可以进行班内分层教学。学校的传统强项，必须进行班级之间的分层教学，其中最高水平的应该是该项目的校运动队。

在上海市高中体育专项化教学改革试运行阶段共设置了篮球、乒乓球、健美操、网球、武术等 20 个专项，共 100 个项次。其中，有篮球、足球、健美操、游泳四个项目进行了分层教学。在专项化教学中，学生按兴趣选项后重新编班，实行小班化教学，共编设 310 个专项教学班，每班学生人数在 20-30 人[①]。

例如，上海嘉定二中在 2013 年春季学期在高中一年级的体育课上进行专项化改革，把原先的两节体育课统筹在一起，总共进行 80 分钟的专项化项目教学。开设男女生各四个项目，男生为：篮球、足球、乒乓球、网球；女生为：健美操、排球、羽毛球、网球。学生通过问卷调查和填报项目来进行选项。老师将学生所选项目进行汇总，并按照一、二、三选项顺序编班，额满为止。同时指导老师还可以指定部分特长学生优先入班。每班人数控制在 25 人左右，全年级分成 16 个专项课教学班，按照学生运动能力和水平开展分层分组教学[②]。

（三）制定和推行学生体育等级标准制度

学生体育等级标准分为 12 级，其中五级对应三级运动员标准，九级对应二级运动员标准，十二级对应一级运动员标准。上海通过推行学生体育等级标准制度，希望对学生参加专项教学后获得的提高能够进行应有的评价。学生体育等级一级标准要求较低，一般学生都可以达到，越往上难度越大。通过较低的门槛，使学生进入到这个等级制度体系中，利用学生追求向上的心理，不断提升学生的兴趣和专项体育水平。学生体育等级制度不同于主要考察运动竞赛成绩的运动员等级制度，主要从 4 个方面来确定等级：1）知识：专项知识和健康知识；2）技能：基本技术和比赛能力；3）体能：一般体能，专项体能；4）专

① 上海：高中体育课可按兴趣编班 超八成学生喜爱[EB/OL]. http://shanghai.eol.cn/shanghainews_5281/20131001/t20131001_1024394.shtml.

② 嘉定二中试点高中体育教育专项化改革[EB/OL]. http://www.jiading.gov.cn/Item.aspx?id=74460.

项经历：参加专项课的次数、参加比赛的次数，甚至可以包括看比赛（主要是重大比赛）的次数。评价分为三个方向（三类）：1）学生运动员方向；2）裁判员方向；3）志愿者方向（爱好者方向）。第三个方向尤其重要，例如，有的同学很爱好某一项目，但由于个人能力所限，在运动员方向上很难进步，这个时候就可以选择做志愿者或者竞赛组织者等，参与志愿者方向的体育等级评价。通过这种方式，可以使这些学生能够在专项化教学改革中找到自己的定位，能够继续留在项目并往前发展。学生体育标准制度选择足球项目作为试点，通过试验获取经验后，再向其他项目推广。

（四）成立单项项目中心组

对于每一个单项，上海全市要用统一的教学大纲，成立中心教研组，由中心组在课程标准基础上制定统一的教学大纲和统一的评价标准。

（五）进行适应专项化教学改革的体育师资队伍建设

一是针对体育教师专项化教学能力不足的现状，展开了对相关教师的培训工作。据调查，上海体育教师专项对口率为56%多，大多数老师的主要专项是田径。为适应专项化教学改革，很多田径教师要改专项，当然，要想大幅度提高这批转专项教师的拟转专项的运动技术水平是不太现实的，因此，培训主要抓得是如何提高教师专项教学能力，尤其是基本技术和动作规格。

二是着手进行教练员进中学机制的探索。例如，位于崇明的城桥中学，在一次板球专项化教学公开课上，请现役国家女子板球队队长授课，但她没有教师资格证，不能单独进行授课。城桥中学采取的办法是本校教师（有教师资格证）和教练一起上。最后，这堂课的动作规格很高，很标准。可见，教练员如果能进中学，对与提升专项化教学的水平有着重要意义。现在需要解决的是教练员如何获得教师资格的问题。

三是拟在足球、网球两个项目上进行试验：聘请全职外籍教师。外籍教师的职责有：1）直接给学生上一部分课；2）对项目教师进行培训；3）参加项目中心教研组的活动。聘请一位外籍教师每年的费用大约为 8-10 万美金，聘的时候可以聘一个团队。聘请的外籍全职教师，应为我国运动技术不高的项目，例如健美操、乒乓球等就不用聘请外籍教师，而篮球、游泳、田径可以聘请。

（六）进行制度建设

一是制定上海市高中体育专项化体育教学课程标准，该标准主要是在教育部颁布的课程标准基础上，根据专项化教学改革的实际情况制定，二者之间并不冲突。

二是制定高中体育专项化教学改革指导意见。

四、对上海高中体育专项化改革的评价及启示

（一）改革从整体上值得肯定

作为我国发达地区的一次体育教育教学改革尝试，上海的高中体育专项化改革从整体上是值得肯定的。我国在学校体育转变发展方式的过程中，很多地区改革积极性不高，对学校体育发展中存在的问题多有抱怨，但采取实际行动去进行改变却畏手畏脚。因此，对于上海这种积极的改革行为应予以鼓励。

从学校体育发展要素优化与组合角度来讲，此次上海高中体育专项化改革以体育课程及校园体育活动、学生身心条件两个要素优化为核心，组合资本与物质条件、劳动、体育教育技能、体育教育结构等要素，对上海的高中阶段学校体育发展要素进行了较为全面的优化。通过改革，改善了学校的办学条件，提高了体育教师的专项化教学能力，提升了学生对体育课的兴趣。

从各方反馈来看，上海的高中体育专项化改革在试运行阶段取得了一定的成效。上海市教委委托上海大学体育学院负责，对参与试点的 13 位校长（试点学校共 17 所）、137 位教师（试点学校共 147 位体育教师）和 3700 多位学生（共 7500 多位学生参与试点）进行了调研。调查显示，81.6%的学生对体育专项化的教学模式表示喜欢或比较喜欢，89%的教师和校长赞同专项化教学改革方向。基于此判断，上海市教委决定从 2013 年下半年将试点范围扩大，在各区县各增加 1 所试点学校，增加试点学校类型，并于 2014 年启动义务教育体育多样化和大学公共体育专业化试点，构建小、中、大学循序渐进、科学衔接的体育教学体系，为学生终身发展服务。

（二）改革中存在或发现的问题

此次改革的推行过程中，也暴露出来很多问题。

第一，学校层面参与改革的积极性还有待提高。据对姚颂平先生的访谈得知，在最初确定试点单位时，一些学校并不愿意参加，是姚先生逐个找各个学校的校长或书记谈话，才最终确定的。可以说，一些学校同意参与试点，有“人情”因素在内。实际上，在高考的指挥棒下，可能有的学校领导自己很重视体育活动，但从升学率的角度考虑，对可能会“干扰”正常文化课教育秩序的体育教育教学改革会有所顾虑。

第二，能够用于体育设施建设的场地不足严重制约着改革的推行。要进行专项化体育教学改革，首先要有符合专项化教学的体育场地设施，但由于历史原因，地处上海市区的不少学校校园面积较小，即使有一定的体育设施建设拨款，也没有足够的地方来进行体育设施建设，这个问题在我国其他一些大城市也存在，比如北京的很多“胡同”学校，就非常缺乏修建体育场地的地方。上海高中体育专项化改革试运行阶段所确定的 17 所高中，从某种意义上属于上海市实力比较强的高中，但在试点过程中发现至少有两所学校面积不具备实行改革的条件。学校有一定的可供建设体育设施的场地，哪怕这个场地破破烂烂，都可以通过一定的投资来改善基本体育设施，如果基本面积不达标，保障条件建设都无法进行，改革的难度可想而知。

第三，上海高中体育专项化改革中遇到的最大问题不是经费、体育设施的问题，而是教师按照现代要求进行专项化体育教学的能力跟不上。专项化教学改革，要求教师在专项上具备一定的动作规格和基本技术，同时还要注意对学生兴趣的激发、对学生健康的促进，又要在教学中融入美育、德育、智育的内容，而现在对于大多数体育教师来说，多是在课堂上教学生一些简单的技术动作，距离专项化教学改革所要求的技能水平还有较大的差距。如果改革要继续推行，符合专项化教学改革要求的师资培训工作量巨大。

第四，上海高中体育专项化改革的监测评估体系还未建立。在此次改革试运行阶段，除了正在考虑推行学生体育等级标准制度，其他的能够有效的评估改革成果的指标体系尚未建立，对于各个学校在此项改革中的工作开展情况缺乏监测和奖惩机制。

第五，改革中一些提法还有待商榷。这次改革中提到，高中体育专项化改革只是上海体育教育教学改革的一个上引下联的环节，总体目标是要实现“义务教育阶段体育多样化、高中体育专项化、大学公共体育专业化。”这个改革的整体设想中“高中体育专项化”在理论上没有什么问题，在实践中有待验证。但“大学公共体育专业化”的提法无论在理论上，还是在实践上都是站不住脚的，大学公共体育，作为面向普通的、非专业学生的体育教育教学活动，如何能走专业化的道路？在调研过程中了解到，上海市教委的“专业化”提法实际上并不是社会上常规理解的“专业化”，而是指的在高中体育专项化基础上的“深度专项化”，即在高中掌握一定专项技能的基础上，到大学后对专项体育的认识（知识）达到一定深度，专项技能达到一定水平，对专项产生浓厚的兴趣，熟练掌握了 1 至 2 项能够终身参与并且有兴趣参与的体育项目。而义务教育阶段体育多样化的提法也过于笼统，小学和初中学生的身心发展水平还是有较大差异的，体育教育教学组织应该有不同的目标指向，因此，姚颂平先生的“体育教育教学改革应该小学体育基础化，初中体育多样化，高中初级专项化，大学体育深度专项化”提法可能更符合体育教育教学的规律，也更严谨。作为指导整个区域学校体育改革的方针性提法，应该慎重、科学，避免使人产生歧义，从而在实践中误入歧途。

第六，全面推行还任重而道远。试运行阶段，试点学校实力相对较强，政府也是集中财力进行支持。如果将此项改革全面推开，一是要面临着巨大的资金压力，特别是满足专项化改革的场地设施建设、体育师资队伍建设都需要有足够的经费支持；二是即使上海有充足的资金来推行此项改革，各个学校对参与此项改革的积极性不高可能会使改革的努力大打折扣，在试点阶段，由于牵涉的学校少，还可以靠“人情”因素去推行，全面推开后，如何调动各个学校参与的积极性是一个重大课题。

（三）改革的几点启示

第一，资本及条件保障、劳动和体育教育技能是进行改革的基本条件。上海高中体育专项化改革的第一阶段试点中，下拨的170万经费中，150万都被用于场地设施、装备的改造配置，市教委还资助每个学校建一个体能教室，这都是为了给专项化改革提供基本的场地设施条件。另外，投入大量精力进行体育师资培训，引进相关高水平教师（教练），也是为了给专项化改革提供充足的能够满足改革需求的专项化教学人才。这可以推及其他地区，在进行体育教育教学改革的过程中，必须首先改善体育场地设施条件，加强教师队伍建设，这些要素的缺乏，是目前新课标推广不力的一个重要原因。

第二，应根据不同区域的实际情况来确定学校体育发展方式转变模式。我国地域辽阔，各个地区经济社会发展条件的差异较大，学校体育发展所面临的问题也有很大差别。因此，我国在进行学校体育发展方式转变（学校体育改革）时，不应该用一个大一统的模式来推进。上海的做法可以在北京、广州等发达地区的城市中推行，但在中等发展地区和欠发达地区则没有复制的条件。学校体育发展方式在转变的过程中，不同发展水平的地区应该根据自身所面临的实际问题，及问题的轻重缓急确定本地区各发展要素的优化组合方式。

第三，政府的重视程度高低决定了改革的推行力度。近年来，在中央日益重视学校体育工作，接连下发加强学校体育工作的相关文件的大背景下，各地也出台了地方加强学校体育工作的相关政策。但这些政策往往流于纸面，执行效果并不理想，这与地方对学校体育工作“真正”重视的程度有很大关系。上海市教委非常重视此次高中体育专项化改革，从理论构建、方案制定、试点运行都方面都进行了较为充分的准备，组织较为严密，保证了试点工作的顺利开展。在我国现行体制下，政府的重视和支持对于体育教教学改革能否推行下去具有关键作用。改革的推行不仅要有高一级政府的重视，更重要的是要激发基层政府的积极性，因为他们和基层学校的联系更为密切，在推行改革的过程中能够更有针对性、更具灵活性。上海市准备在中小学、大学体育教育教学改革试点结束后，将进一步推行改革的权利下放到各区，市教委负责制定规则和提供样板（同时抓好几所市属中小学和高校的改革），具体的实施有各区负责，这种思路是正确的。

第四，各地的改革任重而道远。即使如上海这样社会经济发展水平比较高的地区，在高中体育专项化改革进程中也面临着场地设施供给和体育师资等诸多问题。相对于上海等一线城市而言，我国很多地区的社会经济发展状况相对落后或欠发达。必将在资金、保障条件、师资建设等方面面临着更大的问题，改革进程任重而道远。

第二节 “四点半学校”文体活动的开展：学校与社区体育联动的一个联接点

“四点半学校”是指以社区为依托，利用社区已有的活动场所和人员条件，在放学后的 4：30-6：00之间，把社区里一些因为家长工作而没有人看管的孩子组织起来，集中进行学业、心理、行为上的辅导[①]。根据对“四点半学校”的实地考察，从总体上讲，该类“学校”并不是以文化课学习为主要辅导内容，更多的是进行一些体育和文化娱乐活动。这就为学校体育和社区体育联结提供了一种可能，在保证小学生课外体育活动时间，提高小学生课外体育活动质量上面无疑是一个可供进一步探索的模式。

一、“四点半学校”产生的背景

根据教育部门的规定，义务教育小学阶段的学生每天在校上课时间不能超过六个小时，因此，在执行此项规定比较好的地区，小学生在下午 4 点半之前就可以放学回家了。但另一个社会现实是，对于很多城市里的双职工家庭来说，由于下午 6 点钟左右才能下班来接或照看孩子，这中间就有了一个多小时无人照管的“真空”地带。由于小学生年龄较小，在这种情况下很容易出现安全问

① 周纯义，任晓秋，王娜．“四点半课堂”的现状、困境及出路[J].现代教育科学·普教研究，2011，(4)：68-70.

题，也有可能会受周边环境的影响而走上歧路，家长也不能安心工作。“四点半课堂”（“四点半学校”）就是指各社区出于对下午 4 点左右放学的小学生的安全健康考虑而提供的免费学习、娱乐场所，是一种学后托管服务体系[①]。近年来，“四点半学校”在武汉、上海、深圳等发达或特大城市中得到了比较迅速的发展，对于促进这些城市的社会稳定起到了一定的作用，同时也是学校教育的一个有益的延伸，受到了社会和学生家长的广泛肯定。

二、“四点半学校”促进了小学生课外体育活动的开展

据考察，各地的四点半学校虽然也有学业辅导活动（主要是辅导学生做作业），但总体上不是以“学”为主，而是以“玩乐”为主。兴趣是孩子最好的教师。如果“四点半学校”仅仅是辅导写作业，将很难吸引学生的参与。经过一个时期的发展，现在“四点半学校”将活动重点转移到文体活动上面来，为放学的学生创造一个健康、娱乐的环境。其中，体育活动成为“四点半学校”的重要活动内容。

武汉市青山区“四点半学校”建设走在全国前列，从 2005 年 1 家，2006 年 2 家，2007 年 65 家，2008 年 93 家，到 2009 年已经拥有 124 家“四点半学校”，覆盖了青山区的每个社区。参与“四点半学校”工作的区、街、社区三级领导及“四点半学校”干部 150 多人，义务辅导员 800 多人。每年参加“四点半学校”学习活动的中小学生达 3 万多人。青山区的 “四点半学校”已被教

① 任晓秋，周纯义. 社会工作介入社区 “四点半课堂”初探[J].基础教育研究，2011，9 月 A 版：3-4.

育部列为全国社区教育示范项目，成为青山区委、区政府的“民生工程”[①]。近年来，青山区采取学校、家长、社区相结合的办法，“四点半学校”的体育活动开展的有声有色。武汉市体育部门对“四点半学校”非常支持，在2006年的时候，武汉市体育局就为青山区的“四点半学校”免费安装了器材，青山区文体局还投入上万元安装适合青少年运动的篮球架、乒乓球台等体育设施，并选配辅导员指导开展文体活动[②]。青山区钢花村街119社区居委会旁，有着4只篮球架、两副室外乒乓球台的面积约400多平方米的小广场上，常常是孩子们玩耍的乐园。社区有一技之长的居民作为志愿者，对这些学生进行篮球，乒乓球、书法、国际象棋等方面的义务辅导，吸引着越来越多的学生参与到“四点半学校”中来。作为一名培养的孩子曾在世界比赛中获奖的国际象棋教练，志愿者闫萍在孩子们中间很有号召力，都愿意跟她学习；乒乓球爱好者刘金环的水平很高，在武钢举行的乒乓球比赛中成绩优异，有乒乓球爱好的孩子们便一心缠住他学“绝技”[③]。青山区冶金街现代花园社区依托“四点半学校”，聘请了社区的退休教师、离退休老干部、文体爱好者来学校做义务兼职教师，辅导学生做作业，给孩子们进行革命传统教育，由社区体育爱好者组成的志愿者队伍带领孩子打乒乓球、篮球等，为孩子们提供了一个健康的活动环境。该社区针对很多孩子都喜欢打篮球的现状，专门聘请体校篮球教练义务辅导孩子学习篮球。

① 青山区教育局课题组.社区“四点半学校”青少年教育策略研究[EB/OL]. http://www.whaes.cn/kygh/cgfb/201203151045l423460.html.

② 武汉青山区社区——“四点半学校”受欢迎[EB/OL]. http://sports.sina.com.cn/s/2006-03-15/1106807875s.shtml（转载自中国体育报）.

③ 李武汉.探营“四点半学校”[J].社区，2007，（4下）：21-22.

由于辅导是免费的，同时又可以增强孩子的体魄，社区的很多家长对孩子参与篮球运动很支持，篮球培训班的开办很受家长和孩子们的欢迎。街道办事处对该社区“四点半学校”的文体活动也很支持，到区文体局和附近学校联系教师和学生到社区进行教学实践活动，不断提高“四点半学校”的文体活动档次。依托“四点半学校”，社区还组织了乒乓球、羽毛球等体育比赛，并从中挑选选手参加区、街道组织的体育比赛，社区还和附近的学校合作举办文化体育比赛。竞赛活动的开展进一步激发了该社区孩子们的体育参与积极性。

表 5.1　深圳市民治街道文体中心教室 2011 年场地安排表

日期	课程	地点	时间
星期一	秧歌、腰鼓队排练	多功能厅	09：30-11：00
	“四点半学校”特色课-舞蹈	多功能厅	16：40-17：20
	“四点半学校”课业辅导	综合课室	16：30-18：00
星期二	舞蹈队排练	多功能厅	14：30-16：00
	“四点半学校”体育活动	多功能厅	16：40：17：30
	合唱队排练	书画教室	09：30-11：00
	“四点半学校”特色课-声乐	书画教室	16：40-17：20
	“四点半学校”课业辅导	综合课室	16：30-18：00
星期三	京剧社排练	多功能厅	09：30-11：00
	古筝队排练	多功能厅	14：30-16：30
	“四点半学校”特色课-柔道	多功能厅	16：40-17：20
	“四点半学校”课业辅导	综合课室	16：30-18：00
星期四	木兰扇培训	多功能厅	09：30-11：30
	模特队排练	多功能厅	14：30-16：30
	“四点半学校”优秀少儿影视作品欣赏	多功能厅	16：40-17：30
	合唱队排练	书画教室	09：30-11：00
	老年书画培训	书画教室	14：30-15：30
	“四点半学校”特色课-美术	书画教室	16：40-17：20
	“四点半学校”课业辅导	综合课室	16：30-18：00
星期五	民乐队排练	多功能厅	14：30-16：00
	“四点半学校”特色课-英语角	书画教室	16：40-17：20
	“四点半学校”课业辅导	综合课室	16：30-18：00

近年来，深圳市的“四点半学校”发展也比较迅速。例如，深圳市民治街道的“四点半学校”，以民治文体中心为阵地，充分利用文体中心的培训教室、图书馆、设备、人员等资源，以公益服务的形式，面向生活在附近的学生，每周周一到周五的下午 4 点半至 6 点全面开放[①]。

从民治街道文体中心活动教室 2011 年场地安排表（见表 5.1）上，可以看出，文体活动是该“四点半学校”的主要活动内容，在体育方面开设特色课程——柔道，还专门安排了一次体育活动。

湖南省常德市采取政府引导、社区主体、学校支教的方式，从 2014 年开始在城区主要社区启动“四点半学校”试点，该市要求每个大型社区均设立一间 20 平方米左右的教室，配齐相应的教育教学设备，聘请 3 名以上的社区内及周边学校教师或有棋琴书画、体育音乐等一技之长的社区志愿者担任兼职辅导员，对孩子们进行学业知识、生活常识方面的辅导和文体兴趣培养[②]。目前，常德市主城区的大多数社区都设立了“四点半学校”，象棋、围棋、乒乓球桌等益智健体器材成为标配，每个“四点半学校”平均在 10 套以上。

国务院办公厅转发的教育部等部门《关于进一步加强学校体育工作若干意见》中指出：“确保学生体育课程和课余活动时间，切实提高学校体育质量，完善学校、家庭与社会密切结合的学校体育网络。”[③]一些运作状况良好的“四

① 张柏漪.“四点半学校” 给孩子一个快乐的“课余 90 分钟”[EB/OL]. http://sports.163.com/11/0323/16/6VRGJUUR0005227R.html.
② 龚跃虎. 湖南常德：试点“四点半学校”破解托管困局[N].中国教育报，2015 -5-26，第 007 版.
③ 国务院办公厅转发教育部等部门关于进一步加强学校体育工作若干意见的通知[EB/OL].http://www.moe.edu.cn/publicfiles/business/htmlfiles/moe/A17_zcwj/201210/143745.html.

点半学校” 根据“依托社区、配合学校、服务家庭、面向社会”的原则，建立了一套比较完善的反馈互动机制，扩大社区教育的辐射范围，创造了良好的外部环境。这些“四点半学校”充分利用社区资源，将体育作为重要活动内容，可以在一定程度上弥补学生在校期间体育锻炼不足的问题。“四点半学校”以兴趣为出发点，在场地条件、“师资”力量允许的情况下，学生可以根据自己的兴趣选择体育项目，参与培训、锻炼，甚至参加比赛，因而，对于学生体育兴趣的形成有一定的帮助作用。对于一些体育场地条件较差的学校来说，依托“四点半学校”开展的面向青少年的社区体育活动，可以在一定程度上弥补学校体育场地的不足。从近几年“四点半学校”的发展状况来，如果引导得当，支持到位，“四点半学校”可以成为城市学校体育和社区体育的一个联结点。同时，由于社区和家庭的关系相对密切，“四点半学校”也可以在构建学校、社区、家庭三位一体的学校体育网络上发挥一定的作用，对于优化学校体育结构要素具有重要意义。

近年来，随着政府财力的不断提升，一些经济状况比较好的地区对社区文化体育设施建设的投入逐渐增多，社区配套设施日益完善，为“四点半学校”提供了越来越好的物质保障。一些地区“四点半学校”运作已不仅仅局限于周一至周五下午四点半至六点这段时间，拓展至周末和节假日，开办了“假日学校”，服务对象也不再仅仅局限于小学生，拓展至包括中小学生的青少年。依托“四点半学校”发展起来的社区教育体系中的体育活动的开展，为青少年体育立体化探索出了一条新路。

三、“四点半学校”体育活动开展面临的问题

（一）经费短缺是普遍问题

除了一些经济条件比较好或政府重视程度高的地区，目前，大多数“四点半学校”都面临着经费短缺的问题，这直接制约着包括体育在内的活动开展和与各方面的协调。“四点半学校”是公益性质的，基本不能收费，如果没有或缺乏其他收入来源，基本的水、电、图书、活动材料支出和少量的人工费用都没有着落，“学校”的正常运转将无法维持。

（二）体育活动场地设施不足问题急需解决

对于相当多的城市社区来讲，缺乏必要的体育活动设施，尤其是缺乏足够的可供配置体育设施的场地。即使是“四点半学校”开展的比较好的武汉市青山区，也面临着体育活动场地设施短缺的问题，有限的乒乓球台前排长队等着打球的场面随时可见。不少社区甚至没有室外的体育活动场地，只有室内的文体活动室和棋牌室，仅能提供场地供孩子们做做作业，文体活动基本无法开展。即使是有限的场地设施，也还面临着与社区居民活动冲突的问题。体育活动场地和文化活动场地的不足，使得不少“四点半学校”活动内容单一，缺乏对孩子们的吸引力。

（三）志愿者严重不足

“四点半学校”以公益为主，其发展需要一支稳定的、高素质的志愿者的队伍。目前，不少“四点半学校”的“志愿者”并非“自愿”，而是由相关政

府部门“派遣”，积极性不高且不稳定。“四点半学校”相对稳定的“师资”队伍是由社区的老大爷、老大妈组成的，他们热情很高，但并不专业，多是仅能胜任看管孩子的工作。就体育活动而言，专业的志愿者很少，孩子们缺乏必要的指导，只能是自己玩儿。到“四点半学校”义务辅导的教练员和其他体育专业人士，多是基于“人情”因素，吸引“志愿”服务的长效机制还未建立起来。

（四）学校和社区的联动还有待进一步加强

“四点半学校”不是传统的课堂教育，也不应变相成为学校教育的继续，因为这是和国家有关素质教育和“减负”的政策相违背。但作为构建学校、社区和家庭立体教育网络的一个有益的探索，“四点半学校”承担了社区教育的重要职责，为学校教育提供了有益的补充，因此，学校应该和社区建立沟通机制和资源共享机制。教育部等部门《关于进一步加强学校体育工作若干意见》中指出：“大力推动公共体育场馆和运动设施向青少年学生免费或优惠开放，学校体育场馆设施在课余和节假日应向学生开放。”[①]根据此精神，在体育活动方面，应该建立体育场地设施资源共享机制，以解决双方在体育场地资源方面可能的配置不足的问题，但目前这方面的联动较少。建立学校体育教师参与“四点半学校”义务辅导机制（包括辅导形式、必要的工作业绩认定）可以在一定程度上解决“四点半学校”体育活动专业指导不足问题，目前这方面的相关机

① 国务院办公厅转发教育部等部门关于进一步加强学校体育工作若干意见的通知[EB/OL].http://www.moe.edu.cn/publicfiles/business/htmlfiles/moe/A17_zcwj/201210/143745.html

制也未有效建立。

四、两点建议

（一） 整合和利用各种社会资源，改善“四点半学校”的办学条件

社区青少年教育是需要全社会共同参与的系统工程，应整合和充分利用各种社会资源，以解决经费短缺和场地设施缺乏的问题。应当将政府、社区、学校、企业和其他社会力量放在一个平面上进行资源整合。首先应争取政府的支持，作为公益性的公共服务，“四点半学校”的发展理应得到政府从政策和资金等方面的支持，社区和街道工委应加强与有关职能部门的联系，积极争取财政支持；第二，应多方协调、广泛动员，积极争取企业和社会各界的支援。例如，武汉青山区在“四点半学校”发展中，经多方协调，武钢大型厂投入 1.5 万元为社区修建活动小广场，为学校捐赠了图书柜和图书以及学习用品和服装；中南冶勘局筹集资金修建了 3 个室内篮球场、1 个室外篮球场，安装了 1 套健身器材，常年向青少年们免费开放；第三，应加强与社区附近学校的联动，充分利用这些学校的场地资源和教师资源。通过各种资源整合，可以在一定程度上弥补经费不足，提升“四点半学校”的硬件和软件水平。

（二）与高校建立联动机制，建设一支稳定的体育志愿者队伍

相对来讲，各高校都拥有为数不少的具有体育特长，又热心社会工作的学生。特别是高等体育院系，拥有一大批具有较高专业体育技能和教育技能的学生，他们需要在实践中提升自己的业务水平。政府应该搭桥，建立社区与高校

的联动机制，鼓励高校体育专业和具有体育特长的学生利用课余时间参与“四点半学校”的义务辅导，有效解决“四点半学校”体育活动辅导人员专业性不强的问题，同时也有利于提高参与学生的社会实践能力。高校也可以对学生参与“四点半学校”义务辅导进行记录，作为社会实践考核的有效成绩。通过联动机制的建立，为社区“四点半学校”构建一支较为稳定的专业的体育志愿者队伍。

五、几点启示

（一）政府支持和社会参与是“四点半学校”体育活动开展的有效保障

考察体育活动开展的比较好的“四点半学校”，都离不开政府在资金和场地设施方面的大力支持。由于“四点半学校”解决了社区职工的后顾之忧，为青少年安全和社会稳定做出了突出贡献，间接为青少年家长所在工作单位的发展做出了贡献，因此，一些与社区联系比较紧密或热心于公益的社会力量参与到“四点半学校”建设中，购置体育器材和其他文化、学习用品，这些都在一定程度上保障了“四点半学校”体育活动的开展。回溯到学校体育发展上，只要能够得到政府、社会和学校的真正重视，能够提供充足的资金，给予良好的条件和活动时间保障，学校体育领域的很多问题将迎刃而解。

（二）尊重青少年的兴趣可以有效的提升体育教育教学的效率

运作良好的“四点半学校”内，非常强调青少年的快乐、安全和兴趣养成，参与体育活动全凭兴趣，再加之“义务辅导”志愿者往往亲和力强，激发了小学生们参与体育活动的热情。正规的学校体育教育教学要从中学习经验，应当在教学计划和尊重学生兴趣之间寻找一个合理的平衡点，做到既考虑整体教学安排，又适当考虑学生需求。体育教师应提高教学能力和人格魅力，积极探索如何将现有教材尽量上的生动、活泼，以提升学生对体育课的兴趣。从“四点半学校”学生对体育活动的参与来看，相对于课堂教学来讲，学生们更喜欢参与具有较少约束的课外体育活动，因此，积极规划丰富多彩的校园体育活动，建设诸如俱乐部等多样化的校园体育活动载体，保障学生参与校园体育活动时间，对提升学校体育教育教学效率具有重要意义。

（三）社区是学校体育发展一个可以利用的一个重要阵地

开展学校体育工作，应突破“学校”的思维局限，把视野延伸至社区和家庭。“四点半学校”的形成与发展说明，在一定时期和社会条件下，社会需求会推动社区自发的承担起一定的教育包括体育教育任务。学校体育工作应该因势利导，充分利用并积极介入这种自发的社区体育教育，加强与社区的联动，并利用学校的师资力量，主动向社区提供志愿者服务。通过学校体育发展立体网络的构建，利用多个阵地、多种形式提高青少年终身参与体育的能力，提高青少年的体质与健康水平。

第三节　学校层面体育工作的典型案例：可供借鉴的先进经验

在转变学校体育发展方式的过程中，一些具备条件的学校进行了体育及体育教学改革的尝试，这些微观层面的转变，对于推动学校体育发展方式的整体转变具有重要的推动作用。

一、清华大学充分发挥体育在人才培养中重要作用的经验

作为中国高等教育的领军者之一，清华大学不仅在学科建设方面取得了突出成绩，而且具有重视学校体育工作的传统，清华大学是我国最早“把体育课列为必修课”的学校之一。清华大学体育部的老前辈马约翰先生在中国体育界具有崇高的地位，在他的推动下，清华在20世纪前半页就成为在华北地区的体育重镇。改革开放后，清华把本科学制从五年压缩到四年，体育课程却反而增加了学时，并开设了研究生体育课程。清华大学还率先在自主招生中增加体质测试环节，取得了良好的社会反响，对引导社会重视青少年体育起到了良好的示范作用。近年来，清华大学将体育作为学校育人工作的主要组成部分，坚持“育人至上，体魄与人格并重”的体育观，积极推进体育与德育、智育、美育

的有机融合，形成了较为完善的体育体系，有力地促进了学生的全面发展[①]。

（一） 整合资源齐抓共管，推进体育教学改革

学校重视学校体育工作创新，整合各种资源，不断推进体育教育教学改革。清华大学实行本科生“4+2+2”的体育教学体系，体育课程贯穿于本科教育的全过程。即 4 个学期有学分必修、2 个学期无学分必修和 2 个学期选修，体育课不及格，学生不得毕业。学校在在政策上采取“半强迫”的方式，推动学生进行体育锻炼[②]。在选课方面，做到“三自主”，即，自主选择课程项目、自主选择任课教师和自主选择上课时间。在体育课的教学过程中，采用分层教学、部分课程采用男女混班、跨年级合班上课[③]。

注重特色项目的发展，清华大学把长跑纳入课堂要求，近年来，又将“阳光长跑”纳入课内要求，使课外长跑锻炼和课上长跑测试共占到了体育课分数的 30%。男生测试 3000 米，女生测试 1500 米成为清华体育课的特色。另外，要求学生在校期间要学会游泳等。

（二）注重课内课外结合，开展丰富群体活动

清华大学一直积极开展常年、持续、多样化的群众性体育活动，坚持课内学习与课外锻炼的有机结合、坚持普及与提高相结合、体育面向学校全体人员的方针。实现学生体育活动的“两全三一致”：“贯穿全年的竞赛活动，覆盖全体的竞赛活动”，“体育目标与培养目标的一致，课内课外内容与标准的一

① 胡和平.充分发挥体育在人才培养中的重要作用[N].中国教育报，2012-12-28，002 版.
② 胡和平.充分发挥体育在人才培养中的重要作用[N].中国教育报，2012-12-28，002 版.
③ 陈伟强，孔磊．近年体育工作回顾[EB/OL]. http://www.tsinghua.edu.cn/publish/news/6746/2011/20110225231956765834518/20110225231956765834518_.html.

致，教学管理与生活要求的一致”①。

注重体育课内教学与课外锻炼结合，形成了体育课、学生体育协会、校内竞赛的一条龙体系。建立学生课外锻炼辅导组，由体育教师对学生的课余锻炼进行辅导；同时为每个院系设置一名体育教师作为联系人，指导院系体育活动的开展，加强对群众性体育活动科学化的指导。进行规模化的学生体质测试与健康咨询，指导学生有的放矢地进行体育锻炼。学校现有篮球、排球、网球、乒乓球、健美、健美操等 30 余个学生体育协会，体育教研部教师担任各协会的指导教师，为体育协会培养骨干，并对各协会的竞赛活动进行技术方面的指导②。学生群众体育活动丰富多彩，已形成以“马约翰杯”为龙头、以体育竞赛为主线，校运会、新生运动会、研究生运动会、各类校园长跑活动和北京马拉松为载体的竞赛体系③。

（三）探索“体教结合”规律，培养体育优秀人才

清华大学建有全国高校中规模最大最完整的学校体育代表队，现共有 35 个项目 40 支代表队，运动员 700 余人④。清华大学始终坚持业务思想两手抓，体育教研部主要分管运动员的选材、招生、训练和比赛等方面的工作，团委作为学生思想教育和课外活动的主要组织者，主要负责运动员的招生、思想教育、队伍建设、日常管理和后勤服务，两者相互支持密切配合。这种独特的管理模

① 陈伟强，孔磊. 近年体育工作回顾[EB/OL]. ttp://www.tsinghua.edu.cn/publish/news/6746/2011/20110225231956765834518/20110225231956765834518_.html.
② 胡和平.充分发挥体育在人才培养中的重要作用[N].中国教育报，2012-12-28：002 版.
③ 陈伟强，孔磊. 近年体育工作回顾[EB/OL]. ttp://www.tsinghua.edu.cn/publish/news/6746/2011/20110225231956765834518/20110225231956765834518_.html.
④ 胡和平.充分发挥体育在人才培养中的重要作用[N].中国教育报，2012-12-28：002 版.

式使体育代表队成为了培养学生全面素质的一个重要基地①。

（四）清华大学经验的启示

清华大学之所以能够成为我国高校体育的一个重镇。第一，与该校悠久的体育传统是分不开的，清华是全国高校体育课年限最长的学校之一，也是体育作为必修课贯穿本科生1-4年级全过程的高校。清华体育的老前辈马约翰对清华体育的推动居功至伟，堪称一代宗师；中华人民共和国后，时任清华校长的蒋南翔所提出的“为祖国健康工作五十年”影响深远。在清华，体育课同其他课程一样受到重视，不是“可有可无”的点缀。可见，基于悠久传统基础上形成的深入学校血脉之中的体育精神，对于一个学校体育的地位形成和发展有着重要影响。

第二，领导的重视程度对一个高校体育工作的开展具有关键意义。近些年来，各高校在扩建过程中，都非常重视体育场馆的建设，并且一味的追求的高档、豪华。因此，我国高校的体育场地设施并不缺乏，这和中小学的情况有很大的区别。所以，在高校中，领导对学校体育的重视与否并不体现在是否修建体育场馆，更重要应该是对高校体育学科建设的重视程度和体育教育教学改革的重视程度。

第三，一个学校应该形成自己的特色项目。清华大学将长跑作为自己的特色项目，进行了长期的建设，在其体育教学过程和学生体育成绩评定体系中占

① 陈伟强，孔磊．近年体育工作回顾[EB/OL]. http://www.tsinghua.edu.cn/publish/news/6746/2011/20110225231956765834518/20110225231956765834518_.html.

有重要的地位，通过长跑项目的开展，形成了清华体育的独特气质。近年来，在北京国际马拉松比赛中，清华大学都有数千学生参加，形成了良好的长跑运动氛围，对整个清华体育的发展起到了正面的带动作用。从清华的成功可以看到，注重体育文化建设，找准特色并形成优势项目，逐渐培养浓厚而具有本校特色的体育文化氛围，对于高校体育的长远发展具有重要意义。

第四，高校体育发展，必须重视校园体育活动。要建立科学系统的学生体育竞赛系统，充分发挥体育社团的作用，以竞赛为主线，引领学校丰富多彩的体育活动的开展。清华大学将“马约翰”作为一个符号，来打造系列品牌校园赛事值得借鉴，这种符号的价值在于增强对体育赛事的文化认同，增强赛事的文化底蕴。

第五，清华大学体教结合有可资借鉴的经验，但很难复制。清华大学由于学校的号召力，可以吸引全国各地的最优秀的体育特长生和高水平运动员到校就读，因而相对容易出成绩。清华大学甚至可以吸引了大批奥运冠军、世界冠军加盟成为“学生”。实质上，这些奥运冠军、世界冠军并不是清华大学培养出来的，双方只是各取所需，从某种意义上讲，这是有悖于体教结合初衷的。

二、西安欧亚学院的学校体育改革

西安欧亚学院是一所民办高校，创办于 1995 年，2000 年经教育部批准实施专科层次高等职业教育，2005 年升格为普通本科高校。欧亚学院作为一所民办高校，相对于公办高校来讲，办学自主权较大，用人模式也比较灵活。根据自身的特点，欧亚学院启动了学校体育改革。

（一）改革总体思路[①]

1.成立“欧亚学院运动健身娱乐中心”，以中心为平台为师生提高体育服务；

2.构建“娱乐型体育”“俱乐部型体育”和“竞赛型体育”结合的体育服务体系；

3.灵活理解教育行政管理部门的评估要求，置换体育必修课教学；

4.拓展运动项目类型与种类、拓宽运动时间与空间、激活院内外体育人才资源流动、扩大体育服务的目标人群；

5.为不同运动能力和需求层次者提供个性、开放的体育服务平台；

6.在提高自身管理能力和服务质量的基础上，打造欧亚体育服务品牌；

7.拓展服务领域，开发西安体育娱乐健身市场和周边社区居民体育消费市场，获得丰厚的经济效益，发挥体育的自身造血功能，改变学校体育投入不足的现状。

（二）改革的总体实施步骤[②]

1.学院内部体育改革（修炼内功）（2013−2015）

（1）阶段实施目标

1）用2年时间顺利完成体育课堂教学的置换，并完善运动服务平台架构，完成单项俱乐部、娱乐部、竞赛部的建设，并逐步形成标准化管理；

① 本部分内容来自《西安欧亚学院体育改革》方案。
② 本部分内容来自《西安欧亚学院体育改革》方案。

2）到 2015 年部分优势单项俱乐部服务水平达到国内知名健身机构的水平；

3）娱乐部开发 10 项在全院有影响力的大众健身娱乐项目，参与人数不低于 2000 人；鼓励学生自行开发和组织体育活动的项目不少于 15 项，活动人数不低于 1000 人；

4）竞赛部推出 2-3 项全院性单项赛事，并逐步提高团队的管理、运作和赛事推广能力，形成一套独特的赛事管理模式，能承办省级以上单项体育赛事；

5）校园体育文化建设初见成效，运动成为师生闲暇时候的一道风景线。

（2）阶段实施细则

1）服务框架

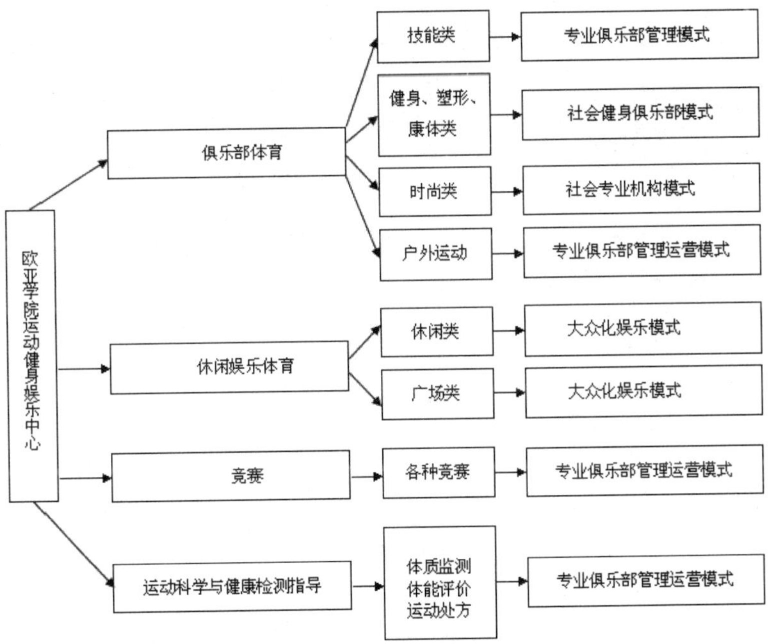

图 6.1　服务框架

2）俱乐部项目设置

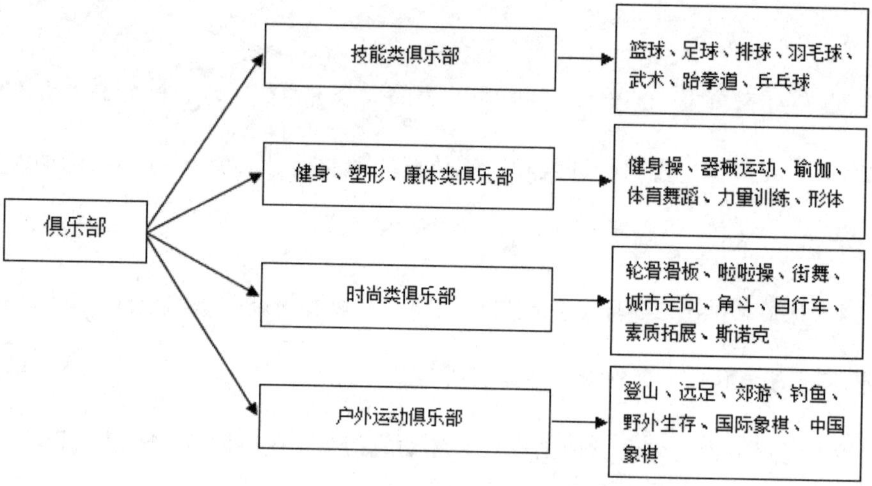

图 5.2　俱乐部项目设置

（3）服务对象

在校学生、教师、职工、校友等，以及“欧亚学院运动健身娱乐中心”的注册会员。

（4）俱乐部、娱乐部、竞赛部组建及管理模式

表 5.2　俱乐部、娱乐部、竞赛部组建及管理模式

提供类型	竞赛型体育	俱乐部型体育	娱乐型体育
功能定位	1、提供竞赛平台 2、观赏、呐喊、助威 3、健康校园分化氛围营造	1、专项技能提高 2、塑身健身平台 3、交际平台 4、提供25-40个单项俱乐部	1、提供大众化体育娱乐平台 2、校园文化提升
发展方向	1、借鉴专业竞赛模式如NBA、NCAA 模式 2、体育赛事专业运营	1、运动技能提高方向 2、专业健身俱乐部方向 3、展示性体育方向	1、大众健身娱乐方向 2、广场式健身娱乐方向
组织管理	经理负责制，组建自己的团队，竞争机制		

人力资源	面向全院师生聘请管理人才，面向社会聘请教练，聘用有能力的在校学生
会员招募	“中心”统一组织每学期初举行 1-2 周的大型现场会员招募会
团队建设	以单项俱乐部教练为核心组建管理团队、教练梯队、推广团队

（5）俱乐部、娱乐部、竞赛部建设细则

1）组建管理团队：设立完善的俱乐部管理制度和具体的俱乐部活动内容，制定切合实际的《西安欧亚学院俱乐部章程》，各个俱乐部制定详细有实效的活动计划、项目发展规划、实施计划等。并编写《西安欧亚学院体育俱乐部简介》手册，为学院全体师生参与俱乐部提供服务指南；

2）资料准备：建立健全档案，包括会员基本资料（包括身体初始健康指标、中期健康指标 、会员参与性资料、会员运动处方资料等）、俱乐部各种活动资料、俱乐部日常活动资料、俱乐部举办大型活动资料、教练基本资料（包括教练员的来历、学历、技能资质、日常教授记录、会员评价资料）等；

3）推广：选择性与电视、网络、报纸等媒体进行合作，以扩大各个项目的社会影响力，获得社会资金的支持和赞助；

4）文化建设：各部在“中心”大框架内，形成自己的规范、制度等；各部在发展过程中树立代表性人物；各部打造鲜明的标识（旗帜、服装等等）；

5）开展时间、地点、场地：

开展时间：每天 16：30—21：30 或周末、节假日；

开展地点：院内体育场馆、校外体育场馆、学院东门广场、自然环境等；

学分置换：凡是在中心注册的成员，根据在各部活动中具体表现给予学分奖励，并且由“中心”协调教务处制定《会员体育学分置换办法》细则。

2.涉足社会健身娱乐业（向外突围）（2016–2018）

（1）通过前期以及形成的体育管理团队和教练团队，进一步提高管理能力与运动指导服务的水平，形成欧亚特色的体育服务体系，拓展校外大学生体育消费市场；

（2）在院内体育赛事成熟的管理运行机制的基础上，以陕西省高校单项邀请赛为突破口，打造陕西省有影响力的高校体育赛事；

（3）在院内体育俱乐部和娱乐体育运作成熟的基础上，利用高素质的管理团队和教练团队，开发西安市体育娱乐市场。

3.欧亚体育产业化运作（服务社会）（2019–2023）

（1）为学院建设高质量、高水准的体育运动设施，为学院师生提供一流的体育运动硬件环境和软环境。

（2）为全陕西乃至全国高校体育发展树立标杆。

（3）逐步发展成为能为大学生提供赛事观赏、体育娱乐、运动健身、体育旅游、健康咨询、运动培训等业务为一体的欧亚学院体育服务集团。

（三）对欧亚学院学校体育改革的评价

西安欧亚学院的此项改革在方案被学校批准之前，方案的起草者曾向体育界一些学者征求意见，来自公办高校的学者认为此方案实行难度颇大，甚至有一些不切合实际。如果站在公办高校的角度来看待西安欧亚学院的学校体育改革，确实存在着很多公办高校很难逾越的体制障碍。但作为一所民办高校，西安欧亚学院有着不同于公办高校的运作模式，其办学自主性较高，因此此项改革方案不仅获得了学校的批准，而且经过一个时期的试运行，改革已初见成效。

据考察，该校现在的体育课已经采用俱乐部授课制，将原来体育必修课时间统一置换为下午 4：30—晚上 9：30 的时间段，以保证学生运动时间和俱乐部教学的实施。学生在这个时间段可以根据自己的兴趣来选择参与项目俱乐部，学生参与俱乐部活动将折算成体育必修课的学分。

在师资配备上，除学校自身的专职教师外，更多的是利用民办高校用人机制比较灵活的特点，从周边高校体育院系招聘在校研究生兼职做教师。学校可以根据俱乐部选项人数的多少，来确定聘用某专项兼职教师的数量。例如，本学期选择参与健美操俱乐部活动的学生比较多，在本校专职教师不能满足需要的情况下，就有目标的多招聘该专项的研究生做兼职教师；如果下一学期选择健美操的学生人数减少了，就适当减少对该专项兼职教师的聘用。另外，适应新的俱乐部教学，教师工作量、薪酬的计算办法也进行了相应的调整。

该校目前面向学生的体育俱乐部教学是免费的，据了解，改革方案中的所谓产业化运作主要是面向教师和社会人员。相对于湖南部分公办高校在进行体育俱乐部教学后，向参与俱乐部的学生收费而言（如果不参与俱乐部，体育课的学分很难拿到，这有一点变相乱收费的嫌疑），西安欧亚学院的做法更符合学校教育的非营利性质。

虽然，欧亚学院整体体育改革的效果还有待观察，也确实有部分改革目标定得过高，但从前期运行来看，还相对平稳。俱乐部教学充分尊重学生的兴趣，学生参与体育活动的积极性明显提高，教师专项化教学能力也有显著提升，改革初见成效。西安欧亚学院的改革为其他民办高校体育教学改革提供了一个可供借鉴的模板，其中的一些做法也值得公办高校借鉴。例如，一些拥有体育院系的公办高校，完全可以通过本校体育专业学生，特别是研究生教学实习的形式，来解决俱乐部教学的师资问题。

转变学校体育发展方式，就要鼓励各种改革尝试。不进行尝试，发展方式永远不能得到真正的转变。当前，制约学校体育发展方式转变的因素很多，其中，没有推动改革的勇气，甚至对改革有抵触情绪，对改革风言风语，是发展方式不能有效转变的最大羁绊之一。因此，对类似于西安欧亚学院这样的具有积极导向的改革，从整体上应该进行肯定。当然，如果改革者能够进行更加科学的分析，对一些定位过高的目标进行调整，使之更加科学务实，改革的效果将会更好。

三、甘肃庆阳市第一中学的体育工作模式

近年来，甘肃庆阳一中按照中央、省、市关于加强青少年体育，增强青少年体质的政策要求，以促进学生体魄健康、身心和谐、全面发展为目标，因地制宜，创造条件，初步探索出了符合高中教育实际、具有地方特色的学校体育工作模式[①]。

① 甘肃庆阳市第一中学校长:让体育课多彩有趣高效[EB/ OL]. http://www.gsedu.cn/xinwzx/zonghxw/2012/12/30/1356830785632.html（转自中国教育报）.

（一）用课程保健康

按照高中课程标准，保质保量开好每周两节体育课，按照学分要求严格进行考核和评价。结合学校实际，开设了“太极拳”“武术操”“双截棍”、“乒乓球”和“国标舞”等十几门体育类校本课程，做到选修课课程、时间、师资、场地、评价“五落实”。同时，根据学生的兴趣，开展“体育生活的价值”“体育锻炼与学习效率”等近百个研究型学习课题研究，让学生在亲身实践、探索研究的过程中，激发其上好体育课的兴趣，提高体育课程实施水平[①]。

（二）用活动育健康

为了让不同体质、兴趣和特长的学生都能找到适合自己的运动项目，学校积极创新活动形式，传承传统体育项目，努力让体育运动趣味性、个性化、特色化。把大课间活动作为培育学校体育特色、发挥学生特长的主渠道，每天上午或下午利用30分钟时间，组织学生开展融广播体操、军体操、健美操、韵律操、校园集体舞、跑步、诵读经典古诗词等为一体的大课间体育活动。每周每班开展两次60分钟的课外活动，把打沙包、踢毽子、跳绳、登山、徒步越野等富有地域特色的传统体育项目融入其中，丰富活动内容，确保学生全员参与。开展社团活动，组建了“街舞社”“围棋社”等十几个体艺类学生社团，引进社会专业人员担任指导教师，每周六下午集中开展活动，既锻炼了身体，又培养了学生特长。开设心理健康咨询室，配备专职老师，经常开展学生心理辅导，

---

① 甘肃庆阳市第一中学校长：让体育课多彩有趣高效[EB/OL]. http://www.gsedu.cn/xinwzx/zonghxw/2012/12/30/1356830785632.html（转自中国教育报）.

促进学生身心和谐发展[①]。

（三）用制度促健康

按照制度规范、监测指导、评价激励的思路，着力构建推进学校体育工作，保障学生健康的长效机制。制定了《学校体育工作规范》《生命教育课程化实施细则》、《学生体质健康检测报告制度》等一系列制度和规范，把开展阳光体育落实到教书育人的各个环节。建立专业队伍补充和培训机制，把体育教师和心理健康教师纳入教师总体配备培训计划，使体育专业教师和心理健康教师数量不断得到补充，专业技能和教育教学水平不断提升。落实学生体质健康监测制度，购置配备了监测设备，每年对全体学生开展一次体质健康监测，综合分析监测数据，及时反馈家长，并配合家庭采取有针对性的矫正和强化措施。发挥评价导向功能，把体质健康监测结果纳入学生综合素质评价和教师业绩考核的重要指标。完善体育竞赛制度，坚持每年召开春季田径运动会和秋季球类运动会，积极组织学生参加各类体育赛事，培养学生顽强拼搏、奋勇争先的品质，提升学生综合素质[②]。

（四）关于甘肃庆阳一中体育工作模式的启示

甘肃庆阳一中是学校体育工作先进典型，在 2012 年底的全国推进学校体育工作电视电话会议上做了交流发言。上文关于庆阳一中体育工作模式的介绍就

① 甘肃庆阳市第一中学校长:让体育课多彩有趣高效[EB/OL]. http://www.gsedu.cn/xinwzx/zonghxw/2012/12/30/1356830785632.html（转自中国教育报）.

② 甘肃庆阳市第一中学校长:让体育课多彩有趣高效[EB/OL]. http://www.gsedu.cn/xinwzx/zonghxw/2012/12/30/1356830785632.html（转自中国教育报）.

主要来源于庆阳一中校长在电话会议上的交流发言。从这个交流发言中可以得到如下启示：

第一，只要能够认真执行中央有关政策并有所创新，学校体育工作就能够做好。通观庆阳一中的经验，其从整体并没有超越近年来党和国家关于学校体育和青少年体质健康的相关文件的精神及具体部署，只是根据本校的实际更加细化了一些，并在局部有所创新。可见，只要能够切切实实的执行党和国家的有关方针政策，学校体育工作就能够做好。近些年来，为了解决学校体育发展中存在的问题，党和国家下发了多个《决定》《意见》和《通知》，表明中央对此问题非常重视。但这些政策的执行效果并不理想，这与执行这些政策的奖惩机制缺失有着密切的关系，只有从制度上（而不是仅靠自觉），将学校体育工作与基层教育行政部门和学校的政绩挂起钩来，引起各界对学校体育工作足够重视并付诸于实践，学校体育发展中的很多问题都可以迎刃而解。

第二，良好的办学条件为做好学校体育工作提供了物质保障。庆阳一中始建于1940年，1978年被确定为“甘肃省首批办好的24所重点中学”之一，2000年被甘肃省教育厅命名为首批“甘肃省示范性普通高中”，2009年被确定为“甘肃省普通高中课改实验样本校”。学校硬件设施齐备、图书资料丰富、实验设施先进、活动场所宽敞、食宿安全方便，所有教室均安装有现代化的多媒体教学设备。可见，庆阳一中虽然地处西北，但自身办学条件良好，这就为做好学校体育工作提供了良好的物质保障。当前，很多学校的体育工作无法顺利开展，原因都在于基础保障条件太差。据对一些山区县的调查，山村的很多学校都是依山而建，能够修操场的地方很小，并且由于缺少投资，场地和设施都比较落后，使得正常的体育教学无法进行，因此体育教师也逐渐产生懈怠，学校体育工作陷入恶性循环。因此，有关部门重视，再加上良好的物质保障条件，才能做好学校体育工作。

第三，完善的制度体系将学校体育发展纳入规范发展的轨道。庆阳一中建立了完善的学校体育发展制度保障体系，涉及到总体层面的学校体育工作规范，也涉及到学生体质检测报告制度、学校体育竞赛制度、体育师资补充及培训机制，并构建了完善的学校体育评价体系。这些制度的完善，形成学校体育发展的长效保障机制，将学校体育纳入规范发展的轨道。

四、北京市史家小学的体育教学

史家小学始建于1939年，经过70余年的发展，跻身北京市乃至全国名校行列。“和谐教育”是学校的办学特色，在多年的教育教学实践中形成了“人与社会、人与人、人与知识、人与自身、人与自然”为框架的和谐育人体系。在“和谐教育”理念下，史家小学的体育工作取得了突出的成绩。

（一）健康第一、身心和谐的体育教学理念

史家小学体育工作的成就首先体现在先进的体育教学理念上，和谐育人、学生发展、兴趣为先、快乐教育是对史家小学体育教学理念的具体阐述。和谐育人，指的是用和谐的理念、和谐的环境、和谐的手段、和谐的方法培育学生。和谐教育理念和体育教育教学的理念是源与流、根与叶的关系。该校在体育教

学中关注德育、美育和情感教育在体育教学中的渗透，关注和谐的师生关系。该校强调，体育教学应为一切学生的发展保驾护航，针对不同类型的学生采用区别对待、因材施教、合理分组等练习手段，使全体学生都能得到发展。在教学活动上，强调兴趣为先，为学生参与体育活动提供多种选择，为了调动学生的学习兴趣，该校采用了比较适合学生心理特点的教学方法——游戏法，以游戏为主线，把教学目标和要求融合其中，寓教于乐。该校在体育教学中还特别注重激励教学。通过兴趣的激发，使学生从“要我学”转向“我要学”，让学生享受运动本身带来的乐趣。史家小学体育教师的共同特点是一专多能，要求每个老师必须有一个强项，这个强项应该达到使学生佩服的程度，同时具备比较全面的专业知识和技能，以应对体育教学中有不同兴趣学生的需求，体育教师要用自身的魅力来激发学生对体育的热爱。该校还经常邀请一些体育明星到学校来与学生互动，从而激发学生对体育的兴趣①。

（二）丰富多彩、规范严谨的体育教学实践

史家小学的体育教学实践丰富多彩。按照中央提出的要确保每天锻炼一小时的要求，将“一小时体育锻炼“作为提高学生健康水平的突破口，确保场地、确保时间，确保练习内容的落实。学生锻炼活动是这样安排的：体育课（40min）+广播操（30min）+体育锻炼（30min）+大课间（30min）。在常规教学中，强调教学环节规范、目标落实规范、教学口令规范和教学准备规范，强调每一节课都是”公开课”。史家小学的体育实践不局限于课堂教学，还有形式多样、

① 张欣欣，李大明，牛东方.奠基健康　史家小学的体育教学[M].北京：中国发展出版社，2012.

内容丰富、参与程度很高的课外体育活动。在安排锻炼内容时，充分考虑小学生的年龄特点、心理特点，以及运动的趣味性和可接受性，力争使锻炼既有趣味，又有实效。该校不断更新课间操种类，自编操6套，以适应不同层面学生的需求。该校还开设了可以满足学生多元化需求、可由学生自由选择的兴趣班，以弥补课堂教学的不足。该校还成立了校本课程资源中心，开发了能够满足学生多元需求的地方课程和校本课程。该校还通过组织诸如万人亲子运动会、体育节之类的大型体育活动来让学生体验运动的激情和快乐①。

（三）生动活泼、育体育心的体育教学特色

史家小学的课堂教学在和谐教育理念的指导下，形成了十分鲜明的特色，体育教学工作从“育和谐的人”这个目标出发，坚持用和谐的方法育人，始终把培养学生的体育兴趣放在首位，为学生养成终身参与体育锻炼的习惯打下基础。因此，该校开创了学生喜闻乐见，而有富于成效的体育课堂教育教学模式及方法——口令教学、游戏教学、情景教学和快乐教学。在“和谐育人”的宗旨下，创新型课堂在该校体育教学中尤其突出。例如，在教学的具体实施中，体育教师结合教材内容总结经验，突破旧有的教学方法，依据学生的实际情况，创编出一些简单明了、通俗易懂、朗朗上口的口诀与儿歌。另外，从育体又育心的理念出发，该校在体育工作渗透德育、美育和情感教育等内容②。

① 张欣欣，李大明，牛东方.奠基健康　史家小学的体育教学[M].北京：中国发展出版社，2012.

② 张欣欣，李大明，牛东方.奠基健康　史家小学的体育教学[M].北京：中国发展出版社，2012.

（四）关于史家小学体育教学的启示

史家小学拥有优秀的体育教育传统，坚持把体育作为育人的重要途径，体育教育取得了突出的成绩，获得“北京市首届先进体育教研组”和“北京市课间操先进单位”等荣誉。通过考察记载史家小学体育教学的文献资料，得出以下启示：

第一，学校整体办学思想决定了学校体育教育教学特色。和谐教育是史家小学的办学理念，这成为该校体育教育教学改革的“根”与“魂”。在和谐理念下，该校提出了健康第一、身心和谐的体育教育理念，并在此理念的指导之下，开展了丰富多彩、既能育心，又能育体的教育活动。该校体育教育教学活动实践了学校的办学理念，对丰富学校办学理念的内涵做出了贡献。史家小学的成功案例给予的启示是：学校体育转变发展方式，优化体育课程和校园体育活动要素时，应该考虑地区或者学校的发展理念和文化底蕴，将体育教育教学改革与地区发展理念和学校深厚的文化特色联系起来，这样的改革才更有生命力。

第二，史家小学体育教学的成功探索，得益于学校优质的体育硬件设施。据相关资料显示，在 20 世纪 80 年代，史家小学就已经有了游泳池、乒乓球馆等硬件设施。建设新校区后。体育场地设施条件得到了进一步改善。新校区现有 6000m^2 的操场，包括七人制足球场 1 个、200 米塑胶跑道、3 个篮球场、3 个手球场、1 个标准 25 米短池游泳馆、1 个地下综合馆（配备乒乓球馆 1 个、健身房 1 个、形体室 2 个），老校舍还有一系列场地。另外还有东城区资源课程中心——史家小学基地，基地里设置攀岩、趣味田径、形体等体育设施。经过多年对资本与物质条件的优化，史家小学已经可以把主要精力放在学校体育发展的中心环节——体育课程和校园体育活动的优化上。

第三，优化体育教育技能要素可以有效提高体育教育教学水平。史家小学体育教育教学水平的提高得益于对体育教育技能要素优化的重视，学校通过扎实有效教研机制，来实现教师的专业发展。主要措施有：开展丰富多彩、扎实有效的教研活动；充分发挥优秀教师的引领作用，通过“师徒帮带制”，加强对青年教师的培养；鼓励开展教学课题研究；积极组织教师参加培训和学习。我们可以发现，史家小学优化体育教育技能要素的许多举措并无新意，很多学校也有这方面措施的出台，关键在与是否能够真正的落实。

第四，新的体育与健康课程标准在具备条件的学校有实施的可行性。本次基础教育改革以来，新的体育与健康课程标准虽然理念先进，但在推行过程争议颇多，集中反映在我国目前很多地方的学校办学条件还比较落后，实施新的课程标准有困难，这是不可回避的现实。但通过史家小学和庆阳中学的例子，可以看到，在具备条件（体育场地设施、体育师资队伍）的学校，新的课程标准能够较好地得以执行。这说明新的体育与健康课程标准在方向上是正确的，同时也反映了优化我国多数地区学校体育资本与保障条件、劳动和体育教育技能等发展要素的紧迫性。

第六章　部分发达国家的学校体育发展方式及启示

他山之石，可以攻玉。梳理其他国家，尤其是发达国家学校体育发展方式，总结经验，查找问题，为我国学校体育发展方式转变研究和决策提供借鉴，具有重要的现实意义。

第一节　部分发达国家的学校体育发展方式

一、部分发达国家的学校体育目标及价值取向

世界上的主要发达国家都比较重视学校体育的发展，大多通过制定学校体育或体育课程标准等来体现学校体育发展的指导思想，并为学校体育发展提供执行标准或参考。

（一）美国的学校体育目标

1995年，根据国会于1994年颁布的“目标2000：教育美国法案”，美国在由国家运动和身体教育协会（NASPE）经过几年研讨成形的基础上，出台了第一个从学前班至高中的学校体育国家标准，即《走向未来——国家身体教育标准：内容和评价指南》（简称“国家标准”），提出，一个受过身体教育的人的定义由7条标准组成：“1）能够示范各种运动方式并熟练掌握几项运动；2）在学习和发展动作技能的过程中，能够应用运动概念和原理；3）形成积极运动的生活方式；4）达到并保持健康的体能；5）在身体活动环境中，能够表现出负责的个人和社会行为；6）能够理解和尊重人们在身体活动环境中的不同之处；7）懂得身体活动能够提供快乐、挑战、自我展现和社会交往的机会。”[①]《国家标准》还在以上7项标准的基础上，给出了从幼稚园到高中12个年级各阶段

① 耿培新，梁国立.美国学校体育国家标准研究[M].北京：人民教育出版社，2007：1-4.

的发展重点、希望达成的目标水平与可供参考的样例，并提供了便于操作的评价体系及方法。在各地体育课程实践的基础上，2005 年，NASPE 对《国家标准》进行了修订，修订后的内容标准调整为 6 条：“1）展示多种运动技能和运动形式，以适应进行各种体育活动的需要；2）展示对于运动的概念、原则、战术和策略的理解，从而使其应用于体育活动的学习和演示；3）定期地参加体育活动；4）达到并保持一种不断增进健康的体育健身水平；5）展现有责任感的个人和社会行为，在体育运动过程中尊重自我和他人；6）评价体育运动对于健康，快乐，挑战，自我表现和/或社会交感的价值。”[①]相应地，年级水平划分、行为操作标准、评价体系等也进行了调整。虽然，美国实施的是地方分权的教育制度，各州教育管理自主，但《国家标准》出台后，许多州在制定课程标准时，大都参考该标准，尤其是该标准所提出的评价思想和具体评价方法[②]。因此，该标准的出台是美国学校体育发展史上具有突破意义的改革实践，为美国各州学校体育的发展提供了重要参考，基本反映了美国社会对学校体育的客观要求。

（二）英国的学校体育目标

1988 年，英国首次实施了中小学“国家课程”标准。经过 1994 年和 1999 年两次修改完善，现行的“国家课程 2000”开始实施。作为国家课程的一部分，经过了较大改动后，英国新的国家体育课程标准也同时开始执行。[③]新课程标准提出，要通过体育课程培养学生积极、健康的生活态度；2）使学生发现自己的

① 徐勤儿，陈金凤.美国基于国家标准的学校体育课程改革的对比研究[J].体育与科学，2007，(5)：15-17，39.
② 张建华，高嵘，毛振明.当代美国体育课程改革及对我国的启示[J].体育科学，2004，(1)：50-52，55.
③ 杨波，袁古洁.英国国家体育课程对我国体育课程改革的启示[J].体育学刊，2007，(6)：59-63.

才能与爱好，并决定如何终身从事体育活动[①]。具体目标是：1）促进学生精神、道德、社会和文化的发展；2）促进学生关键技能的发展；3）促进学生其他方面发展[②]。新课程标准反映了英国体育健康课程改革的三个理念：1）注重终身体育态度的形成与体育能力的培养；2）突出增进健康的目标；3）强调以学生发展为本，通过体育培养人格。[③]英国的国家课程标准为基础教育发展做出了总体规划，在总的教育价值取向的指导下，体育课程标准体现了英国学校体育发展的重要指导思想。

（三）日本的学校体育目标

第二次世界大战以后，日本学校体育的目标在不断发生着变化，这些变化主要体现在《学习指导纲要》的修订和变革中。从《学习指导纲要》文本的变化可以看到，战后日本学校体育目标经历了以学习者为中心的“新体育”、以文化主义体育论为基础的重视“系统学习”、以体力主义体育论为中心重视增强“体力学习”、以运动乐趣为基础重视“终身体育”、以基本知识、基本技能为中心重视培养“体育的学力”等发展阶段。进入20世纪70年代后，日本的体育理念从以运动作为手段的“通过运动的教育”转换到承认体育和运动自身价值的“体育与运动的教育”，“终身体育”的理念也深入人心，因此，1977、1978年《学习指导要领》体现出学校体育目标总特征是“使学生热爱运动”，1989 年目标改革的指导思想仍然是快乐体育，1998 年修订目标时，除了延续

① National Curriculum Online. Physical Education[EB/OL]. http://www.nc.uk.net/nc_resources/html/download/cPE.pdf.

② 周登嵩.国外学校体育概况[EB/OL]. http://wenku.baidu.com/link?url=8ZXQ_iKvvZnJGGVoG6Is-mKFf0z3KP4Ds3DMzhdKLBAe1ZXshmj_wpeMMTMB3dvBO5CU8yOw1ey8jrMBO4nQVxvpV5F2EQhv7kZxOqmRBlG.

③ 王家仁.英国学校体育与健康教育之研究[J].体育教学，2006，（2）：44-45.

1989 年的目标外，首次提出了“把身心作为一个整体”，并特别强调“培养学生热爱运动的素质和能力”，总的来讲，这一阶段日本学校体育的目标都是围绕终身体育、快乐体育指导思想而设定。根据 2006 年修订的《教育基本法》和 2007 年修订的《学校教育法》，日本于 2008 年对《学习指导要领》进行了修订，提出了以基础知识、基本技能为中心重视培养“体育的学力”为指导思想的学校体育目标。其中，小学阶段的总体目标是：“把身心作为一个整体，通过对适当运动经验和健康、安全的理解，为终身热爱体育打下基础，培养实践终身体育理念的素质和能力。同时，谋求保持和增进健康、提高体力，形成愉快，明朗的生活态度。”初中阶段的总体目标是：“把身心作为一个整体，通过对运动和健康、安全的理解以及运动的合理的实践，培养终身热爱运动的素质和能力。同时，为保持增进健康培养实践能力和提高体力，形成明朗、丰富的生活态度。”①总的来讲，日本新的学校体育目标强调培养包括“身体能力、态度、思考与判断”能力在内的“体育的学力”，以使学生形成愉快、明朗、丰富的生活态度，自觉地热爱并参与运动。

（四）德国的学校体育目标

德国是个联邦制国家，各州在教育发展方面的自主性很强。因而，各州学校体育目标和内容也不尽相同。例如，德国巴伐利亚州的体育教学大纲要求体育教师立足于健康、公平/合作、环境、竞技/表现/游戏等四个领域的教学，为

① 张世响.现代日本学校体育教育的变迁（1945-2008）[M].北京：北京体育大学出版社，2009：55-72.

学生终身体育打下基础[①]。北莱茵-威斯特法伦州的学校体育政策主要体现在六个方面：1）改善感知能力，拓展运动经验；2 用身体表达自我；3）敢于冒险及责任感；4）体验、理解与评估学生能力；5）合作、竞赛及了解，6）促进健康及健康素养的提高[②]。尽管德国各州学校体育目标有一定区别，但也有共同点，即特别重视体育的教育功能和开发运动行为能力，重视体育的健康价值。

（五）俄罗斯的学校体育目标

前苏联解体后，俄罗斯曾一度取消国家统一的体育课程标准。2000 年以来，随着教育改革的推进，俄罗斯教育部重新审视了苏联解体后，俄罗斯学校体育在标准制定与执行方面方面的混乱情况，提出了重新制定全国统一的国家体育课程标准的计划和方案。修订完善后俄罗斯国家体育课程标准按照小学、初中、高中等不同层级和年级确定了相应的标准。其中，小学阶段体育课程目标为："1）增进健康，促进身体和谐发展和全面锻炼身体；2）发展生活中重要的运动技能、技巧，形成运动经验；3）掌握普遍发展的和矫正性身体练习动作，并将其运用到日常学习和积极休息之中；4）培养锻炼身体认知自觉性和兴趣，培养社交能力，使学习和游戏相互促进。"初中阶段体育课程目标为："1）增强体质，促进健康，扩展机体可能发展的功能；2）形成运动文化，丰富普遍发展和矫正性身体练习的经验；3）培养对体育与健康和竞技运动与健康的稳定兴趣和积极态度；4）掌握体育和竞技运动的概念，它们的历史和当今发展状况以及

① 薄全锋，秦苏. 赴德国学校体育考察报告[J].中国学校体育，2000，（1）：65-67.
② 刘志国. 德国北莱茵"威斯特法伦州中学体育教育的实践及启示[J].体育与科学，2013，（5）：55-58.

二者在形成健康的生活方式之中的作用。”[①]高中阶段体育课程标准按照基础水平和专业水平分别加以阐述，概括起来，主要包括：1）增进个人健康；2）珍爱生命；3）延年益寿；4）促进学生个性发展；5）掌握运动保健技能。其中第一要务是人的全面发展，核心目标是增进健康[②]。

（六）英美等西方国家学校体育发展的价值取向

学校体育标准是学校体育发展的指导思想的集中体现。而在学校体育发展实践中反映出来的价值取向，也会影响到学校体育指导思想的变革。英美学者对西方国家学校体育发展的价值取向进行了比较成熟的研究，对他们的研究成果进行梳理，有利于我们更加全面的认识英美的学校体育发展目标、指导思想及学校体育发展方式选择。

Jewett 等学者（1995）列出了学校体育作为一种新的教育学领域所存在的五种价值取向：学科精熟、自我实现、社会化重建、学习过程以及生态整合。他们认为每种价值取向具有对于个人、主题或社会化发展的不同程度的侧重。这些价值取向中的任何一项都不可能单独地提供对于某种体育教育课程的全部依据。然而，当被整合起来使用时，它们形成了一种针对任何课程建议或发展的根深蒂固的理性。[③]

Anthony Laker（2003）认为学科精熟取向首要地考量在体育教育中获得专

① 藏坤.中国和俄罗斯义务教育阶段（1-9）年级)体育课程的比较研究[D].北京体育大学硕士学位论文，2007.
② 王韶峰.中俄学校体育课程改革新视野[M].北京：高等教育出版社，2010：75-92.
③ Jewett，A.E.，Bain，L.L and Ennis，C.D. The Curriculum Process in Physical Education[M]. Dubuque，IA: Brown and Benchmark，1995.

业权威性。当然，学科精熟取向的内容本身涵盖了从运动技巧到与健康相关的体质再到个人的生活活动。而这些内容也仅仅只是学校体育的一部分。教育者希望年轻人可以承担起其文化遗产完整角色的全部内容。在此种情况下，遗产被认为是指传统的体育教育课程。我们很有可能去质疑内容的价值，并且去怀疑那些去界定什么样的知识是有价值的个人究竟应该是谁。的确，传统的体育教育在促进青年人更加积极地在校内外参与运动方面，已经被证明是无效的。但是我们很难反驳学科精熟的价值取向，当学科的内容部分是文化性的遗产时，譬如运动文化。假设我们希望学生成为某一运动社区中的技巧熟练的参与者，那么学科精熟对于展现此种认识就大有可为了[①]。

Silverman（2003）在论述运动技能学习的教学法时清楚地罗列出我们了解的内容，以及它如何可以被用来去最大化进行技巧学习。尽管他承认我们仍需要对诸如动机、态度与认知的技巧学习各方面了解得更多，但是我们去教授技巧的能力直白、简单地展现在我们面前，已经被现有的研究所充分地告知[②]。

Hellison（1985）、Laker（2001）、Morris 与 Stiehl（2002）；Stiehl（1993）认为对于个人价值与自尊的尊重是许多教育课程的基本宗旨。强调此种价值取向的课程类型聚焦于自我向度的个人成长与发展。学生们最终会认识到认清自身目标与掌握个人学习体验的责任。个人、社会与社区团体的责任形成了此种理想化结果。通过为自己设定目标，学生们被置于一种任务导向的情境之中，

① Anthony Laker. The Future of Physical Education[M]. London: Routledge，2003，159-160.

② Stephen Silverman. The Pedagogy of Motor Skill Learning: Teachers and Students，in The Future of Physical Education，Anthony Laker[M]. London: Routledge，2003，102-121.

在此种环境下他们基于他们自己的标准来评价成功，而非是基于彼此间的比较。假如体育教育的目标之一是去促进具有辩证认识社会性能力，同样也具有社会责任意识的公民的培养，那么自我实现导向可以促进这一过程。但是我们将看到，也已经看到，尽管该导向对于实现上述目标意义深远，但是仅仅凭借这一种导向还是很难取得我们想要的全部结果①②③④。

Morris（1999）认为，许多把责任意识作为重点来处理的课程都以自尊与对自己负责来作为课程的第一步。个人竞技运动项目与活动，以及简单化的参与概念被理想化地认为适合于这种个人特征。这为对社会责任问题后续研究提供了一个牢固的基础，这个基础在团队竞赛与团队运动中是极为重要的。随着学生按年龄地不断成长，同时也不断成熟，他们会逐渐肩负起更大的责任，这种责任意识虽然扎根于社区，但却是全球化的关注。这种来源于个人的正在增加的责任意识，通过社会化，向社区化与全球化发展，与某种正在发展的、已构造个人技巧为主旨的课程较好地契合，进一步将运动作为某种社会与社区活动来处理，并且最终解决了基于个人本土相关性之上的某种大众体育教育中的较大问题。

Anthony Laker（2003）认为社会化重建取向将社会作为课程的主要聚焦点。尽管教育服务于社会，但是社会可以被教育改变。这种社会变化概念将社会重

① Hellison，D. Goals and Strategies for Teaching Physical Education[M]. Champaigne，IL: Human Kinetics，1985.

② Laker，A. Developing Personal，Social and Moral Education through Physical Education: A Practical Guide for Teachers[M]. London: Routledge Falmer，2001.

③ Morris，G.S.D. and Stiehl，J. Becoming Responsible[M]. Los Angeles: MOST Publisher，2002.

④ Steihl，J. Becoming Responsible: Theoretical and Practical Implications[J].Journal of Physical Education，Recreation and Dance，1993，64(5): 38-71.

构置于辩证理论的范畴内部。辩证理论家们自身由于强于批评而弱于解决办法而已被长期地批评。社会化重建局部地回答了那类批评，因为它做出了针对改变的真实建议。在这种价值取向的语境中，一种体育教育课程将寻求去发展参与式民主精神、领导技巧以及合作和集体解决问题的要素。这可以通过处理平等、性别、民族、社会流动与政策等问题来被完成，这些问题都与运动和身体活动相关。历史上看，教育对于改变是抵制的，学校倾向于复制社会，而不是去改革它。然而，辩证教育学对于隐藏课程的发现已经唤起许多人对于投资权力结构中的霸权再生可能性的警惕。可能，教师现在对于挑战现状而不是支持现状的理念更容易去接受。

Macdonald 与 Tinning（2003）认为反思教学在试图构建起某种应对社会化重建的课程中意义颇多。反思教学认为在发展合理的教学技巧中，政治与社会担忧是最重要的。这些担忧与引领他们自身进行社会化重构中的价值取向分析是相同的。一个真正的反思实践者也希望通过使学生能够接触到一种可以使他们辩证地评价身体活动选择以及由大众传媒提供的大众身体文化来解决不公平、偏见与专制的问题。就教师教育与教师职业发展而论，反思教学，考虑到他并非被运用为评价机制或去合理化政治行为的特点，对于建立一种新的解放思想的教育学是至关重要的[①]。

Anthony Laker（2003）认为对于学校向学生提供成为终身学习者技能的呼

① Doune Macdonald and Richard Tinning. Reflective Practice Goes Public: Reflection，Governmentality and Postmodernity，in The Future of Physical Education，Anthony Laker[M]. London: Routledge，2003，82-102.

声一直存在，因此学习过程取向应运而生。暂且不论终身学习是否是让所有人向往的，譬如为什么对于一个人去继续学习而言应该存在某种无声的强迫，满足于他或她的存在？只要机会可以被用来去学习，这样的机会就应该是充足的。部分的这类机会是拥有去利用好终身学习的必要技巧。知识爆炸与一直不断高涨的信息全球化可用性，意味着学校可能无法像社会一样教授给学生我们所希望年轻人去学习和了解的内容。在这方面，体育教育与其他学科没有不同。更多的活动与运动项目比之以往更加容易地被人们所接触到，并且许多年轻人希望至少有机会去尝试那些活动。学校可能无法提供全部这些机会，但是它们可以提供能够允许并促进学生在日后的生活中利用好类似机会的基本技巧与态度。特定的信息处理技巧将会帮助学生融入到这个日趋数字化的社会中。诸如解决问题的技巧在该价值取向中是十分重要的。基于对语言作为一种基本的学习技巧的补充，学生需要去具备一系列将辅助他们日后学习的运动技能。分析的能力、理解学习阶段的能力、认识重要技巧要素的能力以及重建或是构建新的为学生所神往的身体活动的能力[①]。

Mosston 与 Ashworth（1990）认为体育教育以往被传统地展现的方式一向是直接的或者是命令式的教学。在这种模式中一名教师展现素材，在实践中指导学生并且对于表现给出回馈。留给变通的空间很有限，更不必说学生的接纳。更加非正式的模式诸如指南性的探索、互利的任务教学为学生提供了针对一定程度的自我导向的更多机会。这可以在学校阶段的较早时期开始，伴随着教育

① Anthony Laker. The Future of Physical Education[M]. London: Routledge，2003，160-161.

体操与探险类型的活动。随着学生发展与成熟，学生可能通过践行诸如“为了理解的竞赛教学”被鼓励融入反思与解决问题的要素之中。迄今为止，在学习过程价值取向中被提及的内容已经被导向为体育教育的心理运动部分。学生也需要去了解从何处获得信息、如何获得机会、如何评价信息（常以极其普遍与深奥的形式出现）以及追求未来运动选择的社会、文化结果是什么。这暗示着在学习过程取向中体育教育的部分角色是去为学生提供文化濡化的机会。这将使学生能够成为某一发展与学习运动团体中的完全有作用的成员，不被过去的经历而阻碍，反而因过去的经历而强大。公民意识技能与文化觉醒，在一般概念与运动概念中都一样将提供一种具有广泛基础的一般性知识背景，在此背景中学生可以定位他们未来的参与和体育学习[①]。

Anthony Laker（2003）认为生态整合取向是指个人的自我实现与自我价值意义的彰显，与一种全面的、文化敏感的、全球敏感的以及环境敏感的教育观融合在一起。个人被视为环境中不可或缺的部分，与环境相互影响并且无法在真空环境中行动，忽视或对彼此间的关系不了解。可以看出，这种观点结合了来自其他取向中的特定要素，但是它可能缺乏了对譬如说学科精熟取向目标的明确。它建议一种特定的后现代的情境，在此情境中课程从现代性的宏大叙事中走出来，受到实证科学的主导，向一种需要社会学逻辑与环境生态的方向发展。其中，动态平衡被一种个人与其所处环境间的互利互惠的关系所保证着。

① Mosston，M. and Ashworth，S. The Spectrum of Teaching Styles: From Command to Discovery[M]. New York: Longman，1990.

这种体系将会使用各种不同的学习体验，将学习者的需求与学习体验对应起来，与此同时将来源于这些学习体验之间的关系与可能性典型化。学生的需求将会是那些被需要去成功地调和一种变化的、多元文化的以及多样性的运动与休闲活动和机会的技巧与能力。这自然地包涵了社会与环境责任、公民化与文化自觉意识的各方面。

生态整合为我们提供了将其他价值取向整合为一个可实施的整体的机会。任何简单地被某一孤立的价值取向所主导的课程都将在其潜能与吸引力方面是有限的。我们无法脱离我们主题的核心是心理运动的事实。我们对于体育教育所声称的一切都通过活动参与被认为是可以实现的。一个事实是，在全部体育教育课程中都必须存在学科精熟的部分要素。

同样地，一名极其不负责任的教师将会是那种无法认识到在使学生为今后的生活做准备的进程中存在某种教育任务的人。学习过程取向承认这种观点并且因此必须在课程发展中被考虑。体育教育总是声称去发展与提高学生的社会与个人特征，因此自我实现与社会化重建在帮助学生实现这一主题目标方面具有实质性意义①。

Jewett 等学者（1995）指出这五种价值取向涵盖了个人的、基于主题与社会的课程的各方面。生态整合是唯一同时具备了上述三个要素的价值取向。任何课程的典型化特征都将不是基于任何一种取向之上的课程实施，而是在不同取向中与不同取向之间侧重点是如何被确立的。存在丰富的课程模式，如运动

① Anthony Laker. The Future of Physical Education[M]. London: Routledge，2003，160-161.

教育模式和社会责任模式，去构建一种完全地利用各种价值取向的连贯性的课程组合[①]。

综上所述，西方学校体育发展模式中的五种价值取向，即学科精熟、自我实现、社会化重建、学习过程以及生态整合。这反映了西方学校体育发展方式的基本类型，即传统型学校体育发展方式、学生自我型学校体育发展方式、社会课程主导型学校体育发展方式和社会与个人同步型学校体育发展方式。这几种发展方式之间并不相互排斥，甚至在某一国家和地区如澳大利亚的昆士兰州，多种学校体育发展方式并存的局面亦会存在。

（七）发达国家学校体育目标及价值取向所体现出来普遍指导思想

综上所述，在主要发达国家，虽然学校体育指导思想各有侧重，但更多体现出来的是基于现代体育的功能与价值，以及席卷全球的现代教育改革浪潮所引致的普遍具有的指导思想，主要体现在以下几个方面：1）健康促进已经成为“许多国家中的学校体育的主要目标”[②③]，学校体育领域很少有理念能够像“健康”一样被广泛地与不加批判地接受；2）普遍关注学生的个体的全面发展，尊重学生个性，尊重学生自我实现的满足；3）普遍重视学生终生体育意识、态度与能力的培养，在能力培养方面，普遍重视运动技能的学习；4）普遍追求学校体育深层教育及社会价值的实现；5）普遍重视学习过程的评价。共同的指导

① Jewett，A.E.，Bain，L.L and Ennis，C.D. The Curriculum Process in Physical Education[M]. Dubuque，IA: Brown and Benchmark，1995.

② Waddington，I. Sport，Health and Drugs: A Critical Sociological Perspective[M].London: Routledge，2000.

③ Telama，R.，Nupponen，H. and Pieron，M. “Physical activity among young people in the context of lifestyle”[J].European Physical Education Review，2005，11(2): 169-83.

思想，决定了各国在学校体育发展方式选择方面必然具有相通和可借鉴之处。

当然，各国由于政治、经济、社会、文化，特别是教育发展背景不同，学校体育指导思想和具体目标也各有侧重。例如，美国在学校体育发展实践中非常重视竞技体育水平的提高，学校体育出现了“竞技运动化”发展趋势[①]，这与美国竞技体育发展依托学校体育的体制有关；日本的学校体育侧重于以基本知识、基本技能为中心的“体育的学力”的培养；英国强调通过学校体育开展来促进学生综合素质和能力的培养；俄罗斯将人的全面发展作为学校体育第一要务，以增进健康为核心目标。各有侧重的学校体育指导思想及具体目标，以及社会和教育生态，使得不同国家在确定学校体育发展方式时，会有着基于本国国情的考量和选择。

二、部分发达国家学校体育管理体制及制度保障

基于国家结构、国体、政体，特别是政府管理和社会治理体制，不同国家确立了自己的教育管理体制，进而影响甚至决定了学校体育管理体制及政策供给。

（一）美国学校体育管理体制及制度保障

美国是联邦制国家，联邦（即中央政府）是在州的基础上组成的，州的权利很大，除了外交以及军事外，州几乎就是一个独立的“小国”：有自己的法律、税收、警察、教育、选举制度。因此，美国实施的是地方分权管理的教育

① Ken Green. Understanding Physical Education[M].SAGE Publications，2008，226.

制度，教育管理是州或地方政府的责任，联邦政府无权过问各州教育的具体事务（但联邦政府教育部可以通过控制教育基金等来施加一定程度的影响）。各州享有确定本州教育标准和公共教育的资金来源的权力，在小学和中学，课程、资金、教学和其他政策都由当地选举产生的学区委员会决定。学区通常根据官员和预算与其他地方事务分开[①]。因而，美国学校体育管理体制呈现出松散而多元的特点，各州负责制定相关政策、标准，具体事务多由学区的教育部门负责，学校拥有极大的自主权。美国学校体育《国家标准》虽然发挥的影响越来越大，但却并不具有法定约束力[②]。

美国总统体质与运动委员会对美国学校体育的发展做出了重要贡献。该委员会是基于美国少年儿童体质每况愈下的状况，由艾森豪威尔总统于1955年发布命令成立的，约翰逊总统将其改为现名。1966年，约翰逊总统设置总统体质奖章。1971年，尼克松总统进一步将该委员会设置为机构与观察机构，增加了体育拨款。该委员会通过电视、广播等媒介就加强体质问题做了大量的宣传，长期推广一个以学校为中心的体质计划，它还与一些大学、商业团体、民间组织建立了广泛的工作联系。该委员会在推动学校体质运动中取得了突出成效："1）各州加强了体育立法，保障了学校体育课的开展；2）强化了社会各界对学校体育的重视；3）建立了《学生体育及格测验标准》制度；4）设计了一整套诸如奖章、证书、制服等刺激青少年参加体育活动的办法；5）体育科学研究

① 美国教育体系解读[EB/OL]. http://www.xueus.com/edusystem.html.

② 张建华，高嵘，毛振明.当代美国体育课程改革及对我国的启示[J].体育科学，2004，(1)：50-52，55.

成果的报道和传播。”[①]

在当今美国社会，大学和中学的竞技体育运动已经成为社会生活的重要组成部分，为此，无论中学层级，还是大学层级都建立起了系统的学校体育竞技运动管理结构。例如，著名的美国大学体育联合会（NCAA）成立于1905年，1910年改用现名。1980年，NCAA加入女子比赛。成立之初，NCAA只有几十个成员，现已发展至近1300个成员，得到巨大的扩展，成为美国优秀运动员的摇篮[②]。

（二）英国学校体育管理体制及制度保障

教育部是领导英国学校体育的政府机关，它通过《教育法》和教育总体规划对学校体育进行宏观控制。1944年，《教育法》的颁布对英国学校体育领导体制产生影响。二战结束后，教育部体育科从教育部医药局管理下脱离出来，成为独立的行政部门，直接负责英国的学校体育管理。英国政府对学校体育的宏观控制主要体现在提出统一的基础标准，但在学制、课程和大纲上均有不同要求，兼顾宏观控制和多样性二者的统一[③]，形成了包含国家体育课程标准、地方性的体育课程标准、学校体育课程教学计划在内的完善的三级课程管理体制[④]。由于英国学校的课外体育工作和社会上的各种运动俱乐部有着直接的联系，因此，作为政府机构的文化、媒体和体育部以及各类社会体育团体对学校

① 李静波.美国总统体质委员会对美国学校体育的影响[J].中国学校体育，2001，（1）：66-67.
② 单磊.美国学校体育深度访问[J].中国学校体育，2008，（2）：80-81.
③ 曲宗湖，杨文轩.域外学校体育传真[M].北京：人民体育出版社，1999：153-160.
④ 黄瑞霞.英国学校体育课程管理模式及启示[J].教学与管理，2009，（1）：143-144.

课余体育有着重大影响。

2002 年，英国政府颁布了学校体育——体育俱乐部链计划（学校与体育俱乐部结成伙伴关系），此计划于 2003 年正式实施。该计划是英国政府有关学校体育战略的一个基本组成部分，目的是为了加强学校和当地的体育俱乐部之间的联系，增加儿童和青少年加入正规体育俱乐部参加体育运动的人数，使他们从小可以分享俱乐部充满竞争性的体育文化氛围[①]。

英国还建立“学校体育协调官制度”来促进学校体育的发展。20 世纪 80 年代，受政府削减教育预算的影响，英国学校运动部一度陷入运转危机，为有效扭转局面，并加强英国竞技体育的国际竞争力，20 世纪 90 年代以来，英国政府提出了包括体育课教育和运动部活动在内的重振青少年学校体育计划。在此背景下，苏格兰于 1996 年开始试行《学校体育协调官制度》，苏格兰在各个中学分别任命了一名体育教师作为“学校体育协调官”，计划每周只安排他们一天有教学任务，其余时间专职从事“协调官”工作。每人负责与附近 4 个左右的“小学联络教师”保持联络。4-5 个中学运动部的“学校体育协调官”由一名“协作推进管理者”负责，每周有两天专门从事协调工作。一名协作推进管理者组成的一个“小组”下面共有约 20-25 名中、小学体育教师，中学的运动部活动得以顺利开展，其中包括教学大纲中的体育教学内容和课外活动，这种方式还给体育活动交流和经验交流以及政策研究提供了机会和场所。英格兰布莱尔政府也于 2000 年 3 月发表了体育振兴计划——《大众体育的未来》，于

① 王英峰.英国体育管理组织体系研究[D].北京体育大学博士学位论文，2010.

同年9月开始任命“学校体育协调官”。“学校体育协调官”推出后，在以下方面发挥了有效的作用：1）调整学校运动部的活动；2）与地方政府及相关机构、学校体育协会、竞技团体、志愿者相互合作；3）负责补充学校运动部的教师、教练、管理员；4）使学校与社区体育俱乐部相互合作；5）与相关的小学密切协作，共同开展活动；6）调查学生参与状况。[①]

（三）日本学校体育管理体制及制度保障

文部科学省是日本学校体育的政府主管部门。文部省创建于1870年，2001年与科学技术厅合并组建文部科学省，主管日本教育、学术、文化、体育、竞技体育等多项事业。文部科学省下设的初等中等教育局和体育运动青少年局与学校体育教育关系密切。

二战后，日本设置保健体育审议会，根据文部大臣的咨询，对学校的保健和卫生教育事项、学校配餐事项、学校体育事项以及社会上的运动竞技和休闲娱乐的相关事项进行审议，就必要事项向大臣提出建议。在新的文部科学省中，“中央教育审议会体育运动及青少年分会”承担保健体育审议会的任务。

二战后，日本设置教育课程审议会，文部科学省成立后，和其他机构合并为隶属于文部科学省的“中央教育审议会”。其任务是根据文部大臣的咨询，对教育课程的有关事项进行调查审议，并就必要事项向文部大臣提出建议。文部大臣根据教育课程审议会的答复，对《学习指导纲要》进行修订并公布[②]。

① 英国“学校体育协调官制度”[J].上海体育科研（摘自《中国体育资讯网》），2003，（1）：63.

② 张世响.现代日本学校体育教育的变迁（1945-2008）[M].北京：北京体育大学出版社，2009：14-15.

隶属于文部科学省的日本体育协会下属的初中体育联盟和高中体育联盟，覆盖了日本所有初高中学校。除了负责日常的学生体育社团指导和培训外，还承担着组织各级各类青少年体育赛事的任务，众多日本体育动漫中常常提到的“全国大赛”就是来源于此[①]。

日本通过一系列与学校体育教育相关的法律、法规来对学校体育进行管理和指导。涉及的政策法规主要有：《宪法》《教育基本法》《学校教育法》及《学校教育法实施细则》《学习指导要领》及《学习指导要领解说》、《体育运动振兴基本计划》等。

（四）德国学校体育管理体制及制度保障

德国学校体育教学主要由教育部（局）负责管理。1990年，德国统一，根据统一条约的有关规定，教育事业受国家监督，同时，各联邦州有较大的自主权。因此，学校体育发展的大权主要由各联邦州承揽，各州的学校体育（体育课程）目标和具体运行，在保有德国共同特质之外，有着各自的特色。

德国体育体制从总体上属于体育自治，政府协助，即：民间和社会办体育，并实行自治，体育自治机构代表其成员利益，制定体育方针、政策、发展规划及目标；政府只扮演协助角色，对体育的政策、措施提出建议，并承担一些体育经费。根据德国的联邦结构，体育运动的官方机构分为联邦、州、乡镇三级。联邦设置体育部，承担那些具有国家意义，各州不可能单独承担的任务；各州、地方（市）设立体育部和体育局（或青年体育部、局），宏观上管理州和地方（市）

① 卢苇.日本青少年体育：以学校体育为基础[N]. 中国体育报，2013-9-13，007版.

的体育工作。德国青少年校外体育活动主要由体育部（局）负责，德国联邦政府除了体育部外，还有多个部参与体育管理，分别处理与本部门有关的体育事务，其中，青少年、家庭、妇女健康部对青少年体育工作的发展扮演着主要资助者之一的角色①②。

德国是第一个将体育课程作为教学科目纳入学校教育的国家，向来重视学校体育发展。联邦州大多将学校体育纳入学校教育的整体规划中，在制度层面给与学校体育发展以充分的保障。

（五）俄罗斯学校体育管理体制及制度保障

从 20 世纪 90 年代初开始，俄罗斯教育管理重心开始向最低层，即市级教育管理部门转移。2004 年，俄罗斯政府对《关于俄罗斯各俄联邦主体立法机构和国家权力执行机构的一般组织原则法》和《关于俄联邦地方自我管理的一般组织原则法》等俄联邦法律作了修改和补充。这些措施对不同的国家管理机构和地方管理机构间权力的划分产生了实质性影响，其中对教育领域权力划分的影响尤其重大。俄联邦教育管理部门职权范围进行了大幅度压缩，大大地限制了俄联邦管理机构直接调控地区教育系统活动的可能性。同时，《教育法》所作的修改扩大了俄联邦主体（即州、边疆区、自治共和国）的职权，通过补贴地方预算的方式，将国家保证公民获得免费的学前教育、初等普通教育、普通基础教育和完全中等教育，甚至在学校获得补充教育的责任都交给了俄联邦主体。

---

① 曲宗湖，杨文轩.域外学校体育传真[M].北京：人民体育出版社，1999：106-109.

② 朱跃夫.德国学校体育见闻[J].中国学校体育，1997，（4）：70-71.

修改后的《教育法》规定，俄罗斯联邦教育机构有权确定国家教育标准，确保教育文件在俄联邦范围内具有相同的效果，引介国外教育文件；而联邦主体级教育管理机构确定国家教育标准的州（民族地区）组成部分，以及其他的组成部分[①]。

俄罗斯学校体育主要由政府教育管理部门负责，教育管理体制的改革必然会引致学校体育管理体制的变化。例如，俄罗斯联邦教育部制定并公布了国家体育课程标准，设置了学生必须掌握的最低限度和毕业培养水平要求。在此基础上，又推出了综合性、发展运动能力为主、形成性和竞技性等多种形式的体育教学大纲，供各学校选择[②]。这体现了约束性和灵活性的统一。

（六）发达国家学校体育管理体制及制度保障的总体情况

从中央和地方的关系维度考量，发达国家学校体育管理可以分为地方管理为主和中央、地方共管两类。美国和德国学校体育管理权限主要在各州及地方，属于以地方管理为主的典型。而英国、日本、俄罗斯则为中央和地方共管的代表，但也有一个趋势值得关注，即地方的自主性也在不断上升，近年来，俄罗斯联邦各主体和地方教育管理权不断提升即为典型例证。

各国政府都或多或少的介入到学校体育的管理中，在政府设置中都有有学校体育有关的机构。各国在学校体育（体育课程）标准的制定过程中，或多或少的都反映了政府的意志，多数国家的学校体育（体育课程）标准直接由政府

---

① 张举玺.中俄教育管理体制比较[M].开封：河南大学出版社，2007：24-32.

② 王韶峰，孙庆祝.俄罗斯普通教育体育课程标准的文化背景分析[J].黑龙江高教研究，2008，（10）：57-59.

教育机构制定并公布。但也应注意到，各国政府对学校体育管理多体现在标准制定、经费支持上，对学校体育具体事务的介入越来越少，社会组织对学校体育事务，尤其是课外体育活动的介入程度越来越深。利用社会资源发展学校体育，特别是课外体育，已经成为各发达国家的共同趋势。

从全球范围来看，新自由主义思想渗透到体育教育管理已经成为一种趋势[①]，市场（社会）越来越多的参与到学校体育的管理和运行中，发达国家国家学校体育管理体制逐渐展现出市场（社会）、学校与政府三方协同管理的特征。在美国、澳大利亚等国出现了学校体育“外包”，即向市场（社会）购买体育教育教学及相关活动（以学生体育竞赛、户外及课外体育活动为主）服务的市场化行为[②③④]。为了更好的保障学生体育活动参与，发达国家在学校体育改革进程中越来越重视学校与社区、家庭的联动，学校体育管理的社会参与程度越来越高。

近年来，多数发达国家不约而同地采取加强学校体育的政策，从体育教学的时间、内容、场地、师资等方面做出明确规定[⑤]。最能反映各国对学校体育重视的是各国均制定了学校体育（体育课程）标准。当然，由于管理体制的不同，各国标准的约束力和灵活性有很大差别，例如：美国由于学校体育管理权限主

---

① Macdonald，D. Like A Fish in Water: Physical Education Policy and Practice in the Era of Neoliberal Globalization[J].Quest，2011，63，36-45.

② Seungbum Lee.Global Outsourcing: A Different Approach to An Understanding of Sport Labor Migration[J]. Global Business Review，2010，11，153-164.

③ Peter R. Whipp，Heidi Hutton，J.，Robert Grove，Ben Jackson.Outsourcing Physical Education in Primary Schools:Evaluating the Impact of Externally Provided Programmes on Generalist Teachers[J].Asia-Pacific Journal of Health，Sport and Physical Education，2011，2(2)，67-77.

④ Ben Williams，Peter Hay and Macdonald，D. The Outsourcing of Health，Sport，and Physical Educational Work: A State of Play[J].Physical Education and Sport Pedagogy，2011，4(16)，399-415.

⑤ 胡乐乐.学校体育必须切实重视起来[EB/OL]. http://www.moe.edu.cn/publicfiles/business/htmlfiles/moe/s5148/201211/143890.html.

要在各州，因而国家课程标准只是一个指南，供各州参考，没有法定约束力；而日本、俄罗斯、英国的标准相对约束性较强一些，但也非常注重各地方、各学校特色的体现，在满足基本要求的情况，尽可能考虑地方和学校的自主性问题。

三、部分发达国家学校体育教育教学及相关活动的运行方式

体育教育教学及相关活动的开展是学校体育工作的中心环节，学校体育发展所有要素的优化最终都要服务于体育课程、校园（课外）体育活动及其他相关活动。基于发展目标、管理体制及其他因素异同的影响，发达国家学校体育教育教学及相关活动的运行方式既有相同或相近之处，又有各自特色。

（一）美国学校体育教育教学及相关活动的运行方式

美国学校体育教育教学及相关活动的运行主要通过体育课程实施和课外体育活动开展来落实。由于教育事务主要由各州管理，各州管理方式不同，导致学校体育发展的差异很大：有的州有统一的体育课程大纲，有的州没有教学大纲，完全由各个学校自主制定教学大纲。美国学校体育《国家标准》没有强制约束力，仅是一个指南，体育课程如何设置，体育课堂教学如何开展，各州有很大不同。有的州体育课程实施状况很差，例如阿拉斯加州，该州只要求高中开设体育课，对小学没有要求，即使有体育课，85%的班级也让普通教师而非专业体育教师来进行教学。但近些年来，美国部分地区儿童健康状况每况愈下，引起了美国社会的重视，美国一些州出台强制措施来加强中小学体育。例如，田纳西州共和党参议员比尔·克伦发起了一项强制学校“每天都有体育课”的

法案；佛罗里达州决定把体育课扩展至高中十二年级，要求所有幼儿园至小学五年级的学生每周必须至少要上 2.5 小时的体育课，并鼓励初中和高中向学生提供每周 3.75 小时的体育课；伊利诺伊州甚至要求从幼儿园到高中所有学校每天都得有体育课。加利福尼亚、肯塔基、缅因、密苏里、纽约、南卡罗来纳、佛蒙特等州也制订了学校健康与体育计划①。

美国一部分州规定公立学校必须开设必修体育课程，另外一部分州则没有明确要求；私立大学是否设置体育必修课程由学校自主决定。因此，美国有很多大学没有设置体育必修课。②美国高校体育活动课程的组织多数采用俱乐部等形式，学生可以根据自己的兴趣来组织竞赛、娱乐或健身等活动③。

由于各州和学校在体育课程设置和教学方面的自主性较大，美国体育课程模式呈现出多元化格局，比较有代表性的课程模式有：竞技体育教育模式、健身体育教育模式、社会责任教育模式、学科联合教育模式、运动教育课程课程模式、“SPARK”课程模式等④⑤⑥⑦⑧。

① 胡轩逸.美国：加强中小学体育促进儿童健康[J].上海教育，2012，(26)：41.
② 隋晓航.美国大学体育现状及对我国的启示[J].武汉体育学院硕士学位论文，2007.
③ 尚志强.基于构建我国大学生课外体育活动课程的探讨——美国大学生课外体育活动课程的经验及启示[J].浙江传媒学院学报，2009，(6)：75-77.
④ 曲宗湖，杨文轩.域外学校体育传真[M].北京：人民体育出版社，1999：207-213.
⑤ Oleg A. Sinelnikov，Peter Hastie.A motivational analysis of a season of Sport Education[J]. Physical Education and Sport Pedagogy，2010，15(1):55-69.
⑥ Peter A. Hastie.A review of research on Sport Education: 2004 to the present[J].Physical Education and Sport Pedagogy，2011，16(2):103-132.
⑦ James E Sallis，PhD，Thomas L McKenzie. PhD，John E. Alcaraz，PhD，Bohdan Kolodx. PhD，Nell Eaucette，PhD，and Melbourne E Novell，PhD，MPH.The Effects of a 2-Year Physical Education Program (SPARK) on Physical Activity and Eitness in Elementary School Students[J].Effects of Physical Education，1997，8(97)，1328-1334.
⑧ Thomas L.，McKenzie，James F. Sallis and Paul Rosengard. Beyond the Stucco Tower: Design，Development，and Dissemination of the SPARK Physical Education Programs[J]. Quest，2009，61，114-127.

相对体育课时间的有限，美国的课外体育活动开展的有声有色。有美国专家统计，美初中小学生参加课外体育活动人数为总人数的86%。中小学课外体育活动主要包括在一所学校范围内组织进行的班级课外活动、几所学校学生进行的混合参与的校际课外活动（常见的是各种类型的校际运动会），以及根据学生运动兴趣，组织起来进行训练和比赛的运动俱乐部[①]。美国 5-12 年级学生每周课外体育活动时间平均高达 12.6 小时[②]。美国大学课外体育活动管理与运行方式基本是以各类体育中心和健身中心为平台，以各个校内体育竞赛联盟为框架实施的正式校内体育竞赛计划，以及各个体育俱乐部组织的非正式校内体育竞赛活动，它以户内和户外休闲性体育活动、集体和个人健身训练为载体，组织与管理各类课外体育活动[③]。

美国比较重视校内体育活动与校外体育活动的整合。例如，美国健康、体育教育、休闲与舞蹈联合会（AAHPERD）近年来致力于推行它的 2011 版学校体育全面课程计划（AAHPERD，2011）。该课程模式试图将学校利用为提供体育活动的中心，通过涉及校前、在校与校后的体育活动课程与常规的传统体育教育相呼应。更为具体的是，AAHPERD 正在促进一种基于素质体育教育与校园主导体育活动机会供给之上的新途径，学校教职工的运动健康参与和家庭、社区的融合被视为这种新途径所依赖的重要力量源泉。此外，2011 版学校体育

---

① 李守民.美初中学的课外体育活动[J].初中生世界，2013，(7)：16.
② 胡轩逸.美国：加强中小学体育促进儿童健康[J].上海教育，2012，(26)：41.
③ 尚志强.基于构建我国大学生课外体育活动课程的探讨——美国大学生课外体育活动课程的经验及启示[J].浙江传媒学院学报，2009，(6)：75-77.

全面课程计划中指出，将身体活动融入常规小学课堂是发展趋势，应提供更多的身体活动俱乐部以及校内的身体活动中心，并且资助和鼓励有家庭参与的学校体育活动的开展[①]。

（二）英国学校体育教育教学及相关活动的运行方式

英国学校体育教育教学及相关活动的运行主要通过体育课程、健康教育课程和课外体育活动来落实。英国体育课程是和健康教育课程分设的，英国国家体育课程也强调健康，在国家体育课程学习纲要每个阶段的“知识、技能和理解力”学习部分，都有关于健身和健康知识了解和理解的学习要求。但是英国体育课程更强调通过学习体育技能与方法来促进健康，而不是通过体育课教授健康知识，同时也强调运动卫生和运动安全。对于健康教育，英国专门开设了“人、社会与健康教育课程”来进行健康教育[②]。

英国通过国家体育课程标准对体育课程进行宏观控制，但同时给予体育教师很大的自主权。选修制和按能力分班是英国学校体育教育的传统，基于传统和教学实施的较大自主权，英国体育教师创造性的提出了活动课程、个别化课程、综合课程等教学方式方法，提出了“垂直分班”“开放教室”“学科能力分班”等教学组织形式。在课程内容上寻求多样性与统一性的协调，特别重视舞蹈和体操两个领域的运动练习[③④]。

① American Alliance for Health，Physical Education，Recreation，and Dance (2011)2011 Comprehensive School Physical Activity Programme(CSPAP)survey report. Reston，VA: Author.

② 杨波，袁古洁.英国国家体育课程对我国体育课程改革的启示[J].体育学刊，2007，(6)：59-63.

③ 黄晓灵.二战以来英国学校体育课程改革述评[J]. 西南大学学报（社会科学版），2009，(3)：144-147.

④ 曲宗湖，杨文轩.域外学校体育传真[M].北京：人民体育出版社，1999：180-186.

课外体育活动方面，英国通过实施学校体育——体育俱乐部链计划，大批学校与相关体育俱乐部建立了合作伙伴关系。该计划的实施，为儿童和青少年参加体育运动提供了更多的机会，使儿童和青少年每周参加两次高质量体育运动的人数大幅度增加[①]。

为了给小学生提供充足的运动机会，激发他们的体育兴趣，养成热爱运动的健康生活方式，提高他们的健康水平，苏格兰地区 2005 年启动实施“运动课程计划”。为支持并监督这项计划的实施，苏格兰体育理事会与地方政府携手构建了一个覆盖全地区的网络——运动课程网络。该计划由受过教练员培训的教师和主要由教师、“运动课程计划”的协调员、地方俱乐部的相关人员和团体组成的体育理事会管理者研讨会构成。该计划的实施，使苏格兰的学校与社区间的合作越来越紧密，使学生在校外也能有发展体育技能、获得体育经验的平台，不仅帮助学生体验到运动的乐趣，并使其在俱乐部、社区得到进一步锻炼。为了遏止青春期女孩停止运动的趋势，鼓励她们在进入青春期时，及未来还可以继续享受运动的乐趣，选择更积极的生活方式，苏格兰还于 2003 年起开“运动中的女孩计划”[②]。

（三）日本学校体育教育教学及相关活动的运行方式

日本学校体育教育教学及相关活动的运行主要由体育保健课和课外体育活动落实。日本体育保健课内容领域由运动和保健两方面组成，完成体育保健课

---

① 王英峰.英国体育管理组织体系研究[D].北京体育大学博士学位论文，2010.

② 谭琳，谢争.澳大利亚、苏格兰课外体育计划实施情况介绍[EB/OL]. http://pe.cersp.com/jscz/jxyj/200909/5196.html.

程是“中小学生参加体育活动的最低要求”。针对学生体力和学力下降的现状，2008年修订的《学习指导要领》通过增加体育课时，调整学习内容，实行大单元制，改善学习指导方法等措施加强体育保健课的落实[①]。例如，小学阶段的体育课课时总数较1998版《学习指导要领》确定的课时总数增加了57学时。

在体育保健课之外，日本学生还会有种类繁多的，方便更多有体育兴趣和需求的学生进行强化提高和训练比赛的学生体育社团作为学校体育活动的补充。第二次世界大战后，学校运动部活动逐渐成为日本初高中学生课外体育活动的主要形式，日本中学生加入学校运动部的学生比例2000年即达到77.4%[②]。学校运动部具有正规学校活动的身份。日本2008年修订的初高中《学习指导要领》提出“运动部活动要与学校教育课程相关联”的要求；2010年，日本文部科学省在《体育立国战略》中提出了推进社区体育俱乐部等有关团体与学校运动部合作的政策措施。按照当前的发展趋势，未来日本学校运动部将形成学校与社区合作互助的支援体系[③]。

基于通过集体化的体育运动使青少年较为系统地掌握某类运动技能、培养运动专长，同时培养团队意识，实现身心全面发展的目标，1962年，日本体育协会成立后即大力推广以社区为据点的运动少年团的发展[④]。至2000年，已发

---

① 钟启泉.日本学校体育的演进及其未来走势[J].全球教育展望，2009，(6)：3-6.

② 中澤篤史.身体活動を伴う社会交流——戦後の中学・高校運動部活動の政策の展開に焦点を当てて[J].体育の科学，2009，(11)：728-729.

③ 李冰，周爱光. 二战后日本青少年课外体育活动的政策及启示[J].体育与科学，2012，(6)：106-112.

④ 谷晨. 日本少儿校外体育促进措施研究[J].体育文化导刊，2010，(2)：152-154.

展至 34320 团 904200 个团员，占日本同龄人的 4.4%[①]。

日本严峻的少子化问题，弱化了以学校为单位的运动部活动和以社区为据点的运动少年团活动，建立一贯的以社区内学校为基础的多项目、不同年龄、自主运营的青少年体育指导系统和据点——综合型地域体育俱乐部的建设成为了日本体育政策的重心[②]。文部科学省 2010 年的调查报告显示，全日本已完成的综合型地域体育俱乐部数量为 2425 个，小学生在综合型地域体育俱乐部会员人数中比例最高，为 18.4%[③]。

除了学校运动部、体育少年团和综合型地域体育俱乐部这三个日本青少年课外体育活动主要载体外，承担着日常的学生体育社团指导、培训，以及组织各级各类青少年体育赛事任务的初中体育联盟和高中体育联盟，也覆盖了日本所有初中和高中。据 2012 年的一项统计显示，64.48%的初中生加入了日本初中体育联盟，其中男生达 75.47%，女生达 52.98%。这“两大联盟”中，设有田径、游泳、棒球、足球、排球和乒乓球等约 20 个体育单项小联盟。这些小联盟在学校的组成单位就是学生体育社团，所有学生都可以根据兴趣自愿加入[④]。

（四）德国学校体育教育教学及相关活动的运行方式

德国主要通过体育课程和课外体育活动来落实体育教育教学及相关活动的运行。作为联邦制国家，德国学校体育发展受国家的监督，但具体的课程标准、

① 财团法人日本体育协会，21 世紀の国民スポーツ振興方策[Z].平成 13 年 1 月 16 日.
② 李冰，周爱光. 二战后日本青少年课外体育活动的政策及启示[J].体育与科学，2012，(6)：106-112.
③ 阿部耕一.スポーツ政策論[M].東京都：株式会社成文堂，2011：342-343.
④ 卢苇.日本青少年体育：以学校体育为基础[N]. 中国体育报，2013-9-13，007 版.

内容由各州来定，学校的自主权很大，政府在学校体育管理方面只是起协助作用。因此，不同州、不同学校之间学校体育课程有着一定差异。从 20 世纪 70 年代起，德国的中小学体育教学非常重视竞技运动项目的学习，体育教学内容以运动项目为单位编制，大量的竞技运动项目进入中小学课堂[①]。

德国初中小学生在体育俱乐部中的活动是其校外锻炼最主要的方式；德国普通大学生没有体育必修课，其体育教育和有组织的体育锻炼完全通过体育俱乐部来实现[②]。1955 年德国体育联合会和文化部长会议联合签署了“支持学校体育教育的建议”，开始了体育俱乐部与学校的合作，一些有关学校与俱乐部之间合作具体措施的原则性文件相继出台，目前各联邦州正在实行的合作项目大都是从 20 世纪 80 年代中后期和 90 年代初开始的[③]。在德国，体育俱乐部和学校体育关系密切，一定意义上说，俱乐部体育就是学校体育的延伸、补充和发展。反过来，又可以促进学校体育的开展，二者相辅相成。2000 年时，巴伐利亚州就有 40-50%的学生参加了体育俱乐部的活动，并成为会员，且最近几年呈不断上升趋势，有的学校参加体育俱乐部的学生数占学生总数的 90%[④]。

（五）俄罗斯学校体育教育教学及相关活动的运行方式

俄罗斯主要通过体育课程和课外体育活动来落实体育教育教学及相关活动的运行。俄罗斯中等普通教育的体育课程伴随着国家体育课程标准基础水平和

---

① 刘波.德国体育俱乐部体制与学校体育关系的研究[J].体育与科学，2008，(1)：88-93.

② 刘波.德国体育俱乐部体制与学校体育关系的研究[J].体育与科学，2008，(1)：88-93.

③ Gerhard Waschler，Zusammenarbeit von Schule und Sportverein in sportpadagogischer Perspektive，1996.

④ 薄全锋，秦苏. 赴德国学校体育考察报告[J].中国学校体育，2000，(1)：65-67.

特长水平划分，也分为基本和特长两部分。近年来，俄罗斯联邦主体和地方教育管理权限越来越大，地方和学校在体育课程安排方面的自主性很强，因而创造性也比较强。以俄罗斯远东地区乌苏里斯克市第二十五中学为例，该校体育课程近年来经历着较大变革，以往一些开展较好的集体项目正逐步让位于新兴项目，体育课一改单调乏味的局面，更强调趣味性和持续性，更着重于个人技战术的掌握。该校体育课程实施还有一个特点，即爱国主义军事活动是学校体育教学的一种重要形式[①]。

俄罗斯开设的生命安全教育课程与学校体育有着密切的关系，二者的主体、客体和行为目标都是一致的。二者的作用对象都是青少年，目标都是为了学生的健康成长和正常发育，以及体质水平的提高。由于业务相近，许多体育老师同时兼任了生命安全教育课程的教学。在一些还没有开始生命安全教育课程的学校，其基本内容就包含在体育课程之中[②]。

俄罗斯课外体育活动丰富多彩，主要由学校文化课中的分钟体育、大间歇中的体育活动和活动性游戏、延长日体育运动等组成[③]。以苏里斯克市第二十五中学为例，课余体育项目主要包括：学校日常的课前操；一般发展练习；大间歇身体练习；延长日体育运动中的一般发展练习。课外体育有专人负责组织、制定、实施活动计划。学生在假期也不间断体育锻炼，师生会经常自发组织和参加一些体育比赛。学生还经常在体育馆和舞蹈艺术馆从事健美运动、体育舞

① 王韶峰.中俄学校体育课程改革新视野[M].北京：高等教育出版社，2010：75-92.
② 唐宏贵，李双成，黄靖，等.俄罗斯“生命安全教育”对我国学校体育的启示[J].体育学刊，2004，(6)：69-71.
③ 中国基础教育学科年鉴（体育与健康卷 20009）[M].北京：北京师范大学出版社，2011：249-252.

蹈和芭蕾舞的练习[①]。

（五）发达国家学校体育教育教学及相关活动运行方式的总体情况

综观部分发达国家体育教育教学及相关活动的运行，有以下几个共同发展趋势：1）课外体育活动在体育教育教学及相关活动中所处地位不断上升，在部分国家的部分层级的学校中，因为没有体育必修课，课外体育活动甚至成为学校体育工作的完全依托；2）社会和市场对体育教育教学及相关活动，特别是课外体育活动的介入程度不断加强，各种类型的体育俱乐部成为发达国家学生参与课外体育活动的一个重要载体；3）学校体育活动与社区、家庭的联动日益加强，出现校内外体育一体化趋势；4）地方和学校在学校体育管理中的自主性逐渐增强，在课程设定、内容选取、教学方法选择等方面能较为充分的考虑地方和学校特色，对学生身心特点和个性需求的关注程度有大幅度提高。

青少年体质状况整体不佳是一个世界性的难题，当前，不少发达国家也没有很好的解决这个问题。社会对学校体育的忧虑和关注度在不断上升，众多机构和学者对此问题进行了深入的研究，成为课程标准修订和体育教育教学改革的重要推动力量之一。在此状况下，绝大多数国家和地区对体育教育教学活动，特别是对体育课程重视程度日益加强。制定（修订）标准、课时增加、内容调整等成为各国重视学校体育的最突出表现。

① 王韶峰.中俄学校体育课程改革新视野[M].北京：高等教育出版社，2010：75-92.

四、部分发达国家学校体育发展的保障条件

学校体育发展需要人、财、物等方面的保障。本部分将从资本与体育场地设施、体育师资等方面对部分发达国家学校体育发展的条件保障情况进行阐述。

（一）部分发达国家学校的体育场地设施和资本（经费）供给

美国学校体育设施供给比较充足，无论大学，还是中小学校，一般都建有设施比较齐全的体育场（一般用来进行棒球和田径运动项目），稍微富裕一点的学校还建设并拥有至少一个篮球场地的体育馆，周围是网球场、足球场等。美国大部分社区内都有自行建造的篮球、网球和橄榄球场地，有的还有体育馆，这些社区设施与学校设施共同构造了一个体育设施网络。这个网络可以保证任何一个孩子在自己生活区方圆 5 公里范围内至少可以找到一个篮球场、2-3 个网球场。这些场地几乎全部是免费的，包括室内场馆（学校场馆对外开放得少，但对本校学生免费），有专人清理打扫，报修维修，开门关灯等。[①]完备的设施为学生参加喜欢的体育运动提供了保障，为学校实施体育教育教学活动提供了良好的物质基础。

在美国，相当多的学校将体育管理当做仅次于文化课教学的第二大工作，并有专门的校长分管体育。每年各学校都会对体育工作的资金进行单独立项，其中包括运动队的维护和相关人员的任免。美国学校大部分都会以纯商业模式

① 单磊.美国学校体育之我见[J].中国学校体育，2008，(4)：80-81.

来管理体育工作，这是与学校其他部分的工作最大不同的地方[①]。通过各类赛事的商业运作，为学校体育筹集了大量资金，例如，通过 NCAA 运作，大量赞助商涌入校园，其中篮球、棒球、排球、足球、网球和长跑等是最受欢迎的项目，NCAA 总赞助商数量在 2 万家左右[②]。

随着对学校体育工作重视程度的提高，美国一些州政府也加大了为学校体育设施改善提供资金的力度，例如，弗罗里达州政府就出资帮助学校购买了必需的锻炼设备[③]。

英国学校的体育设施从总体比较完备，学生的选择空间比较大。英国的学校操场，大多随地就形，田径场、篮球场、板球场等场地的规模一般不大，但比较常实用。体操房则是一室多用，利用率很高。就连校内的小广场、边角地也都画上了供学生游戏和活动的格子等多种图形，用以保障学生充分活动。英国学校的体育场馆及设施有不少是社会上的体育俱乐部利用学校的地方投资兴建的，平时和教学时间由学校管理使用，节假日和晚上由俱乐部经营管理。这种方法既解决了学校投人资金的问题，又避免了体育场馆和设施的闲置、浪费[④]。

但英国学校体育设施供给也存在“私”热“公”冷的现象。由于有雄厚的财力支撑，英国的私立名校往往拥有一流的体育设施和器材，例如米菲尔德中学拥有包括 13 个网球场、1 个田径场馆、1 个马术中心、1 个 50 米 8 泳道游泳

① 单磊.美国学校体育之我见[J].中国学校体育，2008，(4)：80-81.
② 单磊.美国学校体育深度访问[J].中国学校体育，2008，(2)：80-81.
③ 胡轩逸.美国：加强中小学体育促进儿童健康 [J].上海教育，2012，(26)：41.
④ 孟文砚，段保密.英国学校体育见闻[J].中国学校体育，2007，(7)：56-57.

池、1 个 25 米泳池、曲棍球场、高尔夫球场、赛车场、武术馆、剑术厅、壁球场、板球场和舞厅等在内的一流体育设施。但公立学校的场地设施普遍逊色于私立学校。由于政府削减财政赤字、紧缩政府开支，英国一些公立学校为了解决资金问题，甚至出现了出售操场或户外活动场地的情况。虽然，2005-2012 年，英国政府投入了 15 亿英镑于推动公立学校改善体育现状[①]，2003-2008 年间，英国国家彩票基金为学校体育设施投入 6.86 亿英镑[②]，但仍属于杯水车薪，要改变“私”热“公”冷状况，仍需做出更大的努力。

日本 62.2%的体育设施分布于中小学、中等教育学校、盲聋养护学校、专修学校及其他各类学校中。学校体育设施中，体育馆占 27%，其次是多功能运动场、游泳池、室外球场、柔道剑道场。在大学和高等专科学校体育设施中，体育馆占 18.6%，其次是室外球场、多功能运动场、健身房和棒垒球场。日本高等专科学校及公共体育设施中，大规模设施的数量较多，中小学校体育设施中则以中等规模以下为主[③]。

为保证学校的体育教学需要，德国政府规定学校要有室内、室外体育场地设施，各体育协会和俱乐部的场地设施上午要全部向学校免费开放，私人机构的体育场馆向学校开放，由政府支付租金[④]。德国强调学校体育场地的多功能和使用便捷。很多德国学校的体育场地设施，看上去比较简陋，但设备齐全、整

① 胡轩逸.英国学校体育的目标：超越那 7% [J].上海教育，2012，(26)：38-41.
② Teachernet.National Physical Education，School Sportand Club-Links Strategy[EB/OL]. http://www.teachernet.gov. uk/.
③ 日本学校体育设施向公众开放材料[J].体育教学，2008，(4)：12.
④ 朱跃夫.德国学校体育见闻[J].中国学校体育，1997，(4)：70-71.

洁透明、整体使用率极高。德国冬季漫长，室外运动场地长时间被积雪覆盖，使用率相对较低，除冰雪运动等少数冬季项目活动外，多数运动项目的训练都是在室内场馆进行。因而，在德国学校，小型综合性的室内训练场馆的数量颇多，条件设施的质量较高（配有暖气、更衣室、冲淋房、器械室等），运动场地的使用多以收费（消费体育）和少量的免费形式向全校教职员工、学生开放。当学校体育场馆设施满足不了锻炼者的需求时，则采用租用体育俱乐部或社会公共体育场馆来满足其锻炼要求[①]。

总体而言，发达国家学校体育场地设施供给无论从数量上，还是从质量上都能够较好地满足学校体育教学和校园体育活动的开展。多数发达国家的学校体育设施和社区体育设施在建设和利用方面形成了联动机制，利用率较高。经费供给有来自政府的拨款，在部分国家，也有相当一部分来自于学校体育竞赛、体育俱乐部、场地设施的市场化运营。

（二）部分发达国家学校体育的师资队伍建设

在体育师资队伍建设方面，通过制定教师专业标准可以为体育教师教育机构的人才培养和体育教师自身的专业发展提供明确目标。近年来，美、英、德、澳等发达国家均已制订并实施了各种教师专业标准[②③④⑤⑥]。在不分科的教师标

① 管庆丽，王海源.试析德国学校体育场馆设施的开发与利用[J].中国学校体育，2007，(2)：60-61.
② 段子才，黄汉升.美国初始体育教师教育标准述评[J].北京体育大学学报，2010，33（8)：91-94.
③ 许明.美国教师教育专业标准概述——美国教师队伍质量保证机制之二[J].课程·教材·教法，2002，(11)：62-68.
④ 许明.英国教师教育专业新标准述评[J].比较教育研究，2007，(9)：73-77.
⑤ 吴卫东.德国教师教育的新标准及启示[J].外国教育研究，2006，(9)：58-62.
⑥ 张文军，朱艳.澳大利亚全国教师专业标准评析[J].全球教育展望，2007，(4)：80-83.

准公布后，部分国家进一步制定了体育教师专业标准。例如，美国就由其国家运动和体育协会（NASPE）体育教师教育标准，标准分为初始和高级两个文件[①②]（初始标准用于对体育教育专业本科毕业生进行评价，高级标准用于对具有硕士学位的体育教师进行评价），于 2001 年颁行。2008 年，NASPE 又发布了新的初始体育教师教育标准和高级体育教师教育标准[③]，并于 2010 年开始执行。又例如，日本《教育职员资格法》详细规定了各学科教师的资格标准，体育教师资格标准根据中小学教师职业资格证书的种类和资格的规定，进行细分化设定[④⑤]。

美国学校专职体育教师配备较少。通常小学只有一位体育教师，很多情况下，体育课是由兼职体育教师上；绝大多数中学体育教师还有一个教练职务；大学也有很多兼职体育教师。这些教师选修了一些体育方面的课程，并得到体育教师证书。[⑥]还有不少从事学校体育的人士是从社会招聘的专业人才，并且专业背景不一定是师范学院的毕业生[⑦]。

英国非常重视体育师资培养的规格和标准，在体育师资培训时强调理论与实践的紧密结合，注意根据培养对象区别对待、因材施教，重视学员在培训前

① National Association for Sport and Physical Education. Standards forInitial Programs in Physical Education Teacher Education[EB/OL].http://www. aahperd. org/Naspe/pdf - files/standards - initial. pdf.

② National Association for Sport and Physical Education. Standards forAdvanced Programs In Physical Education Teacher Education[EB/OL]. http://www.aahperd.org/Naspe/pdf-files/standards-ad-vanced.pdf.

③ Advanced Standards for Physical Education(2008) [EB/OL].http://www.aahperd.org/naspe/standards/national-Standards/.

④ 林陶.日本体育教师专业标准诠释[J].体育学刊，2009，(3)：63-67.

⑤ 欧小锋.日本体育教师资格制度研究[J].体育文化导刊，2013，(8)：101-104.

⑥ 曲宗湖，杨文轩.域外学校体育传真[M].北京：人民体育出版社，1999：206-207.

⑦ 单磊.美国学校体育之我见[J].中国学校体育，2008，(4)：80-81.

和培训过程中的自我评价[①]。在实践中，英国有不少俱乐部的教练同时兼任学校的体育教师。特别是利用学校场地投资建设的俱乐部中，这种现象更加多见。这就有效地将学校的体育教学和社会上俱乐部的训练结合起来，有利于专业人才的培养和选拔，有效地提高了学校体育训练的效益和水平[②]。

20 世纪 90 年代以来，日本中小学出现明显的体育课程设置弹性化发展趋势，鼓励小学教师兼职逐步深入，体育教师需求出现巨大变化；另一方面，对中小学体育教师资格的要求越来越严格，即使是体育专业的学生，也很难一次性通过教师资格证考试。为了应对这种状况，日本进行了体育教师教育改革：根据社会发展需要进行培养机构改革，设置教职研究生院，通过教其开设的保健体育课程培养体育教师；逐步凸显“实践主义”取向和综合能力的培养；完善体育教师的在职研修体系，促进体育教师教育的终身化发展[③]。

第二节　部分发达国家学校体育发展方式的启示

一、学习国外经验应该博采众长但不照搬

改革开放，特别是 20 世纪 90 年代以来，在国际化浪潮中，我国众多学校体育工作者走出国门，进行考察和学习。国外，特别是美国和日本的学校体育

---

① 王崇喜，耿培新.英国体育师资的培训及其启示[J]. 课程 • 教材 • 教法，2003，（12）：67-69.
② 孟文砚，段保密.英国学校体育见闻[J].中国学校体育，2007，（7）：56-57.
③ 陈君，董佳佳.日本体育教师教育改革的新进展及其启示[J].首都体育学院学报，2011，（2）：133-136.

思想被大量引入我国学校体育的研究、决策和实践中，对促进了我国学校体育发展起到非常大的作用。但由于我国学校体育界理论创新能力不强，自身缺乏能够经得起起推敲的、比较系统的理论支撑，因而，对于国外的学校体育指导思想，缺乏根据我国实际进行改造的能力，出现了盲目照搬的现象。各种国外学校体育思想你方唱罢我登场，影响我国学校体育发展几十年的前苏联学校体育指导思想、新引进的欧美和日本等国的学校体育指导思想，百家争鸣，相互交融，同时又莫衷一是，甚至互相否定。理论层面上的争论和对国外经验的盲目照搬，对实践工作造成了很大困扰。

考察各发达国家学校体育发展方式的确定和其指导思想的演变，大多是基于本国社会、经济、文化背景和发展水平，以及政治、经济、教育体制，根据社会对学校体育的价值诉求导向和学校体育发展的实际状况而确定的，无论是指导思想，还是发展方式的最终确定，大都具有本国特色，有着本国的发展侧重点。另一方面，发达国家学校体育发展也不是尽善尽美的，在发展过程中也存在很多问题。在发达国家，学校体育改革（尤其是体育课程改革）也是一个历久弥新的课题，除了学校体育发展需要跟上时代发展之外，还有一个重要原因，即学校体育发展自身还存在着需要改革的问题。在引进国外学校体育指导思想和发展方式时，一定要对这种思想和方式产生的背景进行深入的调研和剖析，并和我国学校体育发展的背景进行认真的比较研究，寻求其与我国学校体育发展的理想契合点。同时，要克服盲目崇洋的心态，认真调研在现行学校体育指导思想和发展方式之下，各国在学校体育发展中仍然存在的问题，避免在引进经验的同时，将问题也引进进来。

各国在学校体育发展中都有自己的特色，我们在确定学校体育指导思想和发展方式的过程中，不应该仅仅以某一国的经验为蓝本，应该博采众长，同时又不盲目崇洋（不选择性的忽视国外学校体育发展中存在的问题），正视我国学校发展的实际状况与现实需求，即有国际视野，又脚踏实地。

二、学校体育发展方式的确定即是各发展要素的优化组合过程

发达国家学校体育的发展，同样离不开各要素的支撑。如果各个要素的优化程度都很高，对于学校体育发展来讲，当然是一种最理想的状态。但由于每个国家的国情不同，各发展要素的优化情况也有很大不同，有的要素优化程度较高，有的则优化程度较低。以美国为例，在查阅国内关于美国学校体育发展的文献资料过程中，大多看到的是溢美之词，给人一种美国学校体育发展各要素无论从数量上，还是从质量上都高度优化的错觉。实际上，就“劳动”这一要素的供给，如果从数量角度考察，美国学校体育教师供应是非常薄弱的。美国很多小学只有一个体育教师，无论是小学、中学，还是大学，由于专职体育教师缺乏，很多体育课是由兼职教师担任的。美国有相当一部分学校（包括小学、中学和大学）并不开设体育必修课程。我国学校体育发展中，目前面临的瓶颈问题就有体育师资缺口较大、体育开课率不高等。既然美国也存在此类问题，那么为什么美国学校体育的发展还相对理想呢？

答案在于，美国学校体育发展有着高度优化的体育场地设施供给，有着高

度的社会参与，有着高度优化的课外体育运行机制，同时，学生体育赛事的市场化运作，以及政府和社会的支持给学校体育发展提供了必要的经费保障。美国的教育生态也为学生提供较为宽松的学习环境，他们有着较多的自由活动时间。这些优化的要素为美国学生的多样化、个性化体育参与提供了充分的保障和指导。因此，美国学生的课外体育休闲健身活动和体育赛事活动开展的有声有色，在一定程度上保证了学校体育目标的实现。

这实际上就是一个发展要素优化组合的过程，通过优势要素的组合优化，有效的弥补了“弱势”要素所带来的负面影响，取得了较为理想的发展结果。我国学校体育在发展过程中，由于社会和经济发展水平所限，不少攸关学校体育发展的要素优化程度较低，甚至成为了制约学校体育发展的瓶颈。我国学校体育发展中的很多问题是长期积累下来的，积重难返，解决需要一个长期的过程，如何进行优化组合，最大限度的发挥现有现有要素供给的潜力，是一个值得认真思考的课题。

三、体育课程改革是学校体育发展方式转变的中心环节

体育课程是学校体育工作的中心环节，关系到学校体育目标的最终实现。发达国家的学校体育改革基本是围绕着体育课程改革进行的，主要通过制订或修订体育课程标准及相关实施方案来体现改革意图，落实改革思想。其他学校体育发展要素的优化，如制定体育教师专业标准和开展体育教师教育，优化配置相关设施和资本等，大多是围绕体育课程进行的。

当前，在我国学校体育发展中，虽然解决制约学校体育发展的诸如体育教师缺编严重、场地供应不足等瓶颈问题显得尤为迫切，应列为优先解决的问题。但作为学校体育发展方式转变的中心环节，作为学校体育发展的“内功”，体育课程的改革优化应常抓不懈。实际上，所谓瓶颈问题，主要制约的也是包括体育课程在内的体育教育教学活动的开展。当前，体育课程优化应该把重心放在如何充分利用现有保障条件，实现学校体育发展利益最大化上。

考察发达国家的体育课程改革，发现多数国家的课程目标，在尊重普世价值的同时，都有着基于本国价值判断和学校体育发展实际的特色；在强调多元价值的同时，都有着自己的侧重点。我国的体育课程改革，应在学习外部经验的同时，提炼我国学校体育的特色，找准侧重点，避免目标和价值判断的泛化。

当然，发达国家体育课程改革中的以下普适目标和做法，值得我们特别关注：1）将增强体质、增进健康作为体育课程的主要目标，在实现此目标的基础上追求多元的教育价值和社会价值；2）重视学生终生体育意识和能力培养，特别重视运动技能学习在培养学生终身体育能力方面的作用；3）在课程内容建构方面，处理好体育与健康的关系；4）重视学习过程的评价；5）体育课程的实施，既要考虑国家需要和课程目标的统一性、严肃性，又要给予地方、学校和教师一定的自主权，调动体育教师的积极性，使学校和教师成为课程开发的主体。

四、减少政府介入深度的同时引入社会（市场）机制

发达国家的政府都或多或少的参与到学校体育的管理中。但总的发展趋势是，介入深度不断弱化，尤其是对微观管理事务的介入越来越少。有的国家本来就以地方管理为主，即使是原来中央介入较多的，也出现管理权限向地方转移的趋势，地方和学校在学校体育事务管理中的自主性越来越强。另外一个趋势是：社会力量对学校体育事务的介入越来越多。

改革开放以来，随着政府职能改革和教育体制、体育体制改革，我国的学校体育管理体制发生一定的改变，但改革进程比较缓慢，主要体现在以下几个方面：1）管理层级较多，中央、省、市、县、乡镇、学校，繁多的管理层级使得政令和信息上传下达十分不畅，管理效率低下；2）政府对学校体育管理的介入很深，大多数与学校体育发展相关的领域，包括微观的事务性工作，都在政府相关部门的控制之下，学校的自主性很差，缺乏创造性开展工作的积极性；3）社会力量，特别是各类体育社会组织对学校体育事务的参与程度很低；4）由于部门分工的原因，教育部门对于学校之外的青少年体育活动缺乏关注和支持。

十八届三中全会指出，要“全面正确履行政府职能。进一步简政放权……最大限度减少中央政府对微观事务的管理……政府要加强发展战略、规划、政策、标准等制定和实施……推广政府购买服务，凡属事务性管理服务，原则上

都要引入竞争机制，通过合同、委托等方式向社会购买。”[①]学校体育管理体制改革应充分借鉴发达国家的经验，减少层级，减少介入深度，给予地方，特别是学校更多的自主权。同时，通过购买服务的方式，将社会力量引入学校体育运行中来。

五、依托社会资源开展课外体育活动

总结发达国家课外体育活动开展的成功经验，除了学校提供相对充足的场地设施，组建各种运动项目俱乐部，以吸纳学生参与并提供必要的指导外，充分利用校外资源也是一个重要法宝。校外的体育俱乐部是多数发达国家学生参与课外体育锻炼和训练的重要载体之一，部分国家政府还从学校体育发展的战略层面推动学校与体育俱乐部的合作，如英国的学校体育——体育俱乐部链计划，德国政府推动的学校与俱乐部合作的项目等。多数发达国家也比较重视学校体育与社区、家庭的联动，致力于构建校内外一体化的学校体育推进机制。

我国初中小学学生的课外体育活动主要是在校内完成，场地供给和组织指导由学校独自承担；大学的课外锻炼和训练基本上是自发的，有体育兴趣爱好的学生参与的也主要是校内的体育社团。我国学校与校外体育俱乐部及体育社团的合作不多；部分地区虽然也出现了个学校、社区、家庭联动发展学校体育的尝试，但还未成为一种普遍现象。总之，我国在课外体育活动的社会介入机

① 中共中央关于全面深化改革若干重大问题的决定（2013 年 11 月 12 日中国共产党第十八届中央委员会第三次全体会议通过）[EB/OL]. http://news.xinhuanet.com/politics/2013-11/15/c_118164235.htm.

制还未有效建立。

随着我国社会上的体育俱乐部和学校中学生体育社团数量的不断增加，如何通过各种校内外体育俱乐部和社团更好的组织和管理学生的课外体育活动，将是我们面临的一个重要课题。依托社区资源，提升家庭体育参与的积极性，构建学校、社区、家庭一体化的学校体育发展网络，是依托社会资源办学校体育，特别是课外体育的题中应有之义。

六、场馆设施的供给应以实用为首要原则，并提倡学校与社区资源共享

不少发达国家在学校体育场地设施供给方面，特别重视与社区的资源共享。学校场地设施对社区开放，社区场地设施同时亦向青少年开放。体育场地设施建设以实用、多功能为原则，以满足学生多元化需求、能够充分利用为理念。

反观我国的学校体育场地设施建设，简陋、缺乏与豪华、奢侈并存。一方面，为数不少学校的体育场地设施供给严重不足，场地狭小，设施简陋；另一方面，部分资金比较雄厚的学校建起了并不适合学校体育教育教学活动的豪华场馆，这类场馆外观气派、宏伟，但建筑面积被看台和各种辅助设施占去大半，可利用面积小，利用率低，维护费用高。我国还是一个发展中国家，建设资金有限，学校体育体育场地设施在供给过程中，更应借鉴部分发达国家和地区的做法，以实用为首要原则，要首先考虑场馆是否适合体育教育教学活动，是否能满足各种体育锻炼活动的需求，是否有利于合理的开发利用，以是否有利于提高使用效率。

应和有条件的社区建立学校和社区的场地设施共享机制；应加大青少年校外体育活动中心建设力度；应将农民体育健身工程和农村学校体育场地设施建设结合起来，统筹规划。通过这些措施的落实，较为有效地解决学校体育场地设施供给不足的问题，同时为学生创造校内、校外参与体育活动的立体场地网络。

第七章　学校体育发展方式转变的手段和途径

学校体育发展方式转变主要包括六项内容。下面基于我国社会、经济、教育发展现状和学校体育发展中存在的现实问题，借鉴从部分发达国家学校体育发展，以及我国进行学校体育发展方式转变尝试的个案分析中提炼出来的经验启示，分述实现这些转变的手段和途径。

第一节　寻求与中央改革决策的契合点并积极融入改革实践的手段和途径

党的十八届三中全会通过的《中共中央关于全面深化改革若干重大问题的决定》是我们党和国家在新的历史起点上全面深化改革的科学指南和行动纲领。

《决定》中关于深化教育领域综合改革的相关部署，将成为当前和今后一个时期教育系统改革与发展的行动指南。转变学校体育发展方式，必须认真贯彻《决定》的相关精神，寻求与中央改革的契合点，并积极融入改革实践。

一、从制度层面对体育作为教育重要组成部分的地位做出硬性规定

无论是党的十八大报告，还是党的十八届三中全会的决定，都提出了教育要“立德树人”。体育作为立德树人的重要课程，必须通过制度建设的途径，真正将其和德育、智育、美育放在同等重要的地位。中央在 2007 年就提出，要确保学生每天锻炼一小时。但在具体的执行过程中，很多学校的体育开课率的都无法保证，校园（课外）体育活动更无从谈起，即使是在开课率比较高的学校，也有为数不少的学校钻校园（课外）体育活动的开展由于形式、内容不宜做出太过刚性规定的空子，进行各种各样的变通，有的只负责将学生赶到操场上，而缺乏有效的组织和和指导，甚至有的将学生的课外体育活动简单地推向家庭，学校内不再安排课外体育活动，等等。这使得的学生的一小时锻炼，无论从时间上，还是质量上都无法保证。十八届三中全会提出要强化体育课和课外锻炼，建议以此为契机，以法规的形式将中小学和大学一二年级的体育课统一调整为每周五课时，并加强督导检查，将体育课开课率作为学校工作考核的重要组成部分。课外体育活动提倡多组织体育竞赛，以竞赛创造氛围，带动课外体育锻炼的开展。每周五课时的体育课如果能够在确保质量的前提下开足，再加上人课间体育活动和课外体育锻炼，可以有效保证学生的每天一小时的有

效锻炼，提高阳光体育的实效。

要全面贯彻党的教育方针，发挥体育在“立德树人”中的作用，在确保体育参与时间和实效性的同时，要做好和思想品德课、历史课、语文课、以及艺术课等课程的融合发展。通过融合，不仅发挥体育的育体和身体、运动教育功能，同时充分挖掘体育的德育、智育、美育功能，将体育和整个教育融为一体，以促进学生的全面发展。

二、优化资源配置，建立城乡一体化的学校体育发展机制和经费保障制度

要大力促进教育公平，统筹城乡学校体育发展，实现师资、经费、场地设施、器材等人财物资源的优化配置。将体育场地设施、器材配置基本达标作为推进学校标准化建设的主要观测点之一。应特别关注贫困地区中小学基本办学条件的改善。以中西部农村贫困地区为主，兼顾东部部分困难地区；以集中连片特困地区为主，兼顾其他国家扶贫开发工作重点地区、民族地区、边境地区等贫困地区。经过3至5年的努力，使包括运动场在内的教学设施满足基本教学需要。当前，城镇学校体育教师配备在数量上和质量上都要强于农村，特别是农村贫困地区的学校，因此，应配合教师交流制度的实施，加大城镇学校体育教师对口支援农村学校、优质公办学校体育教师对口支援薄弱学校的力度，建立农村、薄弱学校教师到城镇学校、优质公办学校交流任职和学习的制度，优化体育教师的资源配置。

三、借力考试招生制度改革，探索体育进入高中学业水平考试的机制

基于高考的指挥棒作用和学校体育在实际工作中不受重视的现实，出现了将体育纳入高考科目的呼声。将体育纳入高考科目，在客观上确实可以提高学校体育的地位，但在当前教育生态下，也必然会异化为军备竞赛式应试教育的工具，同时也会对高考的相对公平造成冲击。体育相对与其他文化课程，受办学条件的制约更大，多数农村学校的学生在接受体育教育和进行体育练习方面要落后于城市，如果将体育纳入高考科目，总体上来讲，对于农村学校的学生的是不公平的。同时考试如何组织，考什么项目，残疾学生如何参加考试等等一系列问题，使得体育纳入高考科目的时机还不成熟。

党的十八届三中全会指出，要推行初高中学业水平考试和综合素质评价，逐步推行普通高校基于统一高考和高中学业水平考试成绩的综合评价多元录取机制。在体育成为高考科目时机不成熟的情况下，应积极探索将体育纳入初高中的学业水平考试和综合素质评价体系的机制。当前要重点考虑以下问题：体育的学业水平考试如何组织；考试哪些内容；如何体现成绩，是用分数的形式体现，还是以等级的形式体现；是侧重过程评价，还是侧重结果评价；是对上一级学校招生是起参考作用，还是一票否决，等等。

四、加快政府职能转变和简政放权，构建社会参与学校体育发展的机制

在学校体育发展中，政府应全面正确履行职能，加强学校体育发展战略、规划、政策和标准的制定和实施，从宏观层面加强对学校体育发展的监管。政府应逐步降低对学校体育发展微观事务的介入深度，充分发挥学校、教师在学校体育发展具体事务中的自主权。

应通过政府购买等方式引导社会力量参与学校体育发展。当前，应配合教育领域综合改革，充分发挥社会组织在学校体育评估监测中的作用。鼓励社会组织进行涉及学校体育评估的科学技术研发，加强人才队伍和诚信体系建设，为政府购买其服务，进行第三方评价做好准备。

五、进行学校体育综合改革试点，在成功的基础上逐步推进

要在教育综合改革的指导下，厘清学校体育各项改革的逻辑关系，进行学校体育的综合改革。但应该明确，学校体育改革需要全面深化，但不应盲目的一开始就全面推进。应在党的十八届三中全会精神的指导下，广泛征求意见，制定改革方案。选取具有代表性的地区先进行试点，在试点成功的基础上逐步推进。对中小学一线体育教师就推进学校体育改革方式的态度所进行的问卷调查（见表 8.1）显示，有 55.0%的人认为应该先试点，然后逐步推进，居所有选项的第 1 位，反映了一线体育教师对改革推行的谨慎态度。

政府应该担负起推进学校体育改革的重要职责。在我国现行政治制度环境

中，政府自上而下的强力推动，是改革能够顺利进行的保障。问卷调查（见表7.1）显示，有46.9%的人认为改革应自上而下推动，远高于认为应自下而上推动的19.7%的比例。这是长期以来，人们在各类改革实践中所形成的对改革推进方式的认识使然。当然，这也反映出一线体育教师自下而上参与改革推进的主观能动性较差。如何激发基层体育教师参与改革的热情，建立政府、学校和基层体育教师的沟通机制，顶层设计与基层参与相结合，来推动改革的进行，关系到改革的群众基础和改革的深化。

表7.1 中小学体育教师对推进学校体育改革方式的态度 （n=1632）

选项	n	%	排序
自上而下推进	765	46.9	2
自下而上推进	321	19.7	4
先试点，逐步推进	897	55.0	1
全面推进	495	30.3	3

第二节 建立健全学校体育监测评价机制的手段和途径

要想扭转学生、家长、校长和各级主管领导对学校体育工作的不重视局面，必须转变学校体育监测评价机制，这是整个学校体育发展方式转变的切入点。目前要实现如下方面的转变：

一、转变学生体育学习效果和过程的评价方式

应从主要关注结果评价，向关注结果和过程相结合的评价方式转变。主要

从学生体质健康状况、体育运动能力、日常参加体育活动情况等方面进行评价，同时将学生体质健康和参与体育能力的进步幅度作为评价内容之一，以鼓励具备不同身心条件的学生投身体育锻炼。这个层面转变的关键是学生体质健康测试和评价制度的建立。

二、转变学生评价体系，将体质健康和学校体育参与情况纳入学生评优和升学考试体系

将来，在学生评优过程中，体质健康水平和体育参与情况将是重要指标。在国务院2014年下发的《关于深化考试招生制度改革的实施意见》中提出，要规范高中学生综合素质评价，作为学生毕业和升学的重要参考[①]。其中，体育占有了一席之地。将体育工作和学生的升学和评优挂起钩来，一方面可以提高学生参与体育的内生动力，另一方面也可引起各界的重视。如前文的分析，在这个转变过程中，要注意的是，体育可以纳入升学考试体系，但不一定要成为升学考试科目。近些年来，很多省份将体育纳入了中考，对于提升义务教育阶段学校体育的地位有一定的效果，但也存在诸多弊端，最突出的就是把体育搞成了应试教育，为了在中考取得好成绩，各学校的体育教学基本上就是围绕考试的那几项内容展开，进行长期枯燥的、反复的练习，使得学生对体育的厌恶情绪越来越高，这与尊重学生兴趣的学校体育教育教学新理念是背道而驰的。另外，如何对身心条件不同的学生，特别是残疾学生进行有针对性的体育评价，

① 国务院关于深化考试招生制度改革的实施意见（国发〔2014〕35 号）[EB/ OL]. http://www.moe.edu.cn/publicfiles/ business/htmlfiles/moe/moe_1778/201409/174543.html

并将其评价结果纳入评优和升学体系中，是一个值得研究者和决策者认真思考的问题。

三、构建针对学校层面体育工作的评价体系，并将其纳入学校工作的总体评价中

学校层面的体育工作评价包括对学生体质健康水平和基本运动技能的评估、对学校体育组织管理水平的评估、对体育教育教学活动的评估（包括对课程教学活动和校园体育活动的评估，特别关注体育课程研究活动和能力、体育课开课率、学生上体育课和参与阳光体育活动等方面的评估），对学校体育条件保障情况的评价（主要关注教师队伍建设、场地器材建设与开放情况）、对学校体育监督检查机制建立与实施情况的评价等。其中对学生体质健康和运动技能的评估是核心。将对学校体育的评价纳入到学校工作的总体评价中，并实施一票否决，将其和学校领导的政绩切切实实地挂起钩来。建议对于学生体质健康状况逐渐上升的学校，予以奖励；对于学生体质健康状况连年下降的学校，追究主要领导的责任，直至免职。早在2013年，教育部在《关于推进中小学教育质量综合评价改革的意见》中，就将“身心发展水平”纳入中小学教育质量综合评价体系中，“主要考查学生身体素质和心理素质等方面的情况，可以通过身体形态机能、健康生活方式、审美修养、情绪行为调控、人际沟通等关键性指标进行评价，促进学生形成健康的体魄和良好的心理适应能力”[①]。这是一个

① 教育部关于推进中小学教育质量综合评价改革的意见[EB/ OL].http://www.moe.gov.cn/publicfiles/business/htmlfiles/moe/s7054/201306/153185.html.

值得肯定的举措。

四、建立针对地区教育主管部门的学校体育报告公示制度

要建立逐级上报的制度，通过该项制度建设，将学校体育工作与地方教育，甚至社会发展工作的成效挂起钩来。教育部要定期对中央直属高校和省级行政区域的学校体育发展评价情况进行公示。地方政府对辖区内高校和下一级政府教育主管部门辖区内学校体育开展情况进行公示。政策实行初期，可以只公示，不排名。经过一段时间的试行后，应建立排名和奖惩机制，对于作为学校体育核心指标的体质健康水平不断上升的高校和地区，在评优方面进行加分；对于学生体质健康水平连续下降的高校和地区，给予黄牌警告；对于下降比较严重的，给予红牌警告，并追究相关领导的责任。

通过监测评价机制的转变，将学生的体质健康水平和体育参与情况与学生评优或升学结合起来，将学校体育工作情况与学校、地区教育部门的工作总体评价结合起来，与相关领导的政绩挂起钩来。可以有效的引起各方对于学校体育工作的真正重视，改变学校体育工作“说起来重要，做起来次要，忙起来不要”的局面。

做好以上工作有一项前提必须保障，就是相关评价数据，特别是学生体质健康相关数据的准确性。因为，这些数据直接牵动了各方利益。在当前情况下，对体质健康状况进行第三方测试的机制还未建立，测试的主体还是各个学校，如果没有有效的监督机制，数字造假将不可避免。另外，现在的很多中小学，

并没有配备有专业的体质健康测试仪器，测试手段比较原始，数据准确性较差，且缺乏与其他单位的可比性。因此，要做好学校体育工作，特别是学生体质健康水平的测试工作，一是要建立健全监督检查机制，通过随机抽检、群众监督等方式避免数据造假；二是教育部门设立专项资金，为全国各类学校配备基本的学生体质健康水平测试仪器；三是教育部门在组织对体育教师的培训时，纳入如何准确地进行学生体质健康水平测试的相关内容。

当然，要保证监测评估的客观、公正，引入第三方评估监测是改革的方向。十八届三中全会指出：要“强化国家教育督导，委托社会组织开展教育评估监测。”[①]鼓励有关社会组织建设独立于教育行政部门和学校的第三方测试机构，教育行政部门通过竞标的形式，购买这些社会组织提供的学生体质健康测试服务，以保证评估监测结果的独立、科学、客观。

第三节　改善学校体育办学条件的手段和途径

改善学校体育办学条件是当前阶段转变学校体育发展方式应优先考虑的问题，转变的手段和途径主要有：

① 中共中央关于全面深化改革若干重大问题的决定（2013 年 11 月 12 日中国共产党第十八届中央委员会第三次全体会议通过）[EB/OL]. http://news.xinhuanet.com/politics/2013-11/15/c_118164235.htm.

一、解决中小学体育教师缺编问题

在社会各界，特别是教育界对学校体育真正重视的前提下，中小学体育教师缺编问题将得到一定程度缓解。但我国初中小学教师结构不合理问题由来已久，语数外等高考学科教师超编和体育、艺术等“小”学科教师缺编现象比较严重，积重难返。教育主管部门要制定并落实中小学专职体育教师配备计划，逐步增加各学校进人计划中体育、艺术等学科教师的比重，逐步改善中小学的教师结构。

二、加强体育教师培训工作

体育师资从数量上配齐需要一个较长的过程。当前更为关键的是做好现有师资力量的培训工作。据对中小学体育教师的问卷调查（见表 7.2）显示，有高达 91.9%的教师期望通过参加培训的方式来提升体育教育技能，充分反映了广大一线教师对获得培训机会的渴求。近年来，我国一直比较重视体育教师的培训工作，取得了一定的成效。

表 7.2　中小学体育教师期望的提升体育教育技能途径　（n=1632）

选项	n	%	排序
自学、自我钻研	1008	61.8	3
和同事交流经验	1239	75.9	2
学历提升	573	35.1	4
参加培训	1500	91.9	1

但对体育教师的教育与培训工作仍需在如下几个方面加强与改进：

第一，扩大体育教师的培训覆盖面，做到全员参与。长期以来，我国比较关注中小学体育教师的培训，忽视职业学校和高等学校体育教师的培训，目前的“国培计划”也主要是针对中小学教师的；即使在学校体育工作得到重视后，体育专职教师和兼职教师并存的局面也将长期存在，兼职体育教师很多没有经过专业的体育教师教育，因此更需要进行体育教育技能的培训，但对兼职体育教师的培训在我国长期处于空白状态；对学校体育管理队伍的培训较少。

第二，加强体育教师培训机构建设，完善培训体系。20 世纪 90 年代开始，高校兴起合并浪潮，很多省级和地市级教师教育培训机构（主要是教育学院）被合并到普通师范院校。近几年来，又兴起一股地方教育学院改办普通高校的风潮，以教师进修培训为主的教育学院已所剩无几。县级教师进修学校也在缩减。专职教育培训机构的减少，使得包括体育教师培训在内的教师教育培训只能依靠临时性的机构或普通高校承担。专职培训机构的减少还只是数量问题，培训质量问题更加令人担忧。原来独立设置的教育学院并入或改办为普通高校后，属于成人教育性质的教师教育培训受到的重视程度相对下降。普通高校的体育院系更加关注的是学历和学位教育，对于体育教育技能培训关注程度不高，开展的体育教育培训活动很多是作为临时任务或创收手段存在的。由于工作重心不在体育教师的进修培训上，因而普通高校的体育院系对体育教师培训的针对性研究较为缺乏，再加上高校体育院系的教师距离中小学一线较远，培训往往针对性较差，理论分析较多，实战指导有限。在现实情况下，应当加强体育教师培训机构的建设，尤其是应通过法规建设和行政手段，将体育教师培训作为普通高校体育院系的一项专职工作固定下来，对体育教师教育的师资队伍建设提出具体的要求。鼓励社会力量投入体育教师的培训机构建设中，但政府应加强对这些机构的服务与监督。

第三，改革体育教师的培训模式，提高针对性和实效性。据对中小体育教师的问卷调查（见表 7.3），有 93.2%的教师期望通过校外培训了解先进教学理念，提高理论水平和教学研究能力；有 80.1%的教师期望通过校外培训提高教学技能，分列所有选项的第 1、2 位。

表 7.3 中小学体育教师对校外培训收获的期望 （n=1632）

选　项	n	%	排序
提高教学技能	1308	80.1	2
了解先进教学理念，提高理论水平和教学研究能力	1521	93.2	1
广交朋友，利于今后互相切磋体育教学	1068	65.4	3
放松身心，权当工作之余的休息	192	11.8	4

应根据学校体育工作的实际需要和体育教师的实际需求，以问题为中心设计培训课程，为体育教师和相关人员提供更有价值和针对性，更富有可操作性的培训。体育教师已经是成年人，并且具有一定的教学实践经验，要根据他们的学习特点，选择有效的培训方法，例如案例教学、参与式教学、分组讨论、实地调研和实践指导。鼓励各级各类学校开展学校体育的校本教研和培训。对于培训的承担机构，特别是高等学校中缺乏一线教学经验的培训教师，应首先到基层去挂职学习，并对每年到基层考察提出具体要求，以增加培训教师的“实战”经验，提高培训的针对性和质量。

另有高达 65.4%的接受问卷调查的中小学体育教师期望通过校外培训广交朋友，以利于今后针对体育教学互相切磋。因此，培训机构应该通过丰富多彩的联谊、经验交流活动的组织，加强培训班的文化建设，为接受培训的教师提供交友、交流平台和氛围。

三、加快学校体育设施建设

今后一个时期，在学校体育设施建设中，各地要按照《国家学校体育卫生条件试行基本标准》《中小学校体育设施技术规程》及相关学校建设标准和技术规范要求，继续加大学校体育设施建设力度，推动各地各级各类学校体育场地建设和体育器材配备逐步达到国家标准。在此过程中，应转变单一或主要由教育部门建设学校体育设施的现状，应与国家体育事业发展的整体需求联系起来，拓宽资金来源渠道，充分利用国家、社会和市场的力量来推动学校体育设施的建设。

第一，将学校体育设施建设与其他公共体育设施建设进行整合，统筹规划。长期以来，我国学校体育、竞技体育、群众体育切分太明显，不能形成一个政府管理体育的完整体系。体育设施建设上，突出表现是各方都在重复建设，各方有都面临着资金不足的问题，且已建成设施的使用效果也很不理想。应将学校体育设施建设纳入各地公共设施建设的总体规划中，统一布局，统一调配使用。形成教育部门、体育部门和其他部门共同投资建设学校体育设施，共同管理学校体育设施的局面。尤其是在教育投入较薄弱的农村地区，应将“农民体育健身工程”与农村中小学体育设施建设有机结合起来，以此改善农村学校体育条件。在这种资源整合的背景下，应出台学校体育设施对外开放的相关配套措施，在优先保证学校教学的前提下，切实保障城市社区居民和农村村民利用学校体育设施进行体育锻炼的权利。相关配套措施应特别关注两点：一是学校体育设施对外开放所涉及的人员费用问题；二是学校体育设施对其开放所涉及的安全问题，尤其是出现安全事故后，学校责任的划分问题。在这两点上，如果不能明确保障学校的权利，将直接影响到学校开放体育设施的积极性。同时应该大力推动校外公共体育设施向在校学生和青少年免费或优惠开放。

第二，鼓励社会资本捐助或投资学校体育场地设施建设。可以用场馆冠名等方式来回报社会捐助者。学校也可以利用在体育指导方面的人才优势，为捐助资金的社会力量提供体育技术服务。应欢迎带有一定投资性质的市场组织投资学校体育和其他教育设施建设，可以通过校企合作的方式，为企业发展提供智力支持，或者允许投资者在学校开展一些与学生生活有关的非营利性经营活动。

四、加大学校体育经费投入力度，重视经费的使用效益最大化

应通过立法或政策调整，明确将学校体育经费纳入本级财政预算，明确教育支出中体育经费所占的比例。学校体育经费作为专项资金，专款专用，不得挪用。如果一个学校，一个地区学校体育经费有剩余，不能截留用于其他教育领域，应收归上一级教育部门，划拨给其他更需要体育经费的地区或学校，或

者留给本地区或学校第二年继续用做体育支出。应将各级各类学校公用经费中用于体育的支出情况和随公用经费标准提高而逐步增加的情况，作为学校体育工作考核的重要指标。要重视有限经费的合理利用，以实现使用效益的最大化。投入经费应该向农村地区和边远民族地区倾斜，向体育教学活动和教育过程倾斜，向教学研究倾斜，向保障条件建设倾斜。学校体育经费使用前，要对各地区、学校体育所需经费情况进行统计，对一线教师和广大学生进行调研，并对部分学校进行实地观察，在不违反国家规定的前提下，制定更为科学合理、针对性较强的经费使用方案。

第四节　推动体育教育教学改革的手段和途径

应根据当前体育教育教学改革中存在的问题，寻求解决方案，从而实现体育教育教学相关要素的优化。

一、强化“运动”在体育教育教学和活动组织中的中心地位

运动技能教学的内容、方法和形式应该在体育课堂教学中得到充分的体现。体育教育教学改革需要先进的理念，更需要在实际推行过程中的实践导向。当前，一些把体育与健康课上成游戏课、民俗展示课、艺术课的所谓观摩课得到了部分专家的推崇，并作为优秀案例推广，从实践上造成基层教师对体育教育教学改革认识的混乱。“运动”是体育课程内容和组织的本质特征之一，不传

授运动技能及掌握运动技能方法，缺少有一定强度的运动，体育课将不能称之为“体育课”。现在需要探讨的不是强化和弱化运动技能教学的问题，而是运动技能教学必须强化，在此基础上进行教学与学习方法上的转变，提升学生学习技能的兴趣和能力。校园（课外）体育活动应坚持将举办各种类型的竞赛活动作为引导学生参与运动的重要手段之一。

二、制定符合时代发展的课程标准

课程标准的制定过程中，要处理好传统与发展、国外先进经验与立足国情，目标多元化和层次性的关系。课程改革需要有前瞻性，需要创新，但创新不是“标新”。对在长期教育教学实践中被证明行之有效的教学内容和教学方式应当坚持，对需要改进的地方，应遵循时代性、先进性的原则进行创新。在学习国外经验的过程中，要充分考虑这些经验对于我国来讲，是否具有迁移性。近些年，在学校体育课程改革中，存在一个不好的现象，就是一些掌握一定话语权的人，到国外去走一遭，翻译了一些国外的著作和材料，就以为掌握了国外的先进经验和理念。在没有对中国国情进行充分调研的基础上，就非常不严谨的把这些所谓的先进思想、先进经验带进国内，并加以推广，并且由于这些专家考察的国家不同，带回的理念不同，因此形成了不同的门派之争。这造成了学校体育教育教学实践上的混乱，各自的推广效果也很不理想。在制定课程标准的过程中，允许存在各种争议，允许各种观点的学术碰撞，也需要学国外的先进经验。但当最终要形成代表一定国家意志的课程标准方案时，就一定要慎重，要在充分尊重传统的基础上进行创新；要在充分考察我国学校体育发展的实际情况的基础上吸收国外能够为我所用的先进经验和理念，做到有选择的“洋为中用”；要在充分尊重学校体育目标多元化趋势的基础上，明确学校体育目标的层次关系，明确学校体育应该以增进健康、增强体质作为核心目标，防止目标过泛；要充分尊重一线教师和学生的诉求，使制定出来的课程标准既具有时代前瞻性，又能够“接地气”。

三、转变教学方式和学习方式

传统体育教学方式与学习方式存在的突出问题是，教学方式和学习方式相对单一、陈旧，特别是在运动技能教学中，教学方法简单粗糙，学生学习往往是被动学习，激不起学习的兴趣，不利于学生终身体育能力的形成，因而教学效益低，严重影响学生的体质健康与可持续发展。因此，要培养新型的师生关系。要充分发挥体育教师的主导作用，教师要不断加强自身修养，积极进行教学研究，重新定位自己在教学学习活动中的地位，倡导启发式、探究式、讨论式、参与式教学。要创新体育活动内容、方式，着力培养学生的体育爱好、运动兴趣和技能特长；要充分尊重学生的主体地位，让学生学会发现学习、合作学习、自主学习。转变教学方式，还要处理好在传统教学方法的扬弃问题。例如，传授式的教学方法是学校体育最基本的教学方法，这种方法经过长期的教学实践，被证明是符合学科特点的。所以，在体育教学中依然应当重视传授式教学方法，并明确传统教学方式与新教学方式之间的配合关系。

四、在体育教育教学中应坚持一定的强制性

近年来，我们强调在教学中充分考虑学生的兴趣，在学校体育实践中提到强制性往往被视作“另类”。但实践证明，体质健康水平是练出来的。能够使学生高兴的去练，是课程改革所追求的理性目标。但也不可否认，一些能够有效的促进学生体质健康水平的身体素质练习项目往往是枯燥的，如果过分强调学生的兴趣，这些项目将没有多少学生愿意学习并加以练习，因此，有必要对这些枯燥的身体素质项目练习实行一定的强制性；强制性还可以表现在对体育开课率、课外体育活动时间的强制性。前者是针对学生的强制性，后者则是针对管理层面和学生的强制性。

五、要合理构建学校体育教育教学结构

合理构建学校体育教育教学结构的要点有三：

第一，可以考虑扩大“强制性”体育教育实施层级，将体育课程贯穿整个大学过程中，而不是仅仅限于低年级学生。

第二，要处理好体育课和校园体育活动的结构关系，校园体育活动从时间上讲，应在整个体育教育教学体系中所占比例达到三分之二以上。要将校园体育活动纳入教学计划和内容，严格实施。

第三，要处理好不同层级之间体育课内容的衔接。对不同年龄段的学生从体育教学目标、内容选择和教学方法选用等方面根据学生的身心特点提出不同

的体育课分级指导原则。低年级应更强调兴趣的形成，到高年级阶段，应更强调能否使学生掌握至少 2 项体育锻炼的技能，并养成良好的体育参与习惯。

六、要加强校园体育文化建设

通过校园文化建设，营造良好的校园体育活动氛围。鼓励开展丰富多彩的课外体育活动和带有一定强制性的课间操活动。体育教师应对课外体育活动进行指导，并计入教学工作量。要充分发挥课余体育训练和学校体育竞赛对学校体育氛围的营造作用。要鼓励各种学生体育组织（社团）的组建和活动开展，支持青少年体育俱乐部的建设，为校园体育文化活动提供载体。

七、要坚持因地制宜的原则

应该根据学生的特点和不同地区、不同学校的实际情况，挖掘民族传统项目，引进具有时代特点的项目，进行校本课程研发，逐渐形成具有自身特色的体育教育教学内容。城市中的学校，要利用城市学生容易接受时尚元素的特点，将一些具有时代特点的新兴体育项目纳入课堂教学中；广大农村地区的学校，在当前体育设施等建设还有待加强的情况下，应充分利用地域和现有校园环境的特点，发掘民俗体育项目，设计具有浓郁乡村特色的乡土课程；对于少数民族地区，应充分从民族传统体育项目中汲取营养，推动民族传统体育项目进课堂；应根据不同地区的气候、地形地貌等地理条件的不同，开发具有区域特色的课程内容，例如东北地区可以将冰上和雪上项目引入课堂，而南方地区可以将游泳作为体育的必修内容；应根据学生的身心状况来安排教学内容，例如，我们在对一些山区学校进行调研时发现，这些学校缺乏师资、缺资金、缺乏场地设施，几乎牵涉到办学条件的各要素都比较短缺。但学生的家大多距离学校比较远，每天上、放学要跑很远的路程，运动量很大，实际上，他们也并不太需要我们传统意义上体育教学。这个时候可以通过校本课程调研，对课程内容进行取舍，开展符合山区学生身心特点的课程，通过课程要素的优化在一定程度弥补其他要素的短缺。

八、加强现代体育教育技术与课堂教学整合

信息技术是现代体育教育技术的核心，在有条件的学校，应利用现代信息技术弥补传统体育教学的不足，以促进体育课堂教学的现代化，促进教学内容呈现方式、学生学习方式、教师教学方式和师生互动方式的变革。需要明确的是，体育课程教学和其他学科的教学不同，更强调实践。因此，现代教育技术的运用应该更加侧重于对教师示范动作和对学生练习动作的分解，以利于更清晰的掌握动作要领和纠正错误。在教师示范方面，可以建设标准化的示范动作数据库；在学生练习方面，可以利用现代运动摄影、摄像设备进行记录，然后进行分解演示。也可以利用现代教育技术进行体育理论课的教学，优化理论课课堂教学。

体育教育教学改革是学校体育发展过程中一个历久弥新的课题。让体育课更受学生欢迎，让体育锻炼更具有科学性，是体育教育教学改革的不懈追求。

转变学校体育发展方式，就要在这方面多动脑筋，设计出更吸引学生，更能提高学生体质健康水平的教学内容，研究出更科学的教学方法和学习方法来。

第五节 建构学校体育改革与发展良性社会认识机制的手段和途径

随着全球化、民主化进程，多元性成为现代社会的一个重要特征，根据自身价值判断和利益考量，不同社会主体针对学校体育改革与发展相关问题的认识必然会呈现出多元共存的格局。唯有加强不同社会认识主体之间的对话、沟通和协调，在求同存异中实现良性互动，学校体育改革与发展才能最大限度地取得社会共识，最大限度地规避决策上的主观与偏见，最大限度地减少执行阻力，提高执行效率。

一、建构不同社会认识主体之间的对话与协商模式

不同社会认识之间唯有实现良性互动，认识才能不断进化。而要促进有效互动，关键在于构建科学的互动模式。实践证明，对话模式与协商模式是两个促进社会认识互动有效的选择。

建立对话模式的前提是承认社会认识的多元性和社会认识主体的相对平等。对话模式的最大特征是保持不同认识主体之间认识的动态生成与平衡，无论是政府官员，还是学校体育领域的专家学者、一线体育教师，以及家长、学

生等，都能够在对话平台上，以相对平等的身份表达自己的认识，进行较为充分的对话沟通。当然，不同认识主体由于立场和信息占有的差异，认识的深度和科学性、先进性上有着较大的差异，对话的意义在于倾听不同意见的同时，进行信息的共享，使得不同认识主体对学校体育改革与发展的认识不断地实现动态的向前进化，并最终趋于认识深度与科学性的相对平衡，为形成相对的社会共识奠定基础。

党的十八大提出，要“健全社会主义协商民主制度”[①]。协商民主已经成为我国人民民主的重要形式。学校体育改革与发展社会认识协商模式与对话模式的最大不同在于，协商模式更多的体现为形成决策的政治策略与形式。长期以来，我国学校体育改革与发展基本上属于“政策驱动”型，“自上而下”的传统决策路线在社会决策实践中具有绝对优势，决策过程中对“自下而上”的意见缺乏尊重。协商模式意味着决策过程中，不同社会认识之间的妥协与退让。在我国当前的决策体制之下，官方和掌握较大决策话语权的由官方授权起草相关文件的专家学者在协商中能否在平等对话的基础上，做出必要的妥协，而不是对不同社会认识施以压制和控制，直接关系到协商的成败。唯有在平等的姿态之下，在社会决策中“自上而下”和“自下而上”相结合，才能通过协商就学校体育改革与发展问题取得最大的社会共识，才能使得学校体育改革与发展的决策更具合法性，从而使相关决策在实践过程中产生权威性的推动力。

① 胡锦涛.在中国共产党第十八次全国代表大会上的报告[EB/OL]. http://news.xinhuanet.com/18cpcnc/2012-11/17/ c_113711665.htm.

二、建立良好的学术研究学风和氛围

首先，一定要树立理论联系实际的良好学风。理论研究者不能高高在上，一定要多深入基层，深刻把握我国学校体育发展实践。再先进的理论和理念，也唯有与从我国学校体育发展实践中提炼出来的理论相结合，才能真正的发挥理论指导实践的作用。

其次，要提倡学术争鸣，不搞一言堂。在学校体育改革与发展问题上，不同主体的社会认识是多元的。具体到学术研究领域，不同的研究者基于自身的信息把握和价值判断，观点可能会有很大地不同和分歧。对于学校体育改革与发展而言，这些不同的观点是非常重要的，通过不同观点之间交锋与沟通，可以有效促进社会认识的进化。在学术研究中，应尊重不同的声音，不以权威压制不同学术观点的表达。唯有形成良性的学术研究氛围，才能科学、综合、系统、批判地利用学术研究的成果，实现学校体育改革与发展的思想和认识的创新，为科学和有效决策提供良性的社会认识进化环境，促进相关实践的健康、可持续发展。

三、加强学校体育发展方式转变的相关研究

学校体育发展方式如何转变，是当前困扰学校体育改革与发展的关键问题之一。需要加强相关研究，为学校体育改革与发展的社会认识进化提供充分的理论支撑，为相关决策和实践提供智力支持。

（一）加强对学校体育发展方式转变基本理论的研究

关于学校体育发展方式转变的相关研究才刚刚起步，对学校体育发展方式的内涵的理解还有着较大的分歧，还缺乏一个逻辑严密，具有较强权威性的理论研究框架。做好基础理论工作，有利于统一学术界关于学校体育发展方式转变研究范畴的确定，为进一步做好相关研究工作奠定理论基础。

（二）应重点做好学生体质健康评价测试转变和体育教育教学内容和方式改革的研究工作

前者是学校体育发展方式转变的突破口，如何能让这个制度发挥最大的效益，引起社会各界，特别是教育部门、学校和学生本人的重视，需要认真研究；后者是学校体育发展需要常练的内功，是关系到学校体育教育质量的关键，近年来，这方面的研究较多，现在更需要的是脚踏实地的研究和具有较强可操作性的案例研究，如何使体育课更有魅力，如何能够更快、更科学的取得强身健体、陶冶情操、促进社会交往的效果，是研究者责任和努力方向。

（三）加强相关研究的投入力度

学校体育发展方式研究意义重大。建议每年的国家社科基金、教育部人文社会科学研究项目、国家和各省区市的教育规划项目立项时充分关注学校体育发展方式转变的相关研究，并不断加大资助力度。尤其是教育规划项目可以在一定时期内设专题对其进行研究。建议国家社科基金重大项目和教育部人文社科重大项目设置与学校体育发展方式相关的招标课题，通过招标，组建优质团队，对学校体育发展方式转变过程中的重大理论与现实问题进行研究，以提高学校体育改革与发展决策的科学化水平。

第六节　建立高效而务实的学校体育管理体制与推进机制的手段和途径

一、加强政府在国家及区域层面促进学校体育发展的规划和统筹能力

建立涉及学校体育和青少年体育发展的行政部门联席会议制度，建立部门之间的沟通协商机制。将学校体育发展纳入教育发展和社会发展的总体规划中，进行统筹安排。要做好学校体育发展的城乡统筹、区域协调发展工作，缩小不同区域、不同学校之间学校体育工作的差异，促进学校体育领域的教育公平和社会公正。

二、建立健全学校体育工作的监测评价机制

围绕着提高社会各界（特别是政府）对学校体育工作的重视程度和体育教育教学质量提高，健全学校体育工作，特别是学生体质健康评价的监测评价机制。需要强调的是，除了用抽检的方式（以后将逐步过渡到购买第三方服务）来保证学生体质健康数据的准确性和真实性，还要健全学校体育工作的专项督导制度，坚持督政与督学相结合，健全目标考核机制，定期开展督导工作，并及时向社会公告督导评估结果。

三、优化政府关于学校体育的财政支出结构，提高资本使用效率

学校体育经费应该向当前亟需加强的要素领域倾斜。当前倾斜的重点有：第一、学校体育基本保障条件建设滞后的欠发达地区及学校，通过倾斜，可以在一定程度上缓解学校体育发展不均衡的局面；第二、体育场地设施建设，通过倾斜，为学校体育发展提供良好的硬件条件；第三、体育教师的培训，通过倾斜，提高体育教师的教育教学技能，提高教师的课堂教学能力和课外辅导水平；第四，学校体育的相关研究工作，通过倾斜，可以充分发挥研究工作在学校体育发展各要素优化和组合方面的智力支撑作用。

四、加快政府职能转变，改进学校体育管理方式

扩大地方政府学校体育发展统筹权，在国家宏观政策指导下，根据区域经济社会发展的实际来拟定地方学校体育发展的具体目标和保障条件建设的规划。更多的通过公共财政资金提供、规划引领，政策保障、标准制定和信息服务等手段引导和支持学校体育的发展。

五、建立针对各级政府的学校体育发展政绩考核问责机制

前面四项都是解决“政府怎么管”的问题，而考核问责机制的建立，则解决了在学校体育发展方面“怎样管政府”的问题。问责制度对问责对象的行为

具有良好的导向、监督和矫正功能，是一种有效的管理手段①。政府是学校体育发展和改革的主导者，建立健全考核问责制度的根本目的在于引导、监督、激励政府转变学校体育发展方式，推进学校体育的可持续发展。问责的内容主要包括政府是否充分履行了发展学校体育的统筹规划职责，是否制定了完善的学校体育工作监测评价机制，是否能够保证政府有关于学校体育发展的财政支出结构的合理性以及是否向亟需加强的领域倾斜等。而最关键的问责点则是辖区内学生的体质健康状况。前面几项问责内容比较偏向于定性考核，而体质健康状况则偏向于定量考核，数字的准确性直接关系到评价的质量，因此，要严把数据统计关，采取各种措施保证测试数据的相对真实。

六、构建政府、学校、社会、家庭四位一体的学校体育管理、参与和发展的立体网络

我国学校体育发展在实践层面不受重视的现状，要求政府的管理必须强化，通过政府掌握的人、财、物和政策资源来支持学校体育的发展。在创新社会治理体制的今天，政府应该在加强管理的前提下，着力于构建政府、学校、社会、家庭四位一体的学校体育管理与发展网络。

第一，改变学校体育和群众体育切分太明显的现状，探索二者之间的融合机制，使学校体育成为为全民健身运动的重点和主要阵地之一，实现学校体育和群众体育在技术、人才、场地和体育组织建设等方面的合作与资源共享。

① 褚宏启.地方政府教育政绩考核评价指标体系与教育问责制度的构建[J].教育发展研究，2011，(3)：28-33.

第二，引领和鼓励社会力量通过投资、资源共享、提供服务等方式参与到学校体育的建设中来，例如，可以引入社会组织提供的学生体质健康测试服务，进行第三方评估，为做好学校体育的督导、监测与评估提供科学、客观、真实的数据支撑。

第三，应突破“学校”的思维局限，拓展视野至社区和家庭，应加强家庭和社区的青少年体育活动，引导家庭和社区参与到学校体育的发展与延伸管理中来，形成学校、家庭和社区学生体质健康促进的合力。例如，部分城市社区创办的将文体活动作为主要内容的“四点半学校”即是社区作为学校体育有效延伸的一个典型例证。家庭对于学生来讲，是除了学校外，相处时间最长的地方，家庭是学生思想的启蒙地和日常行为的主要学习地，家庭教育和学校教育相辅相成，促进了学生的全面发展和完善人格的形成。要充分认识到家庭教育对加强青少年体育、增强青少年体质所起的关键作用。要在广大家长中倡导“健康第一”理念，鼓励家长和孩子共同参加体育锻炼，将体育作为日常生活方式的重要组成部分。学校、社区、家庭之间要加强沟通与合作，以资源共享的形式组织开展丰富多彩的以学校运动会、社区运动会为重要节点的活动，结合日常体育参与，构建青少年体育活动的网络体系。学校体育也应积极介入社区体育和家庭体育的发展，在不影响学校正常教学和保证安全的前提下，向社会开放体育场地，并利用学校体育师资力量，向社区提供技术指导等志愿者服务。

总之，要通过政府、学校、社会、家庭四位一体的学校体育管理与发展网络的构建，优化学校体育管理与参与机制，增强学校体育发展的依托主体，利用多个阵地、多种形式来提高青少年终身体育的参与能力，提高青少年的体质与健康水平。通过多方合力，共同做好学校体育工作。

结论与展望

一、研究结论

转变学校体育发展方式，对于解决当前学校体育工作中存在的突出问题，有效实现学校体育的发展目标具有重要的现实意义。本研究从社会学、教育学、体育学、文化学、哲学、管理学等多元视角，运用文献资料、实地考察、问卷调查、调查访谈、小型会议等方法，对我国学校体育发展方式转变的背景、转变的要求和内容，转变的内在机理，转变的手段和途径进行系统的研究，在研究过程中，还对国内部分进行学校体育发展方式转变尝试的典型个案进行了介绍和评析，对部分发达国家学校体育发展方式进行研究，提炼出了对我国的启示。主要结论如下：

（一）学校体育发展的构成要素

分析学校体育发展方式，必须首先明确学校体育发展的要素构成。结合学校体育的实际情况，本研究将学校体育的发展要素确定为资本与物质条件、劳动、学生身心条件、体育课程及校园体育活动、体育教育技术、体育教育技能、体育教育结构、制度保障与评价机制等。

（二）学校体育发展方式转变的背景

学校体育发展方式是让目标转变为现实的关键环节。我国学校体育发展的最基本目标是增强学生体质，提高学生的健康水平，促进学生身心的协调发展。并在此前提下，提高学生的体育素养（锻炼的能力和意识等）和综合素质（运动能力、社会适应、意志品质等），使学生成为德智体美全面发展的社会主义建设者和接班人。我国学校体育发展结果与基本目标之间存在反差，因此必须转变学校体育发展方式。转变学校体育的发展方式，其实质就是改变发展投入、发展手段和发展途径与发展目标的不相匹配之处，这是学校体育领域的一场深刻的变革，是关乎到学校体育发展与改革成败的关键，必须贯穿于学校体育发展各个领域和改革的全过程。

导致学校体育发展结果与目标出现反差的原因主要有：1）现行教育生态与社会生态是学校体育发展滞后的根源，并引致学校体育工作在监测评价机制也出现了问题；2）现行学校体育政策法规刚性不足导致执行力较差；3）条件保障滞后成为制约学校体育发展的瓶颈，主要体现在基础条件非常薄弱，经费短缺现象比较严重，体育教师缺编严重，体育教师权益保障状况堪忧，体育教师培训力度还亟待加强等方面；4）推进不理想使体育课程改革面临着深化和调整的压力，主要体现在体育课程各目标之间的逻辑关系和主次还有待进一步明确，课程改革在实践中有待进一步处理好继承与发展的关系，对新课程标准认识的混乱使得改革大打折扣等方面；5）纵向、横向结构不合理致使学校体育教学与活动组织系统化程度低，主要体现在纵向层面的体育教学内容区分度较弱，层次结构亟待调调整，要正确处理课堂教学和课外活动的结构问题等方面；6）依托主体过于单一使得协同推进学校体育发展的机制未能有效建立；7）学校体育工作存在的功利化倾向相悖于其发展的初衷，主要表现有学校开展体育工作更多是基于主管部门监测评价的压力，体育纳入中考政策使得初中阶段的体育教育变成了应试教育，学校更关注体育尖子生或特长生所带来的竞赛成绩与升学率的提高，体育成为一些文化课学习较差学生升学的一个捷径等；8）学校体育改革与发展的社会认识机制尚待完善影响着利益相关方的良性互动，主要表现在学校体育改革与发展不同认识主体之间的沟通机制不健全，“自上而下”和“自下而上”的决策互动在很多情况下未真正实现，相关的学术研究还比较滞后，未能为促进与学校体育改革与发展相关的社会认识进化提供充分的理论支持等方面。

（三）学校体育发展方式转变的总体要求和内容

学校体育发展方式转变的总体要求是：深化改革，抓住关键，分类转变，区别对待，逐步推进，常练内功。需要从以下六个方面着手转变学校体育发展方式：寻求与中央改革决策的契合点并积极融入改革实践；建立健全学校体育监测评价机制；改善学校体育办学条件；推动体育教育教学改革；建构学校体育改革与发展的良性社会认识机制；建立高效而务实的学校体育管理体制与推进机制。

（四）学校体育发展方式转变的内在机理

学校体育发展的要素构成，回答了学校体育发展方式中的要素投入问题，这些要素是实现学校体育发展目标必须依赖的。学校体育发展方式还要回答借助哪些手段，通过哪些途径发展，如果从要素的角度去分析，就是要素如何流动、优化与组合的问题。但在不同的发展阶段，学校体育面临的问题不同，各要素在发展中的重要性就会有所不同。因此，可以将学校体育发展要素的分析作为发展方式研究的主线，来探讨发展方式转变的内在机理。学校体育发展单一要素的优化并不意味着必然会产生最优的发展结果。在学校体育发展系统中，合理的要素组合是产生乘数效应的前提，也是学校体育发展方式转变的核心。

学校体育发展方式转变内容的确定有两种殊途同归的分析思路。一种思路是从现实视角，寻找学校体育发展结果与发展目标之间的反差并分析原因，进而倒推出学校体育发展方式转变的内容；第二种思路是，从要素分析的理论视角，分析当前的主要依靠要素，哪些要素需要优化，要素优化如何组合，这实际上也是一个学校体育发展方式转变内容确定的过程。二者在本质上是一致的，是相辅相成的。从现实角度分析出来的转变内容，也可以从要素分析的角度去对应，去进行审视和表达。

（五）我国进行学校体育发展方式转变尝试的典型案例分析

通过对上海高中体育专项化改革，四点半学校”文体活动的开展，清华大学、西安欧亚学院、甘肃庆阳一中、北京史家小学等学校层面体育工作的典型案例进行分析，发现我国各地在探索学校体育发展方式转变的过程中，取得了很多成功的经验，归纳起来主要有：发展方式转变要有先进的理念进行指导；在进行各种改革尝试时；必须充分尊重地方和学校的实际情况；在社会经济条件有保障的情况下，体育教育教学改革的理念相对容易贯彻执行；做好与社区的衔接有利于拓展学生的课外体育活动参与。

（六）部分发达国家的学校体育发展方式及启示

从学校体育目标及价值取向、学校体育管理体制及制度保障、体育教育教学及相关活动的运行方式、学校体育发展的保障条件等方面，对美国、英国、日本、德国、俄罗斯等发达国家学校体育发展方式进行研究，提炼出如下启示：学习国外经验应该博采众长但不照搬；学校体育发展方式的确定即是各发展要素的优化组合过程；体育课程改革是学校体育发展方式转变的中心环节；减少政府介入深度的同时引入社会（市场）机制；依托社会资源开展课外体育活动；场馆设施的供给应以实用为首要原则，并提倡学校与社区资源共享。

（七）学校体育发展方式转变的手段和途径

1.寻求与中央改革决策的契合点并积极融入改革实践的手段和途径有：从制度层面对体育作为教育重要组成部分的地位做出硬性规定；优化资源配置，建立城乡一体化的学校体育发展机制和经费保障制度；借力考试招生制度改革，探索体育进入高中学业水平考试的机制；加快政府职能转变和简政放权，构建社会参与学校体育发展的机制；进行学校体育综合改革试点，在成功的基础上逐步推进。

2.建立健全学校体育监测评价机制的手段和途径主要有：转变学生体育学习效果和过程的评价方式；转变学生评价体系，将体质健康和学校体育参与情况纳入学生评优和升学考试体系；构建针对学校层面体育工作的评价体系，并将其纳入学校工作的总体评价中；建立针对地区教育主管部门的学校体育报告公示制度。

3.改善学校体育办学条件的手段和途径主要有：解决中小学体育教师缺编问题；加强体育教师培训工作；加快学校体育设施建设；加大学校体育经费投入力度，重视经费的使用效益最大化。

4.推动体育教育教学改革的手段和途径主要有：强化“运动”在体育教育教学和活动组织中的中心地位；制定符合时代发展的课程标准；转变教学方式和学习方式；在体育教育教学中应坚持一定的强制性；要合理构建学校体育教育教学结构；要加强校园体育文化建设；要坚持因地制宜的原则；加强现代体育教育技术与课堂教学整合。

5.建构学校体育改革与发展良性社会认识机制的手段和途径主要有：建构不同社会认识主体之间的对话与协商模式；建立良好的学术研究学风和氛围；加强学校体育发展方式转变的相关研究。

6.建立高效而务实的学校体育管理体制与推进机制的手段和途径主要有：

加强政府在国家及区域层面促进学校体育发展的规划和统筹能力；建立健全学校体育工作的监测评价机制；优化政府关于学校体育的财政支出结构，提高资本使用效率；加快政府职能转变，改进学校体育管理方式；建立针对各级政府的学校体育发展政绩考核问责机制；构建政府、学校、社会、家庭四位一体的学校体育管理、参与和发展的立体网络。

二、研究不足与展望

我国对学校体育发展方式转变的研究起步晚，底子薄，较为系统的研究成果还少见报道；国外也缺乏与我国“学校体育发展方式”相同语境的研究。因此，本研究缺乏成熟的研究范式可供参考，研究的理论框架是本人在借鉴经济发展方式转变、教育发展方式转变、体育发展方式转变的相关研究基础上，结合学校体育的特点而构建的，由于本人理论水平有限，研究框架的设计可能还存在着需要进一步完善的地方。

我国幅员辽阔，各地区和城乡之间学校体育发展的差异很大，全面了解我国学校体育发展状况难度较大。而如何保证个案研究中典型地区和学校的选择合理且具有代表性，也是一个难点问题。由于本人研究能力、研究经费和精力所限，调研难免有所遗漏。因此，本研究难说尽如人意，对于研究中存在的问题，本人会将其作为学术探索的新起点而进一步深入研究。

学校体育发展方式转变相关问题的研究，对于解决我国学校体育发展中存在的现实问题有着重要意义。在本研究的基础上，今后还需要从以下领域进行更加深入的研究：

（一）寻求与中央改革决策的契合点并积极融入改革实践、转变学校体育监测评价机制、加大学校体育办学条件的改善力度、推动体育教育教学改革、建构学校体育改革与发展良性社会认识机制、建立高效而务实的学校体育管理体制是当前我国学校体育发展方式转变的六个主要方面。这六个方面并不是并列关系，转变的急迫性也不尽相同，它们之间的存在着复杂的相互关系、递进关系和因果关系。本研究主要从理论上进行了论述，对这六个方面关系的实证性研究有待继续深入进行。

（二）由于本人缺乏去国外实地调研的机会，对发达国家学校体育发展方式的研究主要基于文献资料分析，同时，相关外文文献资料的搜集也较为有限，故而对国外的研究还相对薄弱。在充分尊重我国国情的前提下，引入国外的成熟做法和先进理念，对于更好实现我国学校体育发展目标，达致一个理想的发展结果来说可谓事半功倍。因此，今后有必要争取机会去国外进行实地考察，同时拓宽外文文献检索的渠道，对国外学校体育发展方式进行更加深入的研究。

（三）学校体育管理者、体育教师、家长、学生、学校体育领域的专家学者等不同的社会认识主体基于自身的立场、地位和权利，对学校体育改革与发展的认识多元，这决定了彼此认识之间存在冲突的可能性，如果不能有效消解冲突，实现不同认识之间的整合与互动，从冲突中寻找学校体育发展方式转变的契机和推动力量，学校体育发展与改革将面临巨大的阻力和不确定性，甚至会导致发展方式转变的失败。本研究对此问题进行了初步的研究，但由于研究侧重点的选择，以及社会认识机制是一个非常复杂的应用哲学问题，系统研究的工作量巨大，因此，本研究未做更深入的分析。今后，将进一步就学校体育发展方式转变进程中，各种社会认识如何相互作用、彼此影响，最终对学校体育发展方式转变这一实践活动产生认识作用、发挥认识功能，进而建构良性的学校体育发展方式转变的社会认识机制进行系统的专题研究。

参考文献

[1] 毛振明.体育课程改革新论——兼论何为好的体育课[M].北京：教育科学出版社，2012.

[2] 杨文轩，季浏.义务教育体育与健康课程标准（2011 年版）解读[M]. 北京：高等教育出版社，2012.

[3] 徐佶.专业化视野下体育教师教育的反思与建构[M].北京：中国编译出版社，2012.

[4] 毛振明，王小美.体育与健康课改论[M].北京：北京体育大学出版社，2009.

[5] 周登嵩.学校体育热点 50 问[M].北京：高等教育出版社，2007.

[6]教育部体育卫生与艺术教育司.学校体育工作重要法规文件选编（2008 年版）[M].北京：人民教育出版社，2008.

[7] 教育部体育卫生与艺术教育司.学校体育卫生艺术和国防教育工作文件汇编（1991-2005）（上、下）[M].北京：高等教育出版社，2005.

[8] 毛振明，于素梅.体育教学评价技巧与案例[M].北京：北京师范大学出版社，2009.

[9] 李晋裕，滕子敬，李永亮.学校体育史[M].海口：海南出版社，2000.

[10] 田国祥，李斌，康彪.中国学校体育发展史[M].兰州：甘肃人民出版社，2011.

[11] 教育部体育卫生与艺术教育司.中国学校体育30年（1979-2009）[M].北京：高等教育出版社，2010.

[12] 李林，周登嵩.中国学校体育发展研究报告[M].北京：化学工业出版社，2013.

[13] 赖天德.中国学校体育改革评述[M].北京：高等教育出版社，2007.

[14] 杨贵仁.中国学校体育改革的理论与实践[M].北京：高等教育出版社，2006.

[15] 韩勇.学校体育伤害的法律责任与风险预防[M].北京：人民体育出版社，2012.

[16] 郭强.新发展方式研究[M].北京：中国时代经济出版社，2010.

[17] 国务院发展研究中心课题组. 转变经济发展方式的战略重点[M].北京：中国发展出版社，2010.

[18] 沈坤荣，等.经济发展方式转变的机理与路径[M].北京：人民出版社，2011.

[19] 李海舰，原磊，王燕梅.发展方式转变的体制与政策[M].北京：社会科学文献出版社，2012.

[20] 汪同三，齐建国，等.加快经济发展方式转变论[M].北京：社会科学文献出版社，2013.

[21] [美]威廉·佩珀雷尔·蒙塔古.认识的路径 [M].北京：商务印书馆，2012.

[22] 欧阳康.社会认识论导论[M].北京：中国社会科学出版社，2010.

[23] 张欣欣，李大明，牛东方.奠基健康 史家小学的体育教学[M].北京：中国发展出版社，2012.

[24] 宋兵波.学校改革的逻辑[M].北京：中央编译出版社，2013.

[25] 耿培新，梁国立.美国学校体育国家标准研究[M].北京：人民教育出版社，2007.

[26] 张世响.现代日本学校体育教育的变迁（1945-2008）[M].北京：北京体育大学出版社，2009.

[27] 王韶峰.中俄学校体育课程改革新视野[M].北京：高等教育出版社，2010.

[28] 曲宗湖，杨文轩.域外学校体育传真[M].北京：人民体育出版社，1999.

[29] 张举玺.中俄教育管理体制比较[M].开封：河南大学出版社，2007.

[30] 中国基础教育学科年鉴（体育与健康卷 20009）[M].北京：北京师范大学出版社，2011.

[31] 郭强.新发展方式研究[M].北京：中国时代经济出版社，2010.

[32]《哲学大辞典》编辑委员会.哲学大辞典[M].上海：上海辞书出版社，

1992.

[33] 现代汉语大词典[M].上海：上海世纪出版股份有限公司、上海辞书出版社，2009.

[34] [美]戴维·T·康利.谁在管理我们的学校[M].上海：华东师范大学出版社，2005.

[35] 潘绍伟，于可红.学校体育学（第二版）[M].北京：高等教育出版社，2008.

[36] 王本陆.中国教育改革30年（课程与教学卷）[M].北京：北京师范大学出版社，2009.

[37] 劳凯声.中国教育改革30年（政策与法律卷）[M].北京：北京师范大学出版社，2009.

[38] 黄忠敬.教育政策导论[M].北京：北京大学出版社，2011.

[39] [日]田中耕治.教育评价[M].北京：北京师范大学出版社，2011.

[40] 董玉明，李冰强，等.宏观调控视野下的体育政策法规理论与实践问题研究[M].北京：法律出版社，2012.

[41] 唐龙.体制创新与发展方式转变[M].北京：中国社会科学出版社，2012.

[42] 曲宗湖，杨文轩.现代社会与学校体育[M].北京：人民体育出版社，1999.

[43] 张瑞林.教育部直属综合性大学体育改革与发展[M].济南：山东大学出版社，2010.

[44] 王海青，王雅莉.学校体育评估[M].北京：新华出版社，2011.

[45] 刘旻航.无序中的有序——现代体育课程改革的文化审视[M].南京：安徽教育出版社，2008.

[46] 黄林芳.教育发展机制伦[M].上海：上海财经大学出版社，2006.

[47] 朱家存，阮成武.政府职能转变与学校运行方式的变革[M].合肥：中国编译出版社，2012.

[48] [加拿大]Benjamin Levin.教育改革——从启动到成果[M].北京：教育科学出版社，2004.

[49] 赵炳坤.基于经济学视角的高等教育发展方式研究[M].北京：中国经济出版社，2012.

[50] 毛晓荣.西部农村中小学校开展“阳光体育运动”的长效保障体制研究[M].北京：中国社会科学出版社，2012.

[51] 程平源.中国教育问题调查[M].北京：清华出版社，2013.

[52] 李正涛，李云星.百年中国基础教育改革的方法论探析[M].北京：教育科学出版社，2011.

[53] 顾明远，石中英.国家中长期教育改革和发展规划纲要（2010-2020）解读[M].北京：北京师范出版社，2010.

[54] 肖昊.教育发展[M].武汉：武汉大学出版社，2004.

[55] 胡中锋.教育评价学[M].北京：中国人民大学出版社，2008.

[56] 李正涛，李云星.百年中国基础教育改革的方法论探析[M].北京：教育科学出版社，2011.

[57] 杨华.美国大学生体育联合会（NCAA）的制度演进[M].北京：北京体育大学出版社，2012.

[58] 国家体育总局政策法规司.体育事业“十二五”规划文件资料汇编[M].北京：人民体育出版社，2011.

[59] 王英峰.英国体育管理组织体系研究[D].北京体育大学博士学位论文，2010.

[60] 藏坤.中国和俄罗斯义务教育阶段（1-9）年级）体育课程的比较研究[D].北京体育大学硕士学位论文，2007.

[61] 陈琦.从终身体育思想审视我国学校体育的改革与发展[D].北京体育大学博士学位论文，2002.

[62] 冯红静.对美国学校体育教学的研究[D].北京体育大学博士学位论文，2012.

[63] 刘留.论美国学校体育课程的生命关怀——兼谈我国体育课程改革[D].北京体育大学博士学位论文，2012.

[64] 姚淳.美国学校体育教育计划研究[D].首都师范大学硕士学位论文，2004.

[65] 杨清琼.美初中小学体育教育研究[D].北京体育大学博士学位论文，2010.

[66] 沙金.全面发展视域中的学校体育[D].东北师范大学博士学位论文，2012.

[67] 李储涛.身体德性论：论义务教育阶段学校体育的德育使命[D].山东师范大学博士学位论文，2012.

[68] 焦卫宾.我国新农村体育服务体系中的农村学校体育发展——以东中部农村学校为例 [D].福建师范大学博士学位论文，2008.

[69] 刘志红.学校体育教学评价体系构建与可操作性研究[D].河北师范大学博士学位论文，2007.

[70] 屈宏强.学校体育均衡发展评价指标体系的构建与实证研究——以河南省中学为例[D].福建师范大学博士学位论文，2012.

[71] 何劲鹏.学校体育课程体系生命化探究[D].东北师范大学博士学位论文，2008.

[72] 工淑英.学校体育课程体系研究[D].河北师范大学博士学位论文，2010.

[73] 王淑英.学校体育课程体系研究[D].河北师范大学博士学位论文，2010.

[74] 王书彦. 学校体育政策执行力及其评价指标体系实证研究——以黑龙江省普通中学为例 [D].福建师范大学博士学位论文，2008.

[75] 李骁天.我国城市社区与学校体育设施共享的影响因素及模式构建研究[D].北京体育大学博士学位论文，2009.

[76] 于晓东.整体性体育课程研究[D].南京师范大学博士学位论文，2008.

[77] 胡庆山.体育课程实施主体论[D].华中师范大学博士学位论文，2009.

[78] 褚宏启.论教育发展方式的转变[J].教育研究，2011，（10）：3-10，15.

[79] 杨桦，任海.转变体育发展方式由“赶超型”走向“可持续发展

型”[J].北京体育大学学报，2013，(1)：1-9.

[80] 季浏.中国体育发展方式改革的原因探析与政策建议[J].成都体育学院学报，2013，(1)：1-7.

[81] 杨文轩.论中国当代学校体育改革价值取向的转换——从增强体质到全面发展[J].体育学刊，2016，(6)：1-6.

[82] 张正民，陈宁. 我国学校体育发展方式转变的现实诉求与理论导向[J].北京体育大学学报，2015，(12)：88-94.

[83] 张金桥，王健，王涛.部分发达国家的学校体育发展方式及启示[J].武汉体育学院学报，2015，(10)：5-20.

[84] 辜德宏.政府对我国竞技体育发展方式的干预研究[J].北京体育大学学报，2017，(3)：5-10.

[85] 辜德宏，吴贻刚. 竞技体育发展方式基本理论问题探析 [J]. 北京体育大学学报，2014，(10)：7-12.

[86] 朱建清.试论科学发展观与体育发展方式的转变[J].体育科学，2010，(7)：62-70，96.

[87] 董翠香，茹佳，季浏.体育强国视阈下中国学校体育发展方式探究[J].北京体育大学学报，2011，(11)：88-92.

[88] 董翠香，朱美珍，季浏.发达国家学校体育发展方式及其对我国的启示[J].体育学刊，2012，(4)：72-76.

[89] 董翠香，党林秀，朱美珍，季浏，张秀丽. 新中国学校体育发展方式

转变的阶段性特征及改革的基本思路[J].体育成人教育学刊，2014，(5)：75-80.

[90] 王登峰.学校体育的困局与破局——在天津市学校体育工作会议上的报告[J].天津体育学院学报，2013，(1)：17.

[91] 王登峰. 学习十八大精神 推进学校体育改革[J].体育学刊，2013，(1)：1-5.

[92] 毛振明.我与“新课改”[J].体育教学，2010，(3)：4-7.

[93] 季浏. 论“健康第一”指导思想下的运动技能教学[J].体育教学，2006，(2)：4-6.

[94] 李康.教育技术与教育技术学的研究对象[J].电化教育研究，2004，(1)：1-4.

[95] 李忠堂，阎智力.我国基础教育体育课程改革 60 年回顾[J].体育学刊，2010，(12)：52-56.

[96] 赵立.我国改革开放 30 年来学校体育问题断想[J].体育教学，2008，(12)：20-22.

[97] 褚宏启.地方政府教育政绩考核评价指标体系与教育问责制度的构建[J].教育发展研究，2011，(3)：28-33.

[98] 周纯义，任晓秋，王娜.“四点半课堂”的现状、困境及出路[J].现代教育科学·普教研究，2011，(4)：68-70.

[99] 任晓秋，周纯义.社会工作介入社区“四点半课堂”初探[J].基础教育研究，2011，9 月 A 版：3-4.

[100] 李武汉.探营“四点半学校”[J].社区，2007，(4 下)：21-22.

[101] 宋兵波.论现代教育改革的社会认识逻辑[J].教育学报，2011，(1)：60-67.

[102] 门丽，HUI M.clark，吴加利.美国青少年体育发展现状给我国学校体育带来的启示[J].沈阳体育学院学报，2006（3）：41-42.

[103] 林超（摘编滕维藻著作）.经济发展方式与贸易型式[J].国际贸易，1982，(2)：21.

[104] 邓英淘.新发展方式与中国的未来[J].未来与发展，1989，(5)：1-21.

[105] 邓英淘.新发展方式与中国的未来[J].未来与发展，1989，(6)：3-19.

[106] 吴树青.转变经济发展方式是实现国民经济又好又快发展的关键[J].前线，2008，(1)：17-31.

[107] 李宗凌，苏小冬，潘津良，梁力.10 年改革的发展方式与启示[J].经济理论与经济管理，1990，(6)：1-8.

[108] 张塞.计划与市场结合的发展方式、目标模式研究[J].财贸经济，1991，(6)：13-16.

[109] 张森.评原苏联经济发展方式和发展重点问题[J].世界经济与政治，1992，(7)：7-13.

[110] 孟宪忠.关于中国社会发展方式的几点思考[J].吉林大学社会科学学报，1993，(4)：1-6.

[111] 顾涧清.珠江三角洲的发展方式与其地方政府的作用[J].中国软科学，1993，(1)：15-17.

[112] 张云钢.云南最现实的选择——非均衡发展方式[J].创造，1993，(6)：9-10.

[113] 周亚.国际国内环境对上海发展的影响及发展方式选择[J].上海综合经济，1994，(4)：12-13.

[114] 樊国仁.论生产力发展方式[J].学术论坛，1999，(5)：88-91.

[115] 刘敬鲁.人类发展方式的三大变革——经济全球化的终极意义[J].教学与研究，2002，(4)：35-39.

[116] 张坤，夏光.新发展方式与中国环境政策创新[J].环境科学动态，2000，(1)：1-5.

[117] 贺来."生态困限"与现代社会的发展方式[J].江海学刊，2002，(1)：30-34.

[118] 曲格平.转变发展方式，走循环经济发展之路[J].中国环境管理干部学院学报，2004，(4)：10-14.

[119] 胡锦涛.关于加快经济发展方式转变[J]. 党的文献，2011，(4)：3-4.

[120] 黄泰岩.转变经济发展方式的内涵与实现机制[J]求是杂志，2007，(18)：6-8.

[121] 何菊莲，张轲，唐未兵.我国经济发展方式转变进程测评[J].经济学动态，2012，(10)：17-26.

[122] 陈培瑞.教育也应转变发展方式——学习十四届五中全会精神的体会[J].山东教育科研，1996，(1)：10-13.

[123] 陈培瑞.我国教育发展方式亟待转变[J].求是杂志，1996，（7）：33-36.

[124] 周贝隆.关于转变我国教育发展方式的思考[J].上海高教研究，1996，（3）：25-32.

[125] 陈光明.建立新的运行机制是根本转变高校发展方式的关键[J].湘潭大学学报（哲学社会科学版），1996，（1）：106-108，122..

[126] 万小震.我国高等教育发展方式的转变[J].湖北广播电视大学学报，1999，（2）：28-29.

[127] 公甫.关于转变我国民族教育发展方式几个问题的思考[J].中国民族教育，1999，（1）：14-16.

[128] 陈培瑞.调整教育发展的基本格局 实行教育发展方式的彻底转型[J].当代教育科学，2006，（1）：3-5.

[129] 陈上仁，何小微.中国高等教育发展方式转换：均等化、区域化、均衡化 [J].现代教育科学，2007，（6）：5-9.

[130] 李欣欣.加快促进教育发展模式 与经济发展方式转变相适应[J]. 中国党政干部论坛，2010，（8）：4-5，8.

[131] 陈振华.关于优质教育资源发展方式的思考[J].教育研究与实验，2010，（5）：44-48.

[132] 孙刚.关于加快我国教育发展方式转变的思考[J].国家行政学院学报，2010，（4）：94-97.

[133] 李秉中.关于转变基础教育发展方式的若干思考[J].教育研究，2011，

（4）：60-63.

[134] 褚宏启.教育发展方式转变与校长培训改革[J].中小学管理，2011，（11）：17-19.

[135] 钟新文.对高等教育推动经济发展方式转变的思考[J].高教研究，2011，（3）：170-17

[136] 许淑慧，覃伟年.加快西部高等教育结构调整 适应经济发展方式转变[J].民族教育研究，2011，（5）：13-16.

[137] 高莉，杨家福.从规模扩张到结构优化：教育结构的战略性调整[J].教育发展研究，2012，（5）：1-5.

[138] 王晓玲，范魁元.学生培养模式转变：教育发展方式转变的核心内容[J].教育发展研究，2012，（5）：6-10.

[139] 贾继娥，卢伟.教育人才队伍建设：教育发展方式转变的人力资源基础[J].教育发展研究，2012，（5）：11-15.

[140] 孙金鑫.教育研究改进：教育发展方式转变的理论保障[J].教育发展研究，2012，（5）：16-21.

[141] 崔斌，何岩.教育管理方式转变：教育发展方式转变的制度路径[J].教育发展研究，2012，（5）：22-26.

[142] 贾继娥，褚宏启.教育发展方式转变的三条路径[J].教育发展研究，2012，（5）：1-6.

[143] 康永祥，李相禹.我国学前教育发展方式转变的合理路径[J].教育发展

研究，2013，（7）：1-5.

[144] 姚松，翟晓磊.新时期加快我国义务教育发展方式转变的路径选择[J].教育发展研究，2013，（7）：6-10.

[145] 陈丹，徐冬鸣.论普通高中教育发展方式的转变[J].教育发展研究，2013，（7）：11-15.

[146] 贾宁，吴雨倩.论职业教育发展方式的转变[J].教育发展研究，2013，（7）：16-20.

[147] 余蓝，刘丽.我国高等教育实现“内涵式发展”的三条路径[J].教育发展研究，2013，（7）：21-25.

[148] 甘琼英，何岩，褚宏启. 为全民终身学习服务：我国继续教育发展方式的转变[J].，教育发展研究，2013，（7）：27-31.

[149] 赵应生，钟秉林，洪煜. 转变教育发展方式：教育事业科学发展的必然选择[J].教育研究，2012，（1）：32-39.

[150] 庄西真.激励理论视角下的区域教育发展方式转变[J].当代教育科学，2012，（24）：3-6.

[151] 张学敏，冯太学.教育发展方式与国民收入层级匹配：基于我国人口红利背景[J].宏观经济，2012，（8）：17-24.

[152] 童莹娟，从湖平.我国东部地区体育产业发展的社会经济“外环境”区位比较优势及发展方式的选择[J].中国体育科技，2002，（11）：3-5，9.

[153] 于清，袁吉.论后奥运时代我国体育产业发展方式[J].体育与科学，

2009，（4）：7-10.

[154] 马德浩，季浏.新时期的三大改革对中国体育发展方式改革的影响[J].体育科学，2011，（5）：14-19，26.

[155] 马德浩，季浏.基于“顶层设计”的中国体育发展方式改革构想[J].成都体育学院学报，2011，（7）：7-12.

[156] 马德浩，季浏.基于科学发展观的中国体育发展方式改革[J].成都体育学院学报，2012，（11）：31-35，78.

[157] 王杰，刘玉.体育发展方式转变背景下的体育利益表达机制研究[J].上海体育学院学报，2011，（6）：5-9.

[158] 刘玉.论新中国 60 年体育发展方式的演进与转变[J].西安体育学院学报，2012，（1）：25-31.

[159] 丁亚兰.体育发展方式转变中的政府行为分析[J].西安体育学院学报，2012，（3）：272-276，286.

[160] 刘玉，丁亚兰.转变体育发展方式基本理论架构与分析[J].上海体育学院学报，2012，（4）：27-31，38.

[161] 姜同仁，侯晋龙，刘娜. 中国体育产业发展方式转变的 3 大结构障碍与战略调整[J].天津体育学院学报，2012，（6）：473-478.

[162] 姜同仁，宋旭，刘玉.欧美日体育产业发展方式的经验与启示[J].上海体育学院学报，2013，（2）：19-24.

[163] 姜同仁，刘玉.发达国家体育产业发展方式演进与转变研究[J].西安体

育学院学报，2013，（5）：513-519，550.

[164] 胡小明.中国体育改革的突破口——打开转变发展方式的制度性瓶颈[J].体育与科学，2013，（1）：26-27，20.

[165] 董传升.论中国体育发展方式的公共转向：从国家体育到公共体育[J].北京体育大学学报，2013，（1）：14-19，63.

[166] 栾开封.转变体育发展方式，树立新的体育发展观[J].体育学刊，2012，（4）：1-6.

[167] 李圣鑫.论经济发展方式转型中我国体育事业的转型发展[J]. 沈阳体育学院学报，2012，（1）：15-19，27.

[168] 马玉芳.关于我国竞技体育发展方式转变若干问题的研究[J]. 体育与科学，2012，（2）：102-105.

[169] 辜德宏，吴贻刚，陈军.我国竞技体育内生式发展方式的概念、分类、内涵与特征探析[J]. 天津体育学院学报，2012，（5）：382-385.

[170] 刘国永.转变发展方式 实现群众体育新跨越[J]. 体育文化导刊，2012，（5）：22-26.

[171] 刘梅英.农村体育三种发展方式的理性选择[J]. 南京体育学院学报，2011，（6）：72-76.

[172] 尹维增，张德利，陈有忠.体育强国建设进程中转变农村体育发展方式研究[J]. 西安体育学院学报，2013，（5）：551-554.

[173] 霍红，王洪珅.我国少数民族传统体育发展方式转变研究[J].成都体育学院

学报，2012，（7）：41-44.

[174] 王广虎.健康理念内涵的把握与学校体育改革的思考[J].成都体育学院学报，2001，（4）：29-33.

[175] 刘晓华，高瞻，付浩.新世纪的学校体育改革[J].体育文化导刊，2002，（6）：60-61.

[176] 赖天德.素质教育的基本特征及其对学校体育改革的启示[J].体育学刊，2003，（1）：10-13.

[177] 万昌智.学校体育改革的科学发展观[J] 体育学刊，2004，（6）：72-75.

[178] 唐健.人的全面发展理念下的学校体育改革[J] 体育学刊，2005，（2）：82-85.

[179] 王庆丰.新世纪我国学校体育改革的思考[J]体育文化导刊，2006，（9）：67-68.

[180] 段健芝，梁晔，安福秀.中国学校体育改革路向思考——卢元镇教授访谈录[J]体育学刊，2007，（8）：1-4.

[181] 冯霞.改革开放以来中国学校体育改革回顾——曲宗湖教授访谈录[J]体育学刊，2007，（9）：1-5.

[182] 颜昶，徐丽平.导入“健康促进”理念之学校体育改革展望[J].成都体育学院学报，2008，（7）：71-73.

[183] 董翠香，张玉景.学校体育改革中若干问题的解读与思考[J].河南师范大学学报（自然科学版），2009，（2）：138-140.

[184] 吴键.深化学校体育改革的要害问题："配足配齐"与"开足开齐"[J].体育教学，2010，(2)：4-7.

[185] 吴键.问责：学校体育改革发展的关键机制[J].体育教学，2010，(3)：11-13.

[186] 姚蕾.国民体育素质培育与学校体育改革[J] 体育科学，2003，(5)：18-22，28.

[187] 杨成.西部地区学校体育改革非均衡发展的成因与对策[J].继续教育研究，2011，(3)：155-156.

[188] 冉学东，王广虎.生命教育：新时期学校体育改革的取向[J].成都体育学院学报，2012，(1)：1-6.

[189] 季浏.《义务教育体育与健康课程标准》修订说明与分析（一）[J].中国学校体育，2012，(3)：14-16.

[190] 季浏.《义务教育体育与健康课程标准》修订说明与分析（二）[J].中国学校体育，2012，(5)：14-17.

[191] 季浏.《义务教育体育与健康课程标准》修订说明与分析（三）[J].中国学校体育，2012，(6)：19-23.

[192] 季浏.《义务教育体育与健康课程标准》修订说明与分析（四）[J].中国学校体育，2012，(8)：16-20.

[193] 季浏.《义务教育体育与健康课程标准》修订说明与分析（五）[J].中国学校体育，2012，(9)：24-27.

[194] 季浏.《义务教育体育与健康课程标准》修订说明与分析（六）[J].中国学校体育，2012，（10）：19-21.

[195] 季浏.体育与健康课程标准实验稿修订的基本原则[J].中国学校体育，2012，（2）：8-10.

[196] 季浏.体育课程在继承的基础上改革与发展[J].体育教学，2006，（4）：12-14.

[197] 季浏.论“健康第一”指导思想下的运动技能教学[J].体育教学，2006，（2）：4-6.

[198] 季浏，汪晓赞，汤利军.我国新一轮基础教育体育课程改革 10 年回顾[J].上海体育学院学报，2011，（2）：77-81.

[199] 杨文轩.关于“体育与健康课程标准”修订的思考[J].体育学刊，2011，（5）：1-3.

[200] 谭华，李勤.我国体育课程改革的基本理念[J].体育学刊，2003，（2）：8-11.

[201] 谭华，庄弼，何鸿涛.体育课程改革实验中出现的几个误区[J].体育师友，2003，（4）：25-27.

[202] 张建华，高嵘，毛振明.当代美国体育课程改革及对我国的启示[J].体育科学，2004，（1）：50-52，55.

[2037] 徐勤儿，陈金.美国基于国家标准的学校体育课程改革的对比研究[J].体育与科学，2007，（5）：15-17，39.

[204] 赵立.我国改革开放 30 年来学校体育问题断想[J].体育教学，2008，（12）：20-22.

[205] 王超英，沈建华.对我国课外体育活动发展中几个问题的思考[J].上海体育学院学报，1999，（4）：61-64.

[206] 李惠玲，张春美.建立高校课外体育活动的新模式——体育俱乐部初探[J].体育学刊，1999，（2）：9-10.

[207] 陈家起，罗建萍，徐武.学分制课外体育俱乐部的运作模式[J].体育学刊，2004，（1）：90-92.

[208] 张同宽，赵英俊.改革高校课外体育活动的管理——以浙海院课外体育活动现状调查分析为例[J].浙江海洋学院学报（人文科学版），2005，（4）：72-75.

[209] 刘大海，庞大庆，宋晖.高校课外体育活动改革实践与思考[J].武汉体育学院学报，2005，（3）：114-116.

[210] 李骁天，王凯珍，毛振明.城市社区与学校体育设施资源共享研究的回顾与展望——中外对比[J].天津体育学院学报，2009，（6）：504-509.

[211] 杨宏松.要加强高校体育师资队伍的建设[J].中国高等教育，1999，（3）：39，31.

[212] 董翠香.新中国 50 年体育师资队伍培养回顾与展望[J].北京体育大学学报，2000，（3）：319-320，323.

[213] 付奕，于芳，刘莹清.我国普通高校体育师资队伍结构现状与发展对策[J].中国体育科技，2001，（7）：23-25.

[214] 陈德林.湖南省侗族地区中、小学体育师资队伍现状研究[J].中国体育科技，2006，（6）：132-135.

[215] 王广明.河南省普通高校体育师资队伍建设现状及发展对策[J].武汉体育学院学报，2008，（2）：97-100.

[216] 周建华.普通高校体育师资队伍建设的研究——对 20 所实施“三自主”选课模式的高校调查[J].北京体育大学学报，2011，（1）：81-84，88.

[217] 杜琳英.我初中小学体育教师培训模式探讨[J].体育与科学，2003，（2）：79-80.

[218] 林顺英，黄汉升.我初中学体育教师职后培训的调查与分析[J].中国体育科技，2005，（1）：112-114.

[219] 王健，季浏.体育教师教育课程改革的专业化取向[J].上海体育学院学报，2008，（1）：70-73，94.

[220] 龚正伟，李丽英.中国体育教师教育的历史、挑战与未来[J].北京体育大学学报，2009，（3）：77-81.

[221] 王崇喜，周珂，周艳丽.新中国体育教师教育的演进与未来走向[J].体育学刊，2012，（4）：60-65.

[222] 谭作军.“国培计划”农村体育骨干教师培训解读与策略[J].教学与管理，2012，（21）：60-61.

[223] 党玮玺，罗睿.“国培计划”农村中小学体育骨干教师培训问题与建议[J].继续教育研究，2012，（1）：113-116.

[224] 付明忠.“国培计划”视域下的中小学体育教师培训[J].教学与管理，2013，(18)：62-64.

[225] 李洪川，许晓明，张雪霞，等.对近 20 年国家出台学校体育法规政策的梳理与思考[J].成都体育学院学报，2011，(9)：1-5.

[226] 彭雪涵.改革开放时期学校体育政策法规的文本解读[J].北京体育大学学报，2009，(5)：76-79.

[227] 刘宁，刘静民，张威.改革开放以来我国学校体育政策、法规演变脉络之研究[J].体育科学，2009，(12)：88-92.

[228] 李冬梅.关于我国学校体育制度的思考[J].成都体育学院学报，2009，(10)：75-77.

[229] 王书彦.学校体育政策执行力评价指标体系及其实证研究[J].北京体育大学学报，2010，(8)：104-107.

[230] 谭小勇，向会英，姜熙.学校体育伤害事故责任制度研究[J].天津体育学院学报，2011，(6)：521-526.

[231] 王荷英.学校体育活动中运动伤害保险制度研究[J].体育文化导刊，2012，(10)：78-81.

[232] 杨波，袁古洁.英国国家体育课程对我国体育课程改革的启示[J].体育学刊，2007，(6)：59-63.

[233] 王家仁.英国学校体育与健康教育之研究[J].体育教学，2006，(2)：44-45.

[234] 薄全锋，秦苏. 赴德国学校体育考察报告[J].中国学校体育，2000，（1）：65-67.

[235] 刘志国. 德国北莱茵"威斯特法伦州中学体育教育的实践及启示[J].体育与科学，2013，（5）：55-58.

[236] 李静波.美国总统体质委员会对美国学校体育的影响[J].中国学校体育，2001，（1）：66-67.

[237] 单磊.美国学校体育深度访问[J].中国学校体育，2008，（2）：80-81.

[238] 单磊.美国学校体育之我见[J].中国学校体育，2008，（4）：80-81.

[239] 黄瑞霞.英国学校体育课程管理模式及启示[J].教学与管理，2009，（1）：143-144.

[240] 英国“学校体育协调官制度”[J].上海体育科研（摘自《中国体育资讯网》），2003，（1）：63.

[241] 胡轩逸.美国：加强中小学体育促进儿童健康[J].上海教育，2012，（26）：41.

[242] 隋晓航.美国大学体育现状及对我国的启示[J].武汉体育学院硕士学位论文，2007.

[243] 尚志强.基于构建我国大学生课外体育活动课程的探讨——美国大学生课外体育活动课程的经验及启示[J].浙江传媒学院学报，2009，（6）：75-77.

[244] 李守民.美初中学的课外体育活动[J].初中生世界，2013，（7）：16.

[245] 钟启泉.日本学校体育的演进及其未来走势[J].全球教育展望，2009，

（6）：3-6.

[246] 李冰，周爱光. 二战后日本青少年课外体育活动的政策及启示[J].体育与科学，2012，（6）：106-112.

[247] 谷晨. 日本少儿校外体育促进措施研究[J].体育文化导刊，2010，（2）：152-154.

[248] 唐宏贵，李双成，黄靖，等.俄罗斯“生命安全教育”对我国学校体育的启示[J].体育学刊，2004，（6）：69-71.

[249] 孟文砚，段保密.英国学校体育见闻[J].中国学校体育，2007，（7）：56-57.

[250] 胡轩逸.英国学校体育的目标：超越那 7% [J].上海教育，2012，（26）：38-41.

[251] 日本学校体育设施向公众开放材料[J].体育教学，2008，（4）：12.

[252] 朱跃夫.德国学校体育见闻[J].中国学校体育，1997，（4）：70-71.

[253] 管庆丽，王海源.试析德国学校体育场馆设施的开发与利用[J].中国学校体育，2007，（2）：60-61.

[254] 段子才，黄汉升.美国初始体育教师教育标准述评[J].北京体育大学学报，2010，33（8）：91-94.

[255] 许明.美国教师教育专业标准概述——美国教师队伍质量保证机制之二[J].课程·教材·教法， 2002，（11）：62-68.

[256] 许明.英国教师教育专业新标准述评[J].比较教育研究，2007，（9）：

73-77.

[257] 吴卫东.德国教师教育的新标准及启示[J].外国教育研究，2006，（9）：58-62.

[258] 张文军，朱艳.澳大利亚全国教师专业标准评析[J].全球教育展望，2007，（4）：80-83.

[259] 林陶.日本体育教师专业标准诠释[J].体育学刊，2009，（3）：63-67.

[260] 欧小锋.日本体育教师资格制度研究[J].体育文化导刊，2013，（8）：101-104.

[261] 王崇喜，耿培新.英国体育师资的培训及其启示[J]. 课程·教材·教法，2003，（12）：67-69.

[262] 陈君，董佳佳.日本体育教师教育改革的新进展及其启示[J].首都体育学院学报，2011，（2）：133-136.

[263] 李冰，周爱光. 二战后日本青少年课外体育活动的政策及启示[J].体育与科学，2012，（6）：106-112.

[264] 韩春利. 2005-2010年体育教师职后培训组织管理与模式研究[J].武汉体育学院学报，2006，（1）：7-14.

[265] 王健.体育教师教育课程模式研究的依据及策略[J].上海体育学院学报，2000，（1）：17-21.

[266] 王健，邓宗琦.中国近代体育教师教育课程模式的发展[J].华中师范大学学报（人文社会科学版），2000，（3）：29-33.

[267] 吴昊，黄爱峰，顾渊彦.整合优化——新世纪体育教师教育的发展观[J].体育学刊，2004，（6）：133-135.

[268] 黄爱峰，吴昊，顾渊彦.新课改下的体育教师教育问题透视[J].北京体育大学学报，2005，（2）：222-224.

[269] 王健，黄爱峰，季浏.实用性与唯理性：体育教师教育实践观辨析[J].武汉体育学院学报，2007，（11）：61-64.

[270] 中共中央 国务院关于加强青少年体育 增强青少年体质的意见[N].人民日报，2007-5-25：001版.

[271] 国家中长期教育改革和发展规划纲要（2010—2020 年）[N].人民日报，2010-7-30：013版.

[272] 曲天立.均衡发展与教育发展方式的转变[N]. 光明日报，2006-3-1：007版.

[273] 李中文，陈晨曦.学校体育该向何处发力[N].人民日报，2013-12-24：023版.

[274] 郑也夫.素质教育：名不正，言不顺，行不通[N].南方周末，2013-12-26：E31版.

[275] 卢苇.日本青少年体育：以学校体育为基础[N]. 中国体育报，2013-9-13，007版.

[276] 胡和平.充分发挥体育在人才培养中的重要作用[N].中国教育报，2012-12-28：002版.

[277] 胡锦涛.坚定不移沿着中国特色社会主义道路前进 为全面建成小康社会而奋斗——在中国共产党第十八次全国代表大会上的报告（2012 年 11 月 8 日） [N].人民日报 2012-11-18：001 版.

[278] 教育部：我国义务教育体育老师缺编 30 万[EB/OL]. http：//teacher.eol.cn/jiao_yu_ren_ cai_zi_ xun_52/20121206/t20121206_877656.shtml.

[279] 国家教育事业发展第十二个五年规划[EB/OL].http：//www.moe.edu.cn/publicfiles/usiness/htmlfiles/moe/moe_630/201207/139702.html

[280] 河北衡水中学办学经验[EB/OL].http：//www.djkzj.com/html/jiaoxuegaige/2010/1021/822.html.

[281] 宋识径.河北衡水中学去年 70 人考北大清华 疯狂绝招揭秘[EB/OL]. http：//www.bjnews.com.cn/news/2012/06/09/203697.html.

[282] 中共中央 国务院关于加强青少年体育增强青少年体质的意见[EB/OL]. http：//www.moe.gov.cn/publicfiles/business/htmlfiles/moe/moe_1778/200710/27692.html

[283] 关于2011年“义务教育体育与健康课程标准”的讨论[EB/OL]. http：//www.tiyuol.com/bbs/ viewthread.php?tid=14643&extra=page%3D1&page=2.

[284] 教育部：义务教育体育老师缺编 30 万[EB/OL]. http：//teacher.eol.cn/jiao_yu_ ren_cai_zi_xun_52/20121206/t20121206_877656.shtml.

[285] 芜湖市人民政府办公室关于印发芜湖市加强学校体育三年行动计划（2013—2015 年）的通知[EB/OL]. http：//www.wuhunews.cn/zhengwu/folder321/

folder690/2013/08/2013-08-07710527.html.

[286] 靖安县学校体育三年行动计划（2013-2015）[EB/OL].http：//www.jaxedu.cn/info/ news/ wj_sho w/1414.htm.

[287] 南谯区学校体育工作三年行动计划（2013-2015）[EB/OL]. http：//www.czzwgk.gov.cn/XxgkNewsHtml/MC001/201303/MC0010702201303301644426030.html.

[288] 张自廉.提高战斗力构成要素的“六个效应” [N/ OL].中国国防报 http：//www.chinamil.com.cn/site1/xwpdxw/2008-08/14/content_1419647.htm.

[289] 关于2013年《国家学生体质健康标准》测试和上报工作的通知[EB/OL]. http：//www.moe. edu.cn/publicfiles/business/htmlfiles/moe/A17_gggs/201305/151698.html.

[290] 教育部关于推进中小学教育质量综合评价改革的意见[EB/OL]. http：//www.moe.gov.cn/publicfiles/business/htmlfiles/moe/s7054/201306/153185.html.

[291] 重庆大坪中学校长就“女足造假夺冠”公开致歉[EB/OL]. http：//www.chinanews.com/ ty/kong/news/2009/04-23/1660204.shtml.

[292] 上海市教育委员会关于开展“高中体育专项化”教学改革试点工作的通知[EB/OL].http：//www.shmec.gov.cn/html/article/201304/68086.php.

[293] 上海：高中体育课可按兴趣编班 超八成学生喜爱[EB/OL]. http：//shanghai.eol.cn/shanghainews_5281/20131001/t20131001_1024394.shtml

[294] 国务院办公厅关于强化学校体育促进学生身心健康全面发展的意见

[EB/OL]. http：//www.gov.cn/zhengce/content/2016-05/06/content_5070778.htm.

[295] 青山区教育局课题组.社区“四点半学校”青少年教育策略研究[EB/OL].http：//www.whaes. cn/kygh/cgfb/201203151045142 3460.html.

[296] 武汉青山区社区——“四点半学校”受欢迎[EB/OL]. http：//sports.sina.com.cn/s/2006-03-15/1106807875s.shtml（转载自中国体育报）.

[297] 张柏漪.“四点半学校” 给孩子一个快乐的“课余 90 分钟”[EB/OL]. http：//sports.163.com/11/0323/16/6VRGJUUR0005227R.html.

[298] 陈伟强，孔磊.近年体育工作回顾[EB/OL]. http：//www.tsinghua.edu.cn/publish/news/6746/2011/20110225231956765834518/20110225231956765834518_.html.

[299] 甘肃庆阳市第一中学校长：让体育课多彩有趣高效[EB/OL]. http：//www.gsedu.cn/xinwzx/zonghxw/2012/12/30/1356830785632.html（转自中国教育报）.

[300] 国务院关于深化考试招生制度改革的实施意见（国发〔2014〕35 号）[EB/OL]. http：//www.moe.edu.cn/publicfiles/business/htmlfiles/moe/moe_1778/201409/174543.html

[301] 中共中央关于制定国民经济和社会发展“九五”计划和 2010 年远景目标的建议[EB/OL]. http：//www.china.com.cn/ch-80years/lici/14/14-5/1.htm.

[302] 胡锦涛在中央党校发表重要讲话[EB/OL].http：//news.xinhuanet.com/politics/2007-06/25/content_6290208.htm.

[303] 中国共产党章程（中国共产党第十七次全国代表大会部分修改，2007年10月21日通过）[EB/OL]. http：//news.xinhuanet.com/newscenter/2007-10/25/content_6944081.htm.

[304] 中国共产党章程（中国共产党第十八次全国代表大会部分修改，2012年11月14日通过）[EB/OL]. http：//news.xinhuanet.com/18cpcnc/2012-11/18/c_113714762.htm.

[305] 中国共产党十四届五中全会简介[EB/OL]. http：//cpc.people.com.cn/GB/64162/64168/64567/65397/4441764.html.

[306] 周登嵩.国外学校体育概况[EB/OL].http：//wenku.baidu.com/link?url=8ZXQ_iKvvZnJ GGVoG6Is-mKFf0z3KP4Ds3DMzhdKLBAe1ZXshmj_wpeMMTMB3dvBO5CU8yOw1ey8jrMBO4nQVxvpV5F2EQhv7kZxOqmRBlG.

[307] 美国教育体系解读[EB/OL]. http：//www.xueus.com/edusystem.html.

[308] 胡乐乐.学校体育必须切实重视起来[EB/OL]. http：//www.moe.edu.cn/publicfiles/ business/htmlfiles/moe/s5148/201211/143890.html.

[309] 谭琳，谢争.澳大利亚、苏格兰课外体育计划实施情况介绍[EB/OL].http：//pe.cersp.com/jscz/jxyj/200909/5196.html.

[310] 国务院办公厅关于强化学校体育促进学生身心健康全面发展的意见[EB/OL]. http：//www.gov.cn/zhengce/content/2016-05/06/content_5070778.htm.

[311] 教育部 国家体育总局关于进一步加强学校体育工作，切实提高学生健康素质的意见[EB/OL]. http：//www.jyb.cn/cm/jycm/beijing/jybgb/zh/t20070425_

80255.htm.

[312] 学校体育工作条例[EB/OL].http：//www.moe.edu.cn/publicfiles/business/htmlfiles/moe/s6615/201207/138902.html .

[313] 国家教育事业发展第十二个五年规划[EB/OL].http：//www.moe.edu.cn/publicfiles/business/htmlfiles/moe/moe_630/201207/ 139702.html.

[314] 中共中央关于全面深化改革若干重大问题的决定（2013 年 11 月 12 日中国共产党第十八届中央委员会第三全体会议通过）[EB/OL].http：//news.xinhuanet.com/politics/2013-11/15/c_118164235.htm.

[315] 国务院办公厅转发教育部等部门关于进一步加强学校体育工作若干意见的通知[EB/OL].http： //www.moe.edu.cn/publicfiles/business/htmlfiles/moe/A17_zcwj/201210/143745.html.

[316] 袁贵仁.深入学习贯彻党的十八大精神 推动学校体育工作取得新成效——在全国学校体育工作电视电话会议上的讲话（2012-12-24）[EB/OL].http：//blog.sina.com.cn/s/blog_4d8645c501016h5j.html

[317] 中澤篤史.身体活動を伴う社会交流——戦後の中学·高校運動部活動の政策の展開に焦点を当てて[J].体育の科学，2009，(11)：728-729.

[318] 财团法人日本体育协会，21 世紀の国民スポーツ振興方策[Z].平成 13 年 1 月 16 日.

[319] 阿部耕一.スポーツ政策論[M].東京都：株式会社成文堂，2011：342-343.

[320] 高桥健夫. 学校体育的目的、内容和运动科学（运动教育学）—比较新体育理论的体育目标[J].学校体育，1985，4：58—60.

[321] Nelson，Richard and Sidney Winter.An Evolutionary Theory of Economic Change[M].Boston，Harvard University Press，1982.

[322] Ken Green. Understanding Physical Education[M].SAGE Publications，2008.

[323] Kirk，D.Defining Physical Education. The Social Construction of a School Subject in Post-War Britain[M].Landon：Falmer Press，1992.

[324] Kirk，D.Schooling Bodies. School Practice and Public Discourse，1880-1950[M].London：Leicester University Press，1998.

[325] Fisher，R. “Physical Education in Europe：Policy into Practice”，in K. Hardman（ed.），Physical Education：Demonstration and Reconstruction- Issues and Directions[M]. Schorndorf：Verlag Karl Hofman，2003.

[326] Ken Green. Understanding Physical Education[M].SAGE Publications，2008.

[327] Waddington，I. Sport，Health and Drugs：A Critical Sociological Perspective[M].London：Routledge，2000.

[328] Robert，K. and Brodie，D. Inner-City Sport：Who Plays and What Are the Benefits?[M].Culemborg：Giordano Bruno，1992.

[329] Winsley，R. and Armstrong，N. “Physical Activity，Physical Fitness，

Health and Young People” [M]. Physical Education：Essential Issues，2005.

[330] Ken Green. Understanding Physical Education[M].SAGE Publications，2008.

[331] Harris，J. “Health-Related Exercise and Physical Education” [M].Physical Education：Essential Issues.

[332] Evans，J and Davis，B. The Sociology of Physical Education[M]. The Handbook of Physical Education，2006.

[333] Gard，M. and Wright，J. The Obesity Epidemic：Science，Morality and Ideology[M]. London：Routledge，2005.

[334] Rich，E.J.，Holroyd，R. and Evans，J. “Hungry to Be Noticed. Young Women，Anorexia and Schooling”，in Body Knowledge and Control. Studies in the Sociology of Physical Education and Health[M]. London：Routledge，2004.

[335] Trost，S.G. Public Health and Physical Education[M].The Handbook of Physical Education，2006 .

[336] Harris，J. “Health-Related Exercise and Physical Education” [M].Physical Education：Essential Issues.

[337] Ken Green. Understanding Physical Education[M].SAGE Publications，2008.

[338] Mcnamee，M. The Nature and Values of Physical Education，in K. Green and K. Hardman（eds）[M]. Physical Education：Essential Issues，2005.

[339] Fitzclarence L. and Tinning, R. Challenging Hegemonic Physical Education: Contextualizing Physical Education As An Examinable Subject, in D. Kirk and R. Tinning（eds）, Physical Education, Curriculum and Culture: Critical Issues in the Contemporary Crisis[M]. London: Falmer Press, 1990.

[340] Bernstein, B. Class, Codes and Control. Towards a Theory of Educational Transmission[M].London: Routledge and Kegan Paul, 1975.

[341] Siedentop.Sport education: quality PE through positive sport experiences[M]. Champaign, IL, Human Kinetics, 1994.

[342] Jewett, A.E., Bain, L.L and Ennis, C.D. The Curriculum Process in Physical Education[M]. Dubuque, IA: Brown and Benchmark, 1995.

[343] Hawley, W. . Systematic analysis, public policy making, and teacher education. In W.R. Houston（Ed.）, Handbook of research on teacher education [M]. New York, NY: Macmillan, 1990.

[344] Anthony Laker. The Future of Physical Education[M]. London: Routledge, 2003.

[345] Stephen Silverman. The Pedagogy of Motor Skill Learning: Teachers and Students, in The Future of Physical Education, Anthony Laker[M]. London: Routledge, 2003.

[346] Hellison, D. Goals and Strategies for Teaching Physical Education[M]. Champaigne, IL: Human Kinetics, 1985.

[347] Laker，A. Developing Personal，Social and Moral Education through Physical Education：A Practical Guide for Teachers[M]. London：Routledge Falmer，2001.

[348] Morris，G.S.D. and Stiehl，J. Becoming Responsible[M]. Los Angeles：MOST Publisher，2002.

[349] Steihl，J. Becoming Responsible：Theoretical and Practical Implications[J]. Journal of Physical Education，Recreation and Dance，1993，64（5）：38-71.

[350] Mosston，M. and Ashworth，S. The Spectrum of Teaching Styles：From Command to Discovery[M]. New York：Longman，1990.

[351] Anthony Laker. The Future of Physical Education[M]. London：Routledge，2003，160-161

[352] Jewett，A.E.，Bain，L.L and Ennis，C.D. The Curriculum Process in Physical Education[M]. Dubuque，IA：Brown and Benchmark，1995.

[353] Waddington，I. Sport，Health and Drugs：A Critical Sociological Perspective[M].London：Routledge，2000.

[354] Ken Green. Understanding Physical Education[M].SAGE Publications，2008，226.

[355] Cortada，James.Making the Information Society：Experiences，Consequences and Possibilities[M] New York：Prentice Hall，2002.

[356] Mokyr， Joel. “Are we living in the middle of an Industrial Revolution?” [J].Economic Reviews，1997，82（2）：31.

[357] Goldstone， Jack. “The Rise of the West or Not? A Revision to socioeconomic History” [J].Sociological Theory，2000，18（2）：175-194.

[358] David，Paul. “Cilo and the Economics of Qwerty” [J].AER，1985，76：332-337.

[359] David，Paul. “Computer and Dynamo：A Historical Perspective on the Modern ProductivityParadox[J].AER，1990，80：355-361.

[360] Telama，R.，Nupponen，H. and Pieron，M. “Physical activity among young people in the context of lifestyle” [J].European Physical Education Review，2005，11（2）：169-83.

[361] US Department of Health and Human Services（USDHHS）（2000）Healthy People 2010：Understanding and Improving Health. Washington，DC：U.S Government Printing Office.

[362] Department of Health（2004）(DoH） Choosing Health. Obesity Bulletin I. London：DoH.

[363] Qualifications and Curriculum Authority （QCA）（2006）Programmes of Study：Physical Education. Draft，2006，5-26，London：QCA.

[364] Boreham，C. and Riddoch，C. “The Physical Activity，Fitness and Health of Children” [J]. Journal of Sports Sciences，2001，19：29-915.

[365] McNamee，M. “Health-Related Fitness and Physical Education” [J]. British Journal of Physical Education，1988，19（2）：83-84.

[366] Colquhoun，D. Health-Based Physical Education：The Ideology of Healthism and Victim-Blaming[J]. Physical Education Review，1991，14（1）：5-13.

[367] Wallhead，T.L. and Buckworth，J. The Role of Physical Education in the Promotion of Youth Physical Activity[J].Quest，2004，56：285-301.

[368] Macdonald，D.，Rodger，S.，Abbott，R.，Ziviani，J. and Jones，J. “I could do with a pair of wings” . perspectives on physical activity，bodies and health from young Australian Children[J]. Sport，Education and Society，2005，10（2）：195-209.

[369] Waddington，I.，Malcolm，D.and Green，K. Sport，Health and Physical Education：A Reconsideration[J]European Physical Education Review，1997，3（2）：82-165.

[370] Whyte，G. “Exercise Is Bad For You”，Sport and Exercise Scientist，2006，10（12）：14.

[371] McNamee，M. Philosophy and Physical Education：Analysis，epistemology and axiology[J]. European Physical Education Review，1998，4（2）：75-91

[372] Macdonald，D. Like A Fish in Water：Physical Education Policy and

Practice in the Era of Neoliberal Globalization[J].Quest，2011，63，36-45.

[373] Macdonald，D.，Peter Hay and Ben Williams. Should You Buy? Neoliberalism，Neo-PE，and Your Neo-Job[J]. Journal of Physical Education New Zealand，2008，41（3），6-13.

[374] Peter R. Whipp，Heidi Hutton，J.，Robert Grove，Ben Jackson.Outsourcing Physical Education in Primary Schools：Evaluating the Impact of Externally Provided Programmes on Generalist Teachers[J].Asia-Pacific Journal of Health，Sport and Physical Education，2011，2（2），67-77.

[375] Ben Williams，Peter Hay and Macdonald，D. The Outsourcing of Health，Sport，and Physical Educational Work：A State of Play[J].Physical Education and Sport Pedagogy，2011，4（16），399-415.

[376] Seungbum Lee.Global Outsourcing：A Different Approach to An Understanding of Sport Labor Migration[J].Global Business Review，2010，11，153-164.

[377] Udo Merkel. Sport and Physical Culture in North Korea：Resisting，Recognizing and Relishing Globalization[J].Sociology of Sport Journal，2012，29，506-525.

[378] Martina Jurkechová，Petr Vlcek，Pavol Bartík.Development of School Physical Education in Slovakia and in the USA[J].Acta Facultatis Educationis Physicae Universitatis Comenianae，2011，1（51），17-30.

[379] Lisa Beaulieu，Stephen A.Butterfield，Craig A.Mason and E.Micheal Loovis.Physical Activity and U.S.Public Elementary Schools：Implications for Our Profession[J].Journal of Research in Health，Physical Education，Recreation，Sport and Dance，2012，7（1），12.

[380] Beaulieu，M.L.，Butterfield，S.A.and Pratt，P.Physical Activity Opportunity in U.S.Public Elementary Schools[J].International Council for Health，Physical Education，Recreation，Sport and Dance Journal of Research，2010，4（2），33-36.

[381] Brunton，G.，Harden，A.，Rees，R.，Kavanagh，J.，Oliver，S.，& Oakley，A.（2003）Children and physical activity：A systematic review of barriersand facilitators—Executive Summary. London：EPPI—Centre，SocialScience Research Unit，Institute of Education，University of London.

[382] Welk，G.J.，Wood，K.，and Morris，G. Parental Influences on Physical Activity in Children: An Exploration of Potential Mechanisms[J].Pediatric Exercise Science，2003，15，19-33.

[383] Drummond，M.J.N.，Drummond，C.E.，Dollman，J.and Abery，L.Physical activity from early childhood to adolescence：A literature review of issues and interventions in disadvantaged populations[J].Journal of Student Wellbeing，2010，4（2），17-31.

[384] Siedentop.Movement and sport education：current reflections and future

images[J].paper presented at the Commonwealth and International Conference on Sport，Physical Education，Recreation and Dance，Brisbane，Australia，1982.

[385] Tristan Wallhead，Mary O'Sullivan.Sport Education：physical education for the new millennium?[J].Physical Education and Sport Pedagogy，2005，10（2）：181-210.

[386] Oleg A. Sinelnikov，Peter Hastie.A motivational analysis of a season of Sport Education[J]. Physical Education and Sport Pedagogy，2010，15（1）：55-69.

[387] Peter A. Hastie.A review of research on Sport Education：2004 to the present[J].Physical Education and Sport Pedagogy，2011，16（2）：103-132.

[388] James E Sallis，PhD，Thomas L McKenzie. PhD，John E. Alcaraz，PhD，Bohdan Kolodx. PhD，Nell Eaucette，PhD，and Melbourne E Novell，PhD，MPH.The Effects of a 2-Year Physical Education Program（SPARK）on Physical Activity and Eitness in Elementary School Students[J].Effects of Physical Education，1997，8（97），1328-1334.

[389] Sallis，J.F.，Mckenzie，T.L.，et al. Assessment，Prevalence，and Cardiovascular Benefits of Physical Activity and Fitness in Youth.[J].Medicine Science in Sports and Exercise，1997，24，237-247.

[390] Marie-France Marcoux，James F. Sallis，Thomas L. McKenzie，et al. Process Evaluation of A Physical Activity Self-Management Program For Children：SPARK[J].Psychology and Health，1999，14，659-677.

[391] Dowda, M., Sallis, J., McKenzie, T., Rosengard, P., & Kohl, H. Evaluating the sustainability of SPARK physical education: A case study of translating research into practice[J].Research Quarterly for Exercise and Sport, 2005, 76, 11-19.

[392] Meidi Herrick, Hannah Thompson, Jennifer Kinder and Kristine A. Madsen. Use of SPARK to Promote After-School Physical Activity[J]. Journal of School Health, 2012, 82（10）, 457-461.

[393] Thomas L., McKenzie, James F. Sallis and Paul Rosengard. Beyond the Stucco Tower: Design, Development, and Dissemination of the SPARK Physical Education Programs[J]. Quest, 2009, 61, 114-127.

[394] Blankenship, B.T., & Solmon, M.. Physical education, physical activity, and public health: Learning from the past, building for the future [J]. Journal of Teaching in Physical Education, 2004, 23.

[395] Bryan A. McCullick, Thomas Baker, Phillip D. Tomporowski, Thomas J. Templin、Karen Lux and Tiffany Isaac.An Analysis of State Physical Education Policies[J].Journal of Teaching in Physical Education, 2012, 31, 200-210.

[396] Jinsook Kim. Are Physical Education-Related State Policies and Schools' Physical Education Requirement Related to Children's Physical Activity and Obesity?[J].Journal of School Health, 2012, 82（6）, 268-276.

[397] Richard Bailey, David Morley and Harriet Dismore. Talent development in physical education: a national survey of policy and practice in

England[J].Physical Education and Sport Pedagogy，2009，14（1），59-72.

[398] Monica A.F. Lounsbery，Thomas L. McKenzie，James R. Morrow，Jr.，Kathryn A. Holt，and Ronald G.Budnar.School Physical Activity Policy Assessment[J].Journal of Physical Activity and Health，2013，10，496-503.

[399] Telama，R.，Nupponen，H. and Pieron，M. “Physical activity among young people in the context of lifestyle” [J].European Physical Education Review，2005，11（2）：169-83.

[400] American Alliance for Health，Physical Education，Recreation，and Dance（2011）2011 Comprehensive School Physical Activity Programme（CSPAP）survey report. Reston，VA：Author.

[401] Doune Macdonald and Richard Tinning. Reflective Practice Goes Public：Reflection，Governmentality and Postmodernity，in The Future of Physical Education，Anthony Laker[M]. London：Routledge，2003.

[402] Castells，Manuel.The Rise of the Network Society[M].MA：Blackwell Publishers，1996.

[403] Castells，Manuel.The End of Millennium[M].MA：Blackwell Publishers，1998

[404] Rutton，Vernon.Technology，Growth，and Development：An Induced Innovation Perspective[M].New York：Oxford University Press，2001.

[405] Rutton，Vernon. Is War Necessary for Economic Growth?[M].New York：

Oxford University Press，2006.

[406] Bell，Daniel.The Coming of Post-Industrial Society：A Venture in Social Forecasting[M].New York：Basic Books，1973（1999 Edition）.

[407] Forbes，R.J. “Power to 1850” In a History of Technology：The Industrial Revolution，1750-1850[M].O -xford：Oxford University Press，1958.

[408] National Association for Sport and Physical Education. Standards forInitial Programs in Physical Education Teacher Education[EB/OL].http：//www. aahperd. org/Naspe/pdf - files/standards - initial. pdf.

[409] National Association for Sport and Physical Education. Standards forAdvanced Programs In Physical Education Teacher Education[EB/OL]. http：//www.aahperd.org/Naspe/pdf-files/standards-ad-vanced.pdf.

[410] Advanced Standards for Physical Education（2008）[EB/OL]http：www.aahperd.org/naspe/standaRds/national-standards/.

[411] Teachernet.National Physical Education，School Sportand Club-Links Strategy[EB/OL]. http：//www.teachernet. gov. uk/.

[412] National Curriculum Online. Physical Education[EB/OL].http：//www.nc.uk.net/nc_resources/htMl/download/cPE.pdf.

附录一：调查问卷

《论我国学校体育发展方式的转变》调查问卷
（中小学体育教师卷）

尊敬的各位老师：

非常感谢您能在百忙之中参与问卷调查。本问卷是基于教育部人文社科研究项目《我国学校体育发展方式转变研究》需要而设计的，旨在收集学校体育一线工作者对相关问题的观点和建议。本问卷采用匿名形式，本人保证仅用于本研究，不会对您造成任何不利的影响。

请您根据实际情况和您本人的观点在相应的选项上用“√”标记，或者直接在“_____”上作答。真诚感谢您的支持与配合！

谢谢您的大力支持与帮助！

张金桥

一、基本信息

1、您的职称：________________

2、您工作单位地处：

A、大城市（本研究中主要指直辖市、省会城市、计划单列城市和其他城区常住人口在 100 万以上的建制市的城区） B、中小城市（本研究中主要指城区常住人口在 100 万以下的建制市的城区和县城） C 、农村 D、其他________

二、封闭式问卷部分（若非特别注明，都为单选题）

3、学校体育发展主要由资本与物质条件、劳动、学生身心条件、体育课程与校园体育活动、体育教育技术、体育教育技能、体育教育结构、制度保障与评价机制等要素组成。不同阶段，这些要素在学校体育发展中的重要程度会有所不同。请您在仔细阅读下表的“注”后，按照现阶段影响我国学校体育发展的重要（紧迫）程度对各因素进行打分*（在对应选项下打“√”即可）。*

重要性 要素	非常重要（5分）	重要（4分）	一般（3分）	不重要（2分）	非常不重要（1分）
资本与物质条件					
劳动					
学生身心条件					
体育课程与校园体育活动					
体育教育技术					
体育教育技能					
体育教育结构					
制度保障与评价机制					

注：表中各要素的含义如下：

（1）资本与物质条件：包括学校体育的经费投入与场地设施等物质条件；

（2）劳动：投放到学校体育教育中的体育教师的数量，以及教学和指导学生参与课外体育活动的工作量等；

（3）学生身心条件：由于学校体育教育是对学生身体进行改造并传授自我改造技能的一个教育过程，必须考虑被改造对象的身心条件，来有针对性的进行科学施教；

（4）体育课程与校园体育活动：学校体育传授给学生的知识和开展的各种课外体育活动；

（5）体育教育技术：包括以现代信息、视听及其他现代体育教学专有辅助技术为主要内容的体育教育技术和知识，以及各种知识物化后的形态，如技术设备与手段；

（6）体育教育技能：学校体育教育从业人员所拥有的专业知识与技能，如体育教师的专业知识和技术水平，体育教师的教学技能、体育教学管理人员的管理技能等，本质上是学校体育人力资本；

（7）体育教育结构：办学层次结构、内容结构、课堂教学和课外活动结构等；

（8）制度保障与评价机制：保障学校体育良好发展的政策、法规和评价等。

4、您所在学校的领导对体育工作的重视程度：

A、非常重视　B、比较重视　C、一般　D、不重视　E、非常不重视

5、您所在学校的领导如果对体育工作不重视，您认为原因主要有（多选，如果学校领导对体育工作重视，即第4题选择A或B选项者，则不用回答此题）：

A、地方将升学率作为对单位领导评价的最重要指标，而升学考试又主要基于对智力课程的考察；

B、对体育在学生身心发展中的价值认识不足；

C、没有真正将学校体育工作纳入到对单位领导的考核评价体系中；

D、办学条件较差，学校体育工作无法正常进行，领导对此感到“麻木”，进而忽视了学校体育工作；

E、其他________

6、您所在学校体育场地设施是否能够满足体育教学和课外体育活动的需要：

A、很好地满足　B、较好地满足　C、基本满足　D、不能满足　E、完全不能满足

7、您所在学校的体育经费：

A、非常充足　B、能较好地满足需要　C、基本能满足需要　D、不能满足需要　E、极度匮乏

8、您所在学校的体育教师配备？

A、能较好地满足需要　B、基本能满足需要　C、不能满足需要　D、无专职体育教师

9、您的工资待遇和所在学校其他文化课教师相比

A、高　B、相同　C、低

10、您在评优和职称晋升方面的机会和所在学校其他文化课教师相比

A、多　B、相同　C、少

11、您对所从事的体育教师职业的满意程度

A、非常满意足　B、较满意　C、基本满意　D、不满意　E、非常不满意

12、您所在学校体育课程改革的推进情况：

A、良好　B、一般　C、较差　D、基本没有进展

13、您对正在进行的学校体育课程改革的方向和内容：

A、非常熟悉并且积极参与相关理论研究和实践活动　B、比较熟悉，并且能够参与改革实践

C、有所了解，但还没有将其引入教学实践中　D、了解很少　E、完全不了解

14、您对新的体育与健康课程标准的看法：*（多选）*

A、理念先进　B、目标多元　C、目标过泛　D、符合实际　E、过于理想化

F、未能处理好继承和发展的关系　G、由于场地设施所限，无法实施

H、由于体育师资所限，无法实施　I、重视运动技能教学　J、不重视运动技能教学

Q、对新的课程标准不了解，无法评价　　L、其他________

15、您认为目前所在学校的体育课堂教学是否受学生欢迎？

A、非常受欢迎　　B、比较受欢迎　　C、一般　　D、不受欢迎　　E、非常不受欢迎

16、您所在学校体育教师参与校园（课外）体育活动指导的情况：

A、经常参加　　B、偶尔参加　　C、基本不参加

17、您认为您目前的知识储备和体育教育技能是否能够适应体育教育教学改革的需要？

A、能够较好地适应　　B、基本可以适应　　C、不能适应

18、你希望通过哪些途径来提升自己的体育教育技能？*（多选）*

A、自学、自我钻研　　B、和同事交流经验　　C、学历提升　　D、参加培训　　E、其他________

19、如果您参加过校外的体育教师培训，对培训效果是否满意（如未参加过培训，此题不答）：

A、非常满意　　B、比较满意　　C、一般　　D、不满意　　E、非常不满意

20、如果有参加校外培训的机会，您希望通过培训：（多选）

A、提高教学技能　　B、了解先进教学理念，提高理论水平和教学研究能力

C、广交朋友，利于今后互相切磋体育教学　　D、放松身心，权当工作之余的休息

E、其他________

21、您认为所在学校校园（课外）体育活动和体育课堂教学的衔接配合和结构关系：

A、非常合理　B、比较合理　C、基本合理　D、不合理　E、非常不合理

22、您认为所在学校不同年级之间在体育教学内容方面的区分度和层次结构：

A、非常合理　B、比较合理　C、基本合理　D、不合理　E、非常不合理

23、您认为现有党和政府层面有关学校体育的政策法规在保障学校体育发展方面的作用：

A、非常明显　B、比较明显　C、一般　D、不明显　E、非常不明显

24、您认为体育成为高考科目：

A、有利，可有效提高学校体育的地位，有利于增强学生体质健康水平

B、有弊，将体育异化为应试工具，加重学生负担，使学生对体育产生厌恶情绪，反而不利于学校体育工作的开展

C、利弊要通过实践才能验证　D、其他________

25、您认为学校体育改革应该：（多选）

A、自上而下推进　B、自下而上推进　C、先试点，逐步推进　D、全面推进

26、您认为谁应该为学生的体质健康负责？

A、学校　B、社会　C、家庭　D、三者都有责任

三、开卷部分

27、如果您对转变学校体育发展方式这个话题还有其他看法，可以写在下面空白处。（此部分请您根据实际情况决定是否填写，不是必答题。）

附录二：我国台湾地区学校体育发展状况

笔者于 2015 年 3 月 1 日-2016 年 2 月 28 日赴我国台湾地区进行访学。在访学期间，就我国台湾地区的学校体育发展情况进行了考察，并进行了资料收集。附录二的内容主要是根据台湾地区教育事务主管部门于 2013 年编印的体育运动政策“小册子”以及其他资料整理，非笔者原创性成果。相关用语依据有关规定进行了规范。

一、台湾地区学校体育发展状况分析

台湾地区将学校体育工作划分为“体育行政法规与组织”“体育专业人力”“体育课程与教学”“体育活动与运动团队”“优秀运动人才”“适应体育”及“运动场馆与设施”等七大项，本附录主要对前六项工作进行分述如下：

（一）体育行政法规与组织

1.体育行政法规：为落实与推动学校体育政策，不论是长期目标或短期性工作重点，皆可通过体育法规的增修，达成合理而完备的体育制度与措施。台湾地区相关学校体育法规大致可分为一般、运动赛会、体育班、专任运动教练、奖励及补助等六大类，为配合各阶段教育政策的推展时有增修，迄今已达 30 余种。

2.体育行政组织：台湾地区学校体育行政组织为教育（体育）事务主管部门下属的“学校体育组”，及各市县教育局、处（体健科）。各级学校设有体育行政单位，负责体育教学与活动的推动，小学至专科学校常于学务处下设体育组，大学校院则设有体育室（处、组或相关单位）。而推动各级学校体育的体育社会组织则有大专院校体育总会、高级中等学校体育总会、县市中等学校体育促进会及小学体育促进会等。

（二）体育专业人力

1.体育教师：台湾地区各级学校体育教师的聘任，除小学多采包班制外，初中至大学校院体育教师的聘任以体育相关科系为考虑。依据台湾地区教育事务主管部门 2013 年出版的《学校体育统计年报》数据显示，目前小学体育教师毕业于非体育相关科系而担任体育教师者约占总体的 82.64%，其余初中、高中职至大学校院非体育相关科系而担任体育教师者分别为 9.64%、2.97%及 2.92%。台湾地区教育事务主管部门于 2009 年至 2012 年针对小学体育教师办理增能研习，培训完成每位教师至少具备两项运动专长。

2.专任运动教练：台湾地区专任运动教练养成主要由各单项运动协会负责研习及考照制度，政府则规划与审查编制内各级学校专任运动教练资格与聘任相关办法。各级学校专任运动教练分为两类，一为依据《各级学校专任运动教练聘任管理办法》聘任的正式编制教练，二由教育事务主管部门、各市县政府与学校约聘雇之编制外运动教练。在专业结构上，小学只有55.40%的运动教练毕业于体育相关科系，初中、高中职及大学校院分别为 92.75%、94.55%以及96.99%。

（三）体育课程与教学

1.体育课程：台湾地区教育事务主管部门 2013 年出版的《学校体育统计年报》数据显示，小学实施体育课每周平均约 74.8 分钟；初中实施体育课每周平均约 91.8 分 钟；高中职实施体育课每周平均约 110 分钟；大学校院则每周约有 100 分钟体育课，其中大部分学校为大一、大二必修；大三、大四选修。

2.体育教学：台湾地区各级学校体育教学除小学多由非体育专长级任教师授课外，其余由体育专任教师授课居多。教学的方式，小学至高中职主要以原班上课为主，大学校院则以兴趣选项上课居多。授课教材与教法通常由体育教师决定，教学内容则受学校运动场馆与设施影响较大，而球类是最主要的授课运动种类。

（四）体育活动与运动团队

1.体育活动：台湾地区教育事务主管部门 2013 年出版的《学校体育统计年报》数据显示，全台小学办理体育活动，以“全校运动会”最多，占 94.01%；

其次是“健康体适能推广活动”占 91.50%。初中以办理“全校运动会”最多，占 94.58%；其次是“参与地区性校际体育活动及运动竞赛”占 89.90%。高中职以办理“全校运动会”最多，占 90.30%；其次是“参与地区性校际体育活动及运动竞赛”，占 85.66%。大学校院以办理“全校运动会”最多，占 95.06%；其次是“教职员工体育活动”，占 91.98%。另外，台湾地区教育事务主管部门自 2007 年起也陆续推动《快活计划》《学生体适能计划》《初中小学生普及化运动方案》《自行车推广计划》《游泳推广及海洋运动教育推广方案》《大专校院学校体育项目评鉴》及《技职校院运动绩优生项目访视》等相关措施。

2.运动团队：台湾地区教育事务主管部门 2013 年出版的《学校体育统计年报》 数据显示，在运动代表队方面，小学平均每校有 3.20 队；初中平均每校有 4.14 队；高中职平均每校为 4.24 队；大学校院 平均每校为 14.04 队。运动社团方面，小学平均每校有 3.57 个；初中平均每校有 4.32 个；高中职平均每校为 3.55 个；大学校院平均每校为 6.35 个。

（五）优秀运动人才

1.运动选手培训体系：台湾地区现行竞技运动培训系采金字塔四级培训体系，即第四级以小学、初中阶段基层训练站为主，培植具运动发展潜力基层选手；第三级以遴选优秀选手至高中职体育班衔续训练；第二级则精选精英选手加入大学校院或中国台北培训队专业训练；第一级严选顶尖选手加入中国台北代表队，并针对奥、亚运举办期程进行长期培训。

2.体育班制度：台湾地区教育事务主管部门 2013 年出版的《学校体育统计

年报》数据显示，台湾地区各级学校小学体育班有 381 班，每班平均约有 20 人；初中则有 769 班，每班平均约有 23 人；高中职共有 413 班，每班平均约有 23 人。其中高中职体育班推展运动种类，奥、亚运种类达 33 种，非奥、亚运种类达 8 种。

3.体育学校：台湾地区目前设有台东大学附属体育高级中学及花莲县立体育实验高级中学二所体育高中，以及体育大学、台湾体育运动大学及台北市立体育学院（于 2013 年 8 月 1 日已改制为台北市立大学）三所大学体育校院。二所体育高中设校宗旨皆在发掘及培育运动人才，其中花莲体中更着重该县少数民族学生运动潜能及升学管道。三所大学体育校院整体设校以培养竞技运动、运动训练、健康休闲、运动管理、运动科学、舞蹈艺术、信息传播人才及体育师资等为宗旨。另外，除上述五所体育学校外，部分大学校院也设有体育或竞技相关系所培育运动人才。

（六）适应体育

重视每一位学生平等参与体育活动的权利，是世界趋势与潮流，尤其针对身心障碍学生，更应营造友善的学习环境，以减少运动学习的阻碍。因此，台湾地区教育事务主管部门于 1994 年订定为期四年的《改进推展特殊体育教学实施计划》，并于 1999 年持续推出为期五年的《适应体育教学中程发展计划》，再于 2003 年公布《增进适应体育发展方案》，积极推动适应体育。

台湾地区教育事务主管部门 2013 年出版的《学校体育统计年报》数据显示，目前各级学校开设身心障碍特殊教育班之学校共 800 所，约占全台总校数

27.41%（未含特殊学校）。其中小学计有464 所；初中 249所；高中职87所。小学至高中职特教班学生与普通班一同上体育课的比率均达 60%以上，但随着学校层级提高，在特教班上体育课的比率亦相对提高。在运动代表队方面，小学平均每校有1.07队；初中平均每校有1.05 队；高中职平均每校有1.33队；大学校院平均每校为1.5队。运动社团方面，小学平均每校有 1.66个；初中平均每校有2.02个；高中职平均每校为5.1个；大学校院平均每校为2个。针对各级学校特教班体育教学师资，小学及初中主要以特教科系毕业教师为主，分别占 92.37%及 80.49%；高中职及大学校院亦以体育科系毕业教师为主，分别占 51.59%及 87.25%，而适应体育系毕业的教师在小学至大学校院所占比例分别为小学0%、 初中0.70%、高中职2.38%、大学校院4.9%。

二、问题探讨

台湾地区学校体育发展中也存在着亟待解决的问题。

（一）体育行政法规与组织尚待完备

目前台湾地区学校体育在行政法规与组织主要有下列三点问题：

1.各项法规尚待增修：现行法规，尚未针对体育基本教材内容、教学器材、体育课身体活动量等要素，进行教学实施纲要的增修，导致各校体育教学质量良莠不一。

2.体育发展缺乏辅导系统：现行各级学校体育发展，缺乏固定组织进行长期与系统性的支持与辅导，影响学校体育实施成效。

3.体适能检测成绩尚未完全纳入升学计分：目前体适能检测成绩仅部分学

校及县市采计，尚未完全纳入升学加分或超额比序之计分制度，导致各县市推动情形不一，影响学生体适能水平。

（二）体育专业人力培育与进修制度尚待建立

优质的学校体育有赖充足与专业的体育人才，但目前台湾地区学校体育专业人力培育与进修制度尚未完善，因此产生问题如下：

1.小学体育课授课教师尚未建立认证与进修制度：由现况分析得知，毕业于非体育相关科系者担任小学体育课的教师高达 82.64%，因小学教师体育教学基本知能进修管道与认证制度尚未建立，导致处于动作能力与运动习惯培养黄金时期之小学学童，学习受到影响。

2.专任运动教练专业知能及辅导机制尚待提升：目前台湾地区小学专业运动教练毕业于体育相关科系者仅有 55.40%，对于运动训练与活动推广之教育专业知能方面，均有提升与精进的空间。

3.体育师资术科认证中心尚待设立：体育教师因受限于现有甄试制度，影响其进入职场，其主因为举办教师甄试时考虑便利性，多以先举行学科考试，作为筛选进入复试的门坎，惟此程序时常产生体育教师“资格合格”，但实质上却不一定能胜任体育术科教学，因此，为确保体育师资之术科能力，体育师资术科认证中心有待设立。

4.在职进修课程缺乏系统规划与整合：各类体育与运动研习的在职进修课程未经系统化整合，影响教师与教练研习进修的成效。

5.体育初任教师缺乏辅导机制：学校体育初任教师在教学和训练上常会遭

遇瓶颈，需要资深教师协助与辅导，以减少初任教师挫折并提高学生学习质量。但目前体育初任教师较多以个人尝试错误的方式，从经验中学习，缺少系统化的辅导机制。

（三）体育课程与教学尚待加强

学校体育课程与教学是学生习得运动知能、技能及建立正确运动行为习惯的基础，但由现况分析得知，台湾地区各级学校体育课程与教学有下列课题仍待加强改善：

1.体育课时数不足：依现况分析可知，台湾地区小学至高中职阶段，体育课时数皆明显不足，对学生运动技能学习与体适能发展极为不利，而大学校院体育课以二年必修居多，一年必修亦为数不少，在运动社团及课外体育活动不足的环境下，体育课时数不足产生之体适能低落情形，亟需谋求解决之道。

2.教师专业知能未能持续精进：课程与教学质量提升有赖教师专业能力之加强，因支持系统不足，教师未能持续进修研习吸收新知，尤其小学部分多数未受过体育教育专业训练，导致未能妥善规划课程、善用教学与评量方法，常受限于场地、设备及器材等因素，以致课程与教学质量仍有待提升。

3.体育教材多元化与整合不足：传统体育教学以教材为中心，故在教材编制上以技能及单元式取向为主。目前体育教学转向以学生为中心，重视学生社会行为发展及战术、战略等认知能力学习，然目前此类课程与教学模式以及本土化教材相对缺乏，教材多元化与整合仍显不足。

4.学生游泳能力仍待提升：学生会游泳比率虽已逐年提升，但受游泳池数量、学校课程规划及教师游泳教学知能、学校地理环境等因素影响，游泳教学有待持续广泛推展。

（四）体育活动与运动团队质量尚待提升

台湾地区已拟定多项计划积极鼓励学生参与运动，养成规律运动习惯，以奠定终身参与体育活动的能力与态度。各项计划实行至今虽已见成效，然而，依据教育事务主管部门调查结果，仍有下列课题有待改善：

1.学生身体活动量仍显不足：各级学校学生每天累积运动达 30 分钟及每周运动达 210 分钟以上之人数仍未臻理想，且运动参与情形随着年龄逐渐下降，造成体适能未能随之增强，显示学生规律运动的观念与习惯尚未养成。

2.经常性体育活动办理有待增加：由现况分析得知，各级学校体育活动办理以全校性运动会为主，晨间、课间或课后身体 活动以及持续性、经常性的运动竞赛办理相对忽视，对提升学生运动参与较为不利。

3.普及化运动方案尚待改善：教育事务主管部门普及化运动方案的实施对促进学生运动参与人口有所帮助，然而各级学校运动种类选用与学生身心发展特质的契合性，以及办理方式的适当性均可再改善，以符合普及性运动的本质。

4.运动社团数量尚待增加：由现况分析得知，台湾地区各级学校运动社团的成立情形与先进国家和地区尚有段距离，并因缺乏支持性的环境，以致学生参与身体活动的机会不足。

5.运动代表队数量不足及竞赛制度欠佳：台湾地区中小学运动代表队的数量不足，难以形成全民运动的基础。而运动会及杯赛菁英化竞赛制度之设计，限制交流机会与运动人口的参与。

（五）优秀运动人才培育机制尚待强化

基层优秀运动人才之养成至少需8至12年，因此，世界各国莫不重视优秀运动人才的培育。但由现况分析可知，台湾地区优秀运动人才培育机制仍有下列课题有待改善：

1.运动伤害预防与照护不足：青少年时期过度训练、运动训练方法不当、运动伤害观念不足及学校经费有限等因素，均易导致运动伤害，造成人才流失与竞技实力无法大幅提升。

2.选、训、赛、辅培训制度尚未一贯化：体育班、基层训练站及区域人才培育计划，衔接体系仍待整合，部分运动种类迭性高，造成资源重复投资；另衔接至大学后之运动生涯与课业辅导，部分仍缺乏系统性、一贯化训练，形成断层现象，影响运动绩效。

（六）适应体育尚待落实

目前社会各界对身心障碍者的适应体育权益，日益关注。但由现况分析得知，落实适应体育的实施仍有下列课题有待改善：

1.适应体育师资质量不足：目前各级学校身心障碍特殊教育班学生的体育师资，约五成至八成以特教教师为主。且面临师资或人力不足与身心障碍学生体适能、运动技巧欠佳的困境。对于适应体育活动之教育专业知能方面，有提升与精进的空间。

2.适应体育个别化教育概念不足：目前各级学校教师在适应体育教学中，

遭遇之主要困境为拟定《个别化教育计划》；因此，研发具有本土化与适性化之教材，有其必要性。

3.身心障碍学生运动参与率偏低：各级学校开办身心障碍学生运动性社团及运动竞赛代表队，平均每校不到两队，对于身心障碍学生运动学习权的保障还不是很理想。

4. 身心障碍学生体适能有待加强：各级学校身心障碍学生的运动参与情形随年龄增长逐渐下降，普遍肥胖与体适能低落情形日益严重，显示身心障碍学生规律运动的观念及习惯尚未养成。

三、政策走向

台湾地区教育及相关事务部门确定了今后一个时期的政策走向，以因应学校体育发展中存在的待改善之处。

（一）完善体育行政法规与组织

面对社会快速变迁与发展，学校体育行政法规与组织面临许多问题，为有效解决，其因应策略如下：

1.增修各项体育法规：增修体育教学器具、感觉统合教室、学校体育教材与体育课、身体活动量达50%之实施纲要，并规划优秀体育教师从事区域教学辅导之办法，以缩短城乡教学软、 硬件差距，提升学生体育课身体活动量，促进体育教学质量。

2.建立体育发展辅导系统：由台湾地区教育事务主管部门建构各级辅导体系，筹组“学校体育辅导团”，并由教育事务主管部门统筹，地方规划辅导区，统合师范大学、教育大学及各师资培育校院进行辅导工作。

3.订定各级学校运动选手管理辅导访视机制：拟定各级学校体育班、专任运动教练评鉴制度及大学校院运动绩优生辅导访视。

4.推动体适能检测成绩纳入升学计分：配合教育事务主管部门学习无分主副科之理念，透过奖励与辅导方式，鼓励县市政府教育局（处），协助推动体适能检测成绩全面纳入超额比序计分制度，鼓励与协助提升学生体适能水平。

（二）建立体育专业人力培育与进修制度

针对学校体育专业人力培育与进修制度所面临的问题，其因应策略如下：

1.建立小学体育授课教师认证与进修制度：办理小学体育任课教师增能计划，各县市非专长体育教师80%以上参与研习，以提升小学体育任课教师通过非体育专长之增能认证比率。同时，鼓励小学非体育专长之体育任课教师，积极参与教育事务主管部门小学师资培用联盟计划，参与加注《健康与体育领域专长》之专门课程，并鼓励积极参加各类运动专业证照训练与进修，提高小学体育专长教师之合格比率。

2.提升专任运动教练专业知能并强化辅导机制：拟定大学校院教师投入基层训练、选手课业及运动科学辅导等策略，并实施学校专任运动教练资格审定、聘任管理、绩效评量及审议相关办法，薪资依绩效等级叙薪，并完善专任运动教练之分级、分类与拟定聘任资格、进修规定、评鉴与奖励方式。

3.设立体育师资术科认证中心：鼓励各县市政府针对中学体育教师甄试方式可先实行术科考试，或采认体育师资术科认证替代术科考试，再进行学科考试。研拟体育教师应具备之专业能力及相关检定办法。规划设立体育师资术科认证中心，建立体育专长合格教师人才库，强化体育师资术科认证中心功能。

4.整合区域学校体育研习系统与建构进修平台：规划区域型各类运动研习、运动技能检测站与特色运动联盟，每年遴选学校体育行政、教师、教练与志愿者等专业人员组训，提升各县市及区域辅导员素质，逐年成立区域性各级学校体育运动专业人员进修、运动研习及培训的特色中心学校，奖励各县市成立运动特色中心学校与区域特色跨校联盟。另外，各类体育与运动研习之在职进修课程，透过适当整合，提供便利之教师与教练研习进修。

5.强化体育初任教师辅导机制：奖励设置初任教师辅导机制学校，建立标竿学习，鼓励学校进行教学与训练观摩。

（三）优化体育课程与教学质量

优化学校体育课程与教学质量的因应策略如下：

1.增加体育课时数：小学至高中职阶段体育课时数增加至每周三节课（120-150 分钟）；鼓励大学校院增加体育课必修年级，并将体育课之必选修规划及运作列为校务评鉴项目。

2.持续精进教学专业知能：各校应召开课程发展委员会，以规划课程与教学相关研习事宜，除校内及区域性研习活动外，宜由专责单位长期性规划，每年办理全台湾地区的研讨会，每二年办理国际性大型研讨会，邀请国际优秀师资授课，吸引各国体育教师参与，并定期荐送体育教师出境参与研讨会，增加教师增能交流机会并形成风气，持续促进教师专业成长。

3.发展多元化体育教材教具：长期有计划性地研发各类教材教具，除技能取向系统化教材教具外，透过工作坊、办理竞赛、公开甄选等方式，激励教师研发创新各类课程与教学模式教材教具，并鼓励教师发展本土化教材教具，以使教材教具多元化，配合教师增能研习活动推广，并持续进行评估与改善。

4.提升学生游泳能力：鼓励各级学校视现有设施环境，发展在地化、特色化游泳课程与教学，并研发游泳教材；提升游泳教学师资专业能力；校际资源共享；推动暑期体验营、小班教学、补救教学；补助偏乡学校推动游泳教学发展等措施。

（四）提升体育活动与运动团队质量

要达成学校体育活动办理及运动团队组织质量的提升，其因应策略如下：

1.增加学生身体活动量：台湾地区教育事务主管部门要求各级学校落实晨间、课间或课后身体活动，以达到每周 210 分钟的身体活动量，全面培养学生运动知能，养成规律运动习惯。

2.办理经常性体育活动：鼓励学校持续性、经常性办理体育活动，并与大型赛会或活动结合，扩展学生参与小区及校际交流机会。

3.精进办理普及化运动方案：延续并改进既有政策，持续办理 普及化运动，选择符合学生身心发展特质之运动种类，寻求创新、多元及多样化办理方式，设计每位学生都有参与机会的竞赛制度。

4.增加运动社团参与率：发展“一人一运动、一校一特色”，学校广开运动社团，提供学生支持性的环境，增加学生参与 运动社团比率，发展每人一项运动技能，从中发展各项特色运动种类或经营方式。

5.蓬勃运动代表队并完善竞赛制度：成立运动赛会中心，完善运动竞赛制度，并扩大办理联赛运动种类，使各级学校学生 均能依其能力及兴趣参与运动竞赛机会。例如大学校院各项球类锦标赛采分级制，使专长保送及非专长体育相关系所的学生均有适当竞赛舞台。

（五）强化优秀运动人才培育机制

基层优秀运动员之选才、育才、成才均通过“科学选才”“系统培训”“重点发展”及“生涯辅导”等作法，并经计划性长期培训机制，引进科研新知，衔续选手运动生涯与竞争优势将是学校体育推动的主轴，因应策略如下：

1.建立运动伤害预防与照护平台：落实运动科研暨医疗辅助体系，整合运动训练资源、由大学校院走入基层，以建立运动伤害与照护平台。

2.建立选、训、赛、辅一贯化培训制度：建立体育班绩效评估制度及进退场机制，并以十六年一贯区域培育，选、训、赛、辅逐级拔尖，提升运动表现。

（六）落实适应体育的实施

为落实适应体育之实施，可从改善校园无障碍设施、师资、教学及活动办理、促进运动参与权益，其因应策略如下：

1.强化适应体育师资：采两阶段推动适应体育师资，首先针对县市各级学校与特殊教育学校教师办理专业适应体育教师增能计划，达 80%以上参与研习，提升适应体育专业知能。其次，聘用具适应体育专长之合格教师，以提升适应体育教学质量。

2.发展适应体育教育计划：针对各级学校教师编制适应体育教育计划的困境，研发具有本土性的适应体育课程与个别化教育计划（IEP）。

3.增加身心障碍学生运动参与率：辅导学校拟定并落实执行身心障碍学生之课后运动社团及运动代表队实施计划，提供零拒绝的运动学习权，消除身心障碍学生运动参与阻碍因素。

4.提升身心障碍学生体适能：身心障碍学生身体活动量不如一般学生，导致体适能较差，产生肥胖与健康等问题。推动身心障碍学生身体活动时间与运动量之倍增计划，并统整学校与小区运动资源，规划扩大办理身心障碍学生多样化的活动，期以提升身心障碍学生体适能。

后　　记

本书系教育部2013年度教育部人文社会科学研究青年基金项目（项目批准号：13YJC890046）《我国学校体育发展方式转变研究》的最终成果。提出了以下核心观点：我国学校体育发展结果与基本发展目标之间存在明显反差，学校体育发展方式亟待转变。学校体育发展方式转变意味着学校体育发展要素的三个变革：依赖要素优先顺序的调整，单一要素的优化，不同要素的组合方式的变化。转变的主要内容有：寻求与中央改革决策的契合点并积极进行制度创新；建立健全学校体育监测评价机制；改善学校体育办学条件；推动体育教育教学改革；建构学校体育改革与发展的良性社会认识机制；建立高效而务实的学校体育管理体制与推进机制。

在项目完成的过程中，得到了我的博士生导师、长江学者特聘教授王健老师的悉心指导。在调研及资料搜集过程中，我攻读博士期间的同学董国永、王涛、隋红、买佳等，以及我的硕士同学张皓等给予了大力协助；我指导的硕士研究生也做了大量的工作；毕业于陕西师范大学的黄成旭提供了非常有价值的原始资料……在此，对各位师长、同学和朋友的帮助表示衷心的感谢。

项目完成过程中，国内多位知名教授接受了我的访谈，并提出了富有建设性的意见。尤其是姚颂平教授在公务繁忙的情况下欣然接受了我的访谈，且访谈时长远远超过了我们的约定，体现了姚教授对后辈的殷殷关怀，令人感动。在此对各位专家的支持表示感谢。

此书的付梓出版，得到了天津社会科学院出版社张博社长的大力支持，谨致以热忱谢意。

关于学校体育发展方式转变，随着教育综合改革的深入，将会有更多的理论和实践问题需要面对。因此，相关研究前景广阔。笔者将在本书的基础上，继续密切关注学校体育发展，争取产出更多更好的研究成果。

本书难免有错漏和争议之处，欢迎各位专家和关心学校体育发展的朋友们批评指正，谢谢。

张金桥

记于 2017 年秋